JN123811

峰 吟子

————その生涯と時代

太和田正五 著

風媒社

峰吟子とサイン

峰吟子
（『日本映画俳優名鑑』昭和9年より）

スケート　峰吟子
（『週刊朝日』
昭和6年12月27日号表紙）

旬報グラフィック　峰吟子（『キネマ旬報 398』昭和 6 年 4 月号より）

旬報グラフィック
桃から生まれた峰吟子
(『キネマ旬報 422』昭和 7 年
1 月号より)

→桃から生まれた
　峯吟子
　(鬼もはにかむ——)

→實に明朗な生活力に充ち
た容貌です。
嚴肅な裡に情味を漂はせ
てゐる瞳が生命ですナ。
　片岡千惠藏

旬報グラフィック　富士館屋上にて(『キネマ旬報 407』昭和 6 年 7 月号より)

「ソファの裸体」（61.5×92cm）　昭和5年　新潟県立近代美術館所蔵

『長脇差風景』（左から大河内傳次郎、犬塚稔、円谷英二、峰吟子）
（『写真集特技監督 円谷英二』平成5年9月より）

はじめに

　フランス・ギャル（～ 2018 年・70 歳・乳がん）、P.F. スローン（～ 2015 年・70 歳・膵がん）、ダスティ・スプリングフィールド（～ 1999・59 歳・乳がん）、彼らは私の大好きなポップ・ミュージシャンであった。子供たちに「知っているか？」と尋ねても「知らない」と言われるのが関の山であろう。人が亡くなるのを他人事のように思っていたが、ふと振り返れば 70 歳を超えた私がいた。

　ある日、北方町のホームページ上に峰吟子（以降、吟子と記載）が載っていた。「北方町生まれ」とある。

　吟子も平成 5 年（1909.07.22 ～ 1993.01.27）83 歳・肝がんで亡くなっている。いくつかの書籍などには「本巣町生まれ」とあり、一体どちらであるのか見過ごすことができなくなり「調べてみたい」という強い感情が湧いてきた。これが吟子の生涯を調べてみようとしたキッカケであった。

　吟子の生家と言われるところの蓮月堂（後に生家ではないとわかるが）は、馬場家の去った後、私の祖父と同い年で幼なじみのおばあさん家族が住人となり、いつもよくしてもらった記憶が鮮明に残っている。このことも大きな要因となっている。

　当初は図書館などで書籍、新聞、その他の資料などを調べ歩き、さらには豊川、豊橋、京都に出向いたりしたが、吟子を一番よく知る山田賢二（以降、山賢と記載）を知ることになった。山賢は亡くなっていたが、彼の主宰していた山賢塾の人々に出会い、資料提供もしていただいた。

　吟子が亡くなってからすでに四半世紀以上が過ぎ去り、彼女の過去の実績や価値は時間の経過と共に薄れている。吟子を直接知る人は皆無となり、一部の名前を知っている人々でさえ消えゆく運命にある。

　吟子を語るにはその足跡を辿り、出生（北方の時代）→神戸・大阪・京都の時代（女優時代とその作品群）→満州の時代→豊橋の時代の 4 ヶ

所を辿ればよいのであるが、その当時の時代背景、歴史的な背景など、いろいろと付随するものがたくさんあるはずだ。これを含ませることによって少しでも理解の幅が広がるのではないかと思い、お節介なものを付け加えることにした。本文中の【寄り道】である。

　岐阜市郊外の北方の歴史や私の家族の歴史も勝手ながら一部挿入した。疑問点やわからないことは、その分野での専門性を持ち合わせた人に尋ねている。また、視覚によって時代背景を振り返ることができるように、絵葉書なども多く用いた。

　吟子の生涯を、できる限り調べてまとめたが、独りよがりで偏った解釈をしている可能性も十分にある。全体の流れを見極めずに、各部分の記述を先に推し進めていった結果、整合性がうまくいかず、重複する記述が所々で生ずることになったのは大いに反省している。

　本書は峰吟子の一部を紹介したものであり、調査不足や不明な点を数多く残している。しかし、私の理解できる範囲内で、事実と作り話（創作）は分けたつもりである。

　まだまだ不明な点が多くある。読者の皆様からの御批判や御教示をお願いし、今後に繋げていきたい。

　2022 年 10 月

太和田正五

第1章
北方の時代

1 峰吟子の生誕

　明治42年（1909）7月22日、一人の可愛い女児が生まれた。後の峰吟子である。この時、彼女が日活の女優として映画に出演し、人々が憧れるスターになるとは、だれも想像することはできなかったであろう。

　彼女の本名は馬場なつ、馬場松太郎（36歳）と、とく（33歳）の間にできた馬場家の五女である。7月22日は夏の真っ盛りであり、さらにこの年は特別に暑かった。7月14日以降8月31日までの間に8月19日に降った雨の日以外は最高気温が30℃を下回ることがなかった。22日生誕日当日は最高気温が34.4℃を示し、エアコンのない当時としては、かなり難儀なことであったに違いない。吟子の本名「なつ」はおそらく季節を表したものではないだろうか。当時の名前の付け方は今日ほど凝っておらず、素直な表現方法であったからだ。図らずも、「なつ」は後の彼女の性格に似合った名前になった。

　生まれた場所は岐阜県本巣郡北方町北方1333-1（図1-1 前役場敷地と峰吟子生誕地）である。本巣郡本巣町（現在の本巣市）生まれとしている書籍や資料が存在するが、調査不足であり誤った情報である。この周辺は明治以降、北方行政の中心であり、本巣郡役所も設置され、本巣郡行政の中枢でもあったところである。その地は前北方町役場（新しい五代目の役場はH.28.05に移転）の敷地内にある。正確には、役場に併設されていた前北方町民センターの底地であり、旧北方村役場（二代目の役場）の隣地でもある。

　昭和44年、四代目の前役場新築のための用地取得、拡張によって「1333-1」は合筆されてしまった。今後、利用されなくなった前役場を解体して土地を売却し、さらには住宅地化することになれば、さらに分

写真 1-1　合筆で消滅
た「北方町北方 1333-1」
（2019.02.10 撮影）

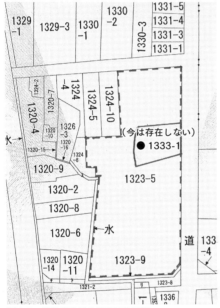
図 1-1　前役場敷地と峰吟子生誕地

筆され、今以上に「1333-1」は忘れ去られていくことになるであろう。

　写真 1-1 は正面に北方町商工会館（東）、右が解体前の北方町町民センター（南）（今は存在しない）の姿である。

　図 1-1 は土地台帳（字絵図）であり、実線内は合筆によって消滅した吟子の生誕地（1333-1）、破線内は前役場の敷地（1323-5）であった。

　この土地は、吟子が北方を離れた後に松太郎が亡くなってからはいろいろな運送会社が土地を利用し、その後北方町が取得することになった。円鏡寺から松太郎に渡ってからの数々の変遷を辿れば、一つの物語ができそうである。下記はその変遷を表す（カッコ内は利用会社名）。

　円鏡寺→馬場松太郎→（北方トラック運輸→岐阜貨物運輸→

　丸中中部運送→本巣運輸→日通本巣運輸→岐阜日通荷造運輸）→北方町

　ここで吟子という名前について【寄り道】をして確認しておきたい。

吟子の名前はいろいろなところで少しずつ違った書き方、読まれ方が
なされている。同一人物でありながらその違いはなぜなのか、少し辿っ
てみることにする。ただし、ゴシップ記事などのフィクションに登場す
る彼女の仮名は無視する。

吟子の名前

「なつ」戸籍及び土地登記簿に使われている名前であり、本名である。

「夏世」本巣高校同窓会名簿に記載され、呼称は「なつ」とカッコ書き

「奈都」『日本映画俳優全集・女優編』には本名として、さらにこの名
　　　　を「夏世」に改名したと記載している。

「信子」ロイ・田中が重傷を負い、生活のため新京カフェのマダムとし
　　　　て渡満する際の門司港での取材記事には「田中信子」と書かれ
　　　　ている。「日米新聞・サンフランシスコ 1938.05.01」、その半月
　　　　前にはカフェー春にて取材を受けている。この時も田中信子
　　　　（30）と記されている（「読売新聞」〔1938.04.12〕）。芸名を除け
　　　　ば「なつ」の名前とかけ離れた名前である。職場の源氏名の可
　　　　能性もある。

「夏子」『東三知名録 1957 年版』に記載、これは磯部鷹三（後に登場す
　　　　る吟子の夫）の自己申告による。ただし、この申告には誤りが
　　　　あり、戸籍上は五女であるのを四女と申告している。磯部鷹三
　　　　が誤った申告をするのも仕方のないことかもしれない。吟子の
　　　　5 人姉妹は次のとおりである。やはり 5 人もいれば混乱するで
　　　　あろう。

　　＊長女志づ　　　M.32.09.01 ～

　　　二女志な　　　M.35.09.21 ～ M.35.09.27　享年 1 歳（12 ヶ月）

　　＊三女てる　　　M.37.12.01 ～　養女

　　　四女あや子　　M.40.10.28 ～ M.41.03.03　享年 1 歳（4 ヶ月）

　　＊五女なつ　　　M.42.07.22 ～

　　（＊印は早世せず普通に寿命を全うした姉妹）

調べてわかっただけでも本名、芸名、源氏名（？）、合わせて六つもあることになる。この中には誤解から生じた聞き間違いや、書き間違いが含まれる可能性もあると思われるが、それにしても多い。

　さらにもう一つ【寄り道】をしてみよう。北方町及び本巣郡行政の変遷を辿ってみたい。私と吟子は、まさにこの地域で生まれ育った。

北方町（村）役場

初代　　本町（元旭屋旅館の跡地）に存在、（戸長役場から移転）

二代目　明治25年本町より船町に移転、その後明治34年5月再築
　　　　（新築）

三代目　明治6年「時の太鼓」に設置され、明治8年駒来町へ、さ
　　　　らに明治12年戸羽町へ移転した北方警察署は明治35年に
　　　　二代目役場の南に移る。その後、昭和13年森町東に移転す
　　　　る。この移転した後の建物を改造活用した。

四代目　RC構造、昭和48年竣工、隣接町民センターは昭和45年竣
　　　　工

五代目　平成28年5月に四代目庁舎が移転。現在に至る。

　　　（＊便宜上□代目としたが初代は明確ではない）

　写真1-2は大正4年以前の撮影、右側の格子扉は消防ポンプの置き場で、現在は私が1.5 t トラックを止めている場所である。

　写真1-3、1-4は昭和44年頃の撮影（町民センター工事中）

　写真1-4、1-5は同じような位置から撮影している。昭和44年頃から解体直前の平成30年まで49年経過した様子。

　写真1-7は新しく移転新築した北方町役場（五代目）を東南方向に見た全景である。県営北方住宅団地の跡地を利用している。

写真 1-2　北方町役場（二代目）
（『御大典記念北方町志』）

写真 1-3　北方町役場（三代目）

写真 1-4　北方町役場と工事の北方町
町民センター

写真 1-5　解体直前の北方町役場（四代目）と
町民センター

写真 1-6　解体直前の北方町役場（四代目）
北西方向に見た全景

写真 1-7　現在の北方町役場

写真 1-9
本巣県事務所（昭和 44 年頃）

写真 1-8　本巣郡役所（T.04 以前）
（『御大典記念北方町志』より）

写真 1-10
本巣県事務所の玄関入母屋
（平成の終わりに撮影）

本巣県事務所（本巣郡役所）

* 当初、本巣郡・席田郡両郡の郡役所として円鏡寺の一室から発足する。
* 明治 23 年大門に新築移転（明治 24 年 10 月濃尾震災で倒壊）
* 明治 30 年 3 月本巣・席田両郡合併となり、本巣郡役所となる。
* 明治 35 年新築再建され、役目を終えるまでそのままの姿であった。
* 大正 15 年 6 月末、郡役所廃止、7 月から本巣郡諸団体連合事務所となる。
* 昭和 17 年 7 月本巣地方事務所となる。時期は不明だがやがて本巣県事務所と改称される。
* 平成元年 3 月末業務終了

　古き役場や県事務所のあったところの住民は、しばらくは私の家族のみになってしまった（令和 2 年現在）。さて、今後はどのようになるのか、

不安と期待が入り混じっている。

　次ページの地図は、「北方町地図（昭和初期）」である。「名岐鉄道揖斐線」の名称記入があり、昭和5年から昭和10年の間に発行されたものと思われる。

参考文献

『御大典記念　北方町志』北方町役場、T.04.11
『北方町志』北方町役場、S.07.06
『北方町史　通史編』北方町、S.57.03
『再版　美濃　気象編』岐阜県岐阜測候所、1914.04
『東三知名録』不二タイムス社、1957.02
『会員名簿　創立70周年記念』岐阜県立本巣高等学校同窓会、H.02.06
『日本映画俳優全集・女優編キネマ旬報増刊号』キネマ旬報社、S.55.12
「姐御の峰吟子がカフェーのマダムに」日米新聞（フーヴァー研究所）、1938.05.01
「大陸に咲く峰吟子」読売新聞、S.13.04.12

2　濃尾大震災と馬場家

　吟子の家族の歴史を少し遡ると、大きな災難に遭っていた。明治24年（1891）10月28日午前6時37分、根尾谷を震源とするマグニチュード8.0の巨大な地震が美濃、尾張地方を中心に襲い甚大な被害を与えた。濃尾大震災である。地震の規模を表すマグニチュードを他の震災と比較すると、阪神・淡路大震災M7.2、関東大震災M7.9であり、その規模の大きさをうかがい知ることができる。

　我々から数世代前にさかのぼった人々が、濃尾大震災での被災を経験していたという事実を、私は今まで気にも留めていなかった。濃尾大震災の記憶や言い伝えなどはまったく持ち合わせておらず、かつて大きな地震が起こり、甚大な被害が出たという客観的な事実のみで、他人事のような感じ方をしていた。言葉を換えれば、「記憶が薄れていく」というより「完全に忘れ去っている」というのに近い。

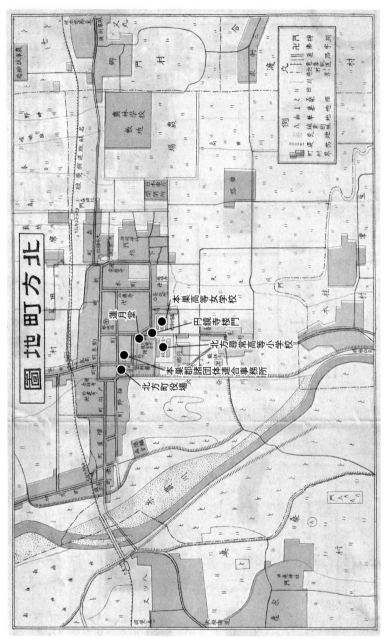

北方町地図（昭和初期）

表1-1　濃尾震災被害（北方町）

人口	死者		負傷者	戸数	全潰	半潰	破損	計
人 3506	圧死	88人	重傷 96人	住宅 781戸	82.0% 640戸	11.1% 87戸	6.9% 54戸	100% 781戸
	焼死 0人		軽傷 129人	其の他 175戸	65.1% 114戸	20.6% 36戸	14.3% 25戸	100% 175戸
計	88人		225人	956戸	754戸	123戸	79戸	956戸

＊『岐阜県下震災景況―明治廿四年濃尾震災報告書』中の一覧表（M.24.11.30調）より。
＊『北方町史』中の数値は逗留人、滞在者の被害も含むために多く記載されている。
＊人的被害、家屋の被害の統計は文献によって若干数値が違う。

　我々の世代は彼らが体験したことを蔑ろにしており、改めてもう一度振り返る必要があるのではなかろうか。当時の北方町（町制施行2年後）の被害は表1-1に示す。これによると圧死88人はかなり多い。人口の2.5%にも当たる。建物に関しても建物倒壊率は85%を超えている。今日のように建築基準法があるわけでもなく、筋交いのない建物が一般的であった。写真1-11は北方町中心街である街道沿いの町屋が、軒並みに跡形もないほどに倒壊している様子が鮮明に映し出されている。全戸数（一般住宅）781戸のうち全半壊合わせれば727戸（93%）と被害が甚大であったことがわかる。

　中央にみえるのはうだつのある造り酒屋（現在は存在しない）であり、一見して倒壊せずに無事なようにも思えるが、破損している。

　もう少しこの写真の位置関係を詳しく説明してみよう。仲町から東（岐阜）方向に向かって、造り酒屋（老松）のある駒来町を撮影したもので、遥か後方にうっすらと見える山は、織田信長の居

写真1-11　濃尾震災　北方惨状の様子（長崎大学附属図書館所蔵）

21

城（岐阜城）のあった金華山である。吟子の生家はこの写真の右下より右（南）へ約70m余り離れた位置にあり、全壊している。このとき、吟子の父・松太郎は18歳、祖父・粂助は40歳であった。

　地震当日の10月28日前後の天気図を見ると、27日午後9時には鹿児島県屋久島西方約80kmに低気圧があり、翌28日午前6時には伊豆諸島八丈島付近に移動している。この影響を受けて岐阜測候所(現岐阜地方気象台)では10月の降水量としては一番多い26.7mmを観測している。地震発生時を前後する3：00から7：00の4時間降水量は23.3mmを記録している。これは1時間あたりの数字で表せば5.8mmの降水量となるのだが、どのような感覚の雨であろうか。一般的には「本降りレベルの強さ」、「地面に水たまりができる」、「外出するのをためらう」という降り方と言われている。

　北方町で火災発生は確認できず、焼死者はなかった。午前6時37分という時間にも関わらず、降雨が幸いしたのだろうか。岐阜、大垣、加納、笠松、竹鼻、関では、火災が発生して被害を大きくしている。この降雨がなければ更に大きくなった可能性があるのではないか。北方町でも火災が発生し、焼死者が出ても不思議ではなかった。なお、当日の雨については片山逸朗が自書の序の中で「黎明天静に風死して小雨霏々たり」と記述しているのみである。

　いずれにしろ地震発生で混乱しているなかでの困難な観測、貴重なデータの採取は、のちに濃尾震災を検証するうえで大いに役立ち、職務とは言え当時の測候所員には頭が下がる思いである。

　写真1-12は中島安吉が明治24年11月5日に出版した瓦版である。これにも被害状況が書かれている。

　岐阜測候所についても触れておこう。

「明治14年1月1日、岐阜県農学校において気象観測を開始。観測測器は晴雨計、寒暖計など数種類で行う。明治16年2月1日、小崎利準県令は明治16年2月1日から農学校で正規観測業務を行うこととしたが、明治18年6月24日には［岐阜測候所の廃止］の申し入れが行わ

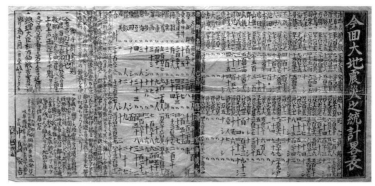
写真 1-12　瓦版（中島安吉　M.24.11.05 出版）

れている。この件に関しては、内務省地理局桜井局長の説得、その後の大蔵省の予算増加などによって中断することなく観測が続くことになる」
（『創立百年史 岐阜地方気象台』）

　濃尾震災の貴重な観測資料が残ったのは、このような先人の尽力があったからだ。

　実はこの地震で、馬場家からも犠牲者が出ている。吟子の祖母嘉永6年（1853）生まれの馬場とく（松太郎の母、粂助の妻北方町666番戸）である。「濃尾震災圧死者人名・住所・年齢取調書 M.25.02.04 調」の中に名前がある。享年39歳であった。　　　　　（『北方町史 史料編』）

『濃尾震誌』の著者片山逸朗は、震災時の惨状の様子を次のように描いている。

「（略）恩愛深き父母の屋瓦に打たれて非命に倒るるを見て慟哭する子女もあり。又、最愛の子女が棟梁の下に圧せられ頭砕け、手足折れ残酷の死を見て悲涙に咽ぶ父母もあり。良夫は僅かに家屋を飛び出したるも妻は庇の下に圧せられて倒れたるもあり。姉はわが家を飛び出したるも他人の家屋倒れて為に圧死し、妹は柱に打たれて半面剥奪したる等はこれ震害の然らしむ所なれども（略）」

　この文章からは相当な惨劇があったことが伝わってくる。吟子はこの時のことを松太郎や粂助から聞かされていても不思議ではない。いや、必ず聞いているのに違いない。後年離れた所に住んでいても頻繁に墓参

に訪れている。この不幸が多少なりと関わっているのではなかろうか。

　この濃尾大震災は岐阜出身の著名人にも大変な被害を与えている。【寄り道】とは大変不謹慎ではあるが、挿入する。

「川合玉堂」……明治6年（1873）11月24日、愛知県葉栗郡外割田村（一宮市木曽川町）に生まれた玉堂（本名芳三郎）は、8歳で岐阜市米屋町へ移り住む。明治20年岐阜尋常高等小学校を卒業後、14歳で岐阜・京都間を往復しながら絵を学び、地震の前年明治23年には、京都で本格的に修業することを父から許され、伊奈波神社の参道口で紙・筆・墨を商う家族のもとを離れることになる。明治24年18歳、濃尾震災に遭う。以下、玉堂本人の書き記したものを掲載する。……

（『アトリエ修学時代を語る』より）

「（略）岐阜大垣は全滅と翌日の新聞号外は報じたのであった。（略）二十九日の午後父母の安否を気遣いながら京都を立った。米原迄は汽車があったが、その以東は不通という話であり、打ち続いて報じられる郷里の惨報に私は暗憺たる思いであった。徹夜しても歩いて帰ろうとしたが「明朝になれば垂井まで開通するから御待ちなさい、今から歩いても朝まではとても行かれませんから？」と駅員から止められて矢のような帰心を抱きながら其の夜は満員の宿に徹夜した。翌朝の汽車で垂井迄乗り、それからは或る時は俥を利用し、或る時は徒歩で痛む足を同じ憂いの人々に励まされ、自らも行程を急ぎ、翌日の夕暮れ近く岐阜に着いた。懐かしい故郷は大震災後の火災に惨鼻の極みを現出した地獄の有様であった。（略）夕暗は迫り、流言蜚語の飛び交う中に、市外の或る墓地に避難して親戚の人々と共に悲しい父の遺骨を護る母の姿を見出して、私は言葉もなく唯々悲嘆の涙に暮るゝ許りであった。（略）」

　玉堂の父、勘七の死は避難先の建物倒壊での死であり、圧死であったのだろう。父の商いがなされていた場所は「伊奈波通1」交差点の北西角、今は新聞販売店になっている場所から1〜2軒北にあった。画廊・若山長江洞、大正11年生まれ若山 朗 氏が彼の父からそのように聞いている。米屋町、伊奈波通一帯は火災が発生している。

（図1-2 岐阜市火災地略図）

　玉堂が岐阜で過ごした家は焼失、学業の傍ら漢文や習字を学んだ誓願寺（雄山瑞倫住職）は幸い焼失を免れ、国重要文化財「絹本 著 色 兜率天曼荼羅図」（H.29.09.15指定）は現在に至っている。

（写真1-13、1-14 誓願寺 H.31.03.22）

「川崎小虎」 ……明治19年（1886）5月8日、岐阜市に生まれ、満5歳の時、濃尾震災に遭う。　　　　　　　　　　　　（『川崎小虎画集』より）

「小虎が座敷で箒を手に遊んでいると突然揺れ出し、左右の積んであった本箱荷物等が倒れ転げ、壁が崩れ、屋根が落ちて家の下敷きになった。しかし幸いにも命に別状なく、屋根と机の隙間に居て暗い中を半日泣いていた。母あゆは外にいた。泣き声頼りに瓦を撥ね、板を剥がし、棟材を鋸で引いて穴をあけ、そこから小虎を引きずり上げた。（略）街の家は全部倒れ、山が間近く眺められた。しかし火災は起こらず、それで命拾いした」

　吟子の馬場家、玉堂の川合家、小虎の川崎家、しばらくはいばらの路が続くことになった。のちにはそれぞれが大きな災難を乗り越え、何事

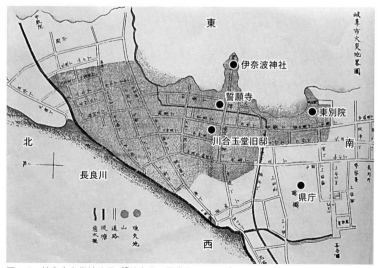

図1-2　岐阜市火災地略図（『岐阜県下震災景況』より）

写真 1-13　誓願寺（南から北方向）

写真 1-14　誓願寺

　もなかったかのように過ごすようになるのだが、ある程度の時間の経過が必要であっただろう。

＊誓願寺は濃尾大震災で焼失しているかもしれない。図 1-2 によれば焼失範囲の中に含まれている。幾多の震災被災写真が存在し、伊奈波神社西一帯は一面焼け野原になっている。そうだとすれば平成の終わり頃に指定された国重要文化財は大八車などで搬出され、焼失から守り、大切なものとして保存され、今日に至ったのだろう。住職の責任の重さや使命感が感じ取られる（後日「岐阜大火図 M.24」の全焼区域の中に誓願時の名前があるのを確認した。やはり全焼したのであった）。

参考文献

『岐阜県下震災景况―明治廿四年濃尾震災報告書』復刻版、岐阜県郷土資料協議会、H.03.08
『濃尾震誌 復刻版』片山逸朗、ブックショップ マイタウン、H.14.11
『濃尾震災明治 24 年内陸最大の地震』村松郁栄、古今書院、2006.05
『気象百年史』気象庁、日本気象学会、S.50.03
『気象百年史 資料編』日本気象学会、S.50.03

『創立百年史』岐阜地方気象台、S.56.01
『北方町史 史料編』北方町、S.48.03
『川合玉堂 上巻』（川合玉堂の生涯平光明彦）美術年鑑社、H. 元 .01
『アトリエ』7 巻 4 号（習学時代を語る川合玉堂）アトリエ社、S.05.04
『川崎小虎画集』（川崎小虎伝瀧悌三）京都書院、S.62.07
『素顔の玉堂川合玉堂と彼を支えた人々』図録 岐阜県美術館、2013
『濃尾地震写真資料集』岐阜県市町村史研究協議会、S.53.10
「岐阜大火図」長瀬寛二、M.24.11

3　本巣高等女学校

　吟子は大正 11 年（1922）3 月北方町立尋常高等小学校を卒業すると同時に、小学校の東隣、南北に走る道一本挟んだ本巣高等女学校に入学する。小学校時代の吟子の逸話は残っていない。

大正9年（1920）	2月	岐阜県立本巣中学校設置認可（定員500名）、開校
		北方小学校を仮校舎
大正10年	3月	定員増員（750名）
大正10年	3月	本巣高等女学校設立認可（一年50名、二年50名）
	4月	本巣高等女学校第一回入学式会場は郡役所二階
大正11年	4月	本巣高等女学校第二回入学式
		（この時吟子入学）
	9月	新校舎完成（11月12日本巣中学開校式、本巣高等女学校落成式同時開催）
大正12年（1923）	4月	岐阜県立本巣高等女学校に改称
大正13年	3月	第一回卒業式
大正15年（1926）	3月	第三回卒業式（馬場なつ〔峰吟子〕卒業）

　ある時、本巣高女の絵葉書二種類（写真 1-15、16）を入手した。当然、写真の中に吟子の面影を求めて、こだわりをもって私なりに調べようとした。なぜ写真にこだわるのか。吟子が写真の中に存在しているか否か

は私には大変重要な問題である。彼女が写真の中に存在すれば大いに価値があり、居なければ私にはあまり意味を持たず、単なる資料の一つとしての存在でしかない。“追っかけ”をする人の話などはテレビで紹介されるが、今までは彼らをあまり良くは見ていなかった。しかし、その立場になってみると、その心境を多少理解でき、むしろ共感を覚えるようになった。

　これまで言われてきたことと見解を異にする部分もあるが、私の考察を以下に挙げる。

１．絵葉書の袋の表題（写真 1-15）本巣女学校落成式及び本巣中学校開校式を記念したものである（T.11.01）。

２．講堂（写真 1-17）写し出されている女生徒は約 180 名と推計される。卒業名簿によれば一回生 46（50）名、二回生 42（50）名、三回生 86（不明）名（カッコ内は入学者数）。これらの人数から第二回入学式（？）あるいはそれ以降落成式開催前後に写されたものであろう。

３．体操（写真 1-18）生徒数を数えれば 187 名であり、第二回入学式（T.11.04）以降の写真と思われる。

４．創立十周年記念絵はがき（写真 1-16）講堂で撮影された二枚の写真（写真 1-21、22）の講堂内部の壁、天井など建物内部の造作様式は写真 1-17 と酷似している。

　写真 1-17 〜 20 は、映し出されている人数から考えて、吟子が入学した大正 11 年（1922）以降に撮影したものであると推定される。

　写真 1-23 は本巣高女の南西を撮影したものだ。北方町春来町の北境がまだ樹木に覆われているのがよくわかる。

　吟子が本巣高等女学校を卒業してからの同学校や同窓生との関わりは、どのようなものであったのだろうか。『五十年史』には夫を亡くして間がない時期の発言がある。注釈もなく、「峰吟子女史のこと」として載せられている。これ以外には見当たらない。

　また、83 歳で亡くなる 2 年前、平成 2 年に発刊された『会員名簿』には吟子の住所は未記載である。なぜ未記載なのか、気になるところであ

写真 1-15
落成式紀念絵はがき（T.11）

写真 1-16
創立十周年記念絵はがき（S.06）

写真 1-17
岐阜県本巣高等女学校
講堂（T.11）

写真 1-18
体操（T.11）

写真 1-19　ダンス（T.11）

写真 1-20　作法室（T.11）

写真 1-21　講堂 I（S.06）

写真 1-22　講堂 II（S.06）

写真 1-23
運動会（S.06）

る。同窓生などと連絡を取り合っていれば未記載は避けられるのではないだろうか。

「初期の女学校教育に、突然変異ともいうべき異色の大物の出現は、日活女優峰吟子女史（本名馬場なつ３回卒）であろう。牧逸馬作「この太陽」の蘭子の役は、一躍スターの座を獲得し、入江たか子、夏川静江とその妍を競ったのである。現在磯辺（部）医院の夫人と納まっていられるが、最近主人を亡くし、有髪の尼として信仰の道に入っていられるが談たまたま芸道になると、さすがにきびしい指針を後輩に与え『芸能界に入ってするだけの苦労をするならば、女博士や女代議士などはさしてむつかしくない』と言われている」

　下線部分は、吟子の映画界での体験から発せられた言葉であろう。初めてこの文を読んだとき、かなり違和感を覚えた。彼女の職業意識に対してである。正直、強い口調であり、高慢さを感じた。しかし、当時の映画界や彼女の人生を調べていく過程で、それは致し方のないことであり、違和感は消えていった。

　北樺太へ逃避行した岡田嘉子は、自叙伝の中で何度も映画製作者（映画監督）と衝突したことを書いている。吟子は約３年の短い活動期間に岡田嘉子と同様の苦労をした可能性は十分あった。

「峰さんは豊橋市でも有名人で、昔を懐かしんで訪ねてくるファンもいたが会おうとしなかったという」「おそらく過去と決別したい気持ちの表れだったのだろう」　　　　　　　　　　　（「岐阜新聞」2012.01.15）

　山賢が察したことである。ファン同様、一部を除いて同級や同窓生に対しても同じような対応をしていたのではなかろうか。

　吟子をよく知る人が彼女について語ったことを探している。吟子と本巣高女の同級生であり、北方町南部に所在する寺院の坊守を務めた人がいる。当然もう亡くなっている。その人は私が中学生の時、課外活動で生徒に生け花を教授していた。本巣高女時代、あるいはその後の吟子の手掛かりがあるとすれば、彼女の子息が昔の話を聞いていたか否かのみである。しかし、残念であるが伝わっていなかった。

写真1-24　岐阜県本巣高等女学校秋季大運動会運動場全景
（T.13.10.26）

写真1-24は吟子三年生の秋季運動会の様子である。運動場西端中央から東北東方向を撮影している。この中には、微かではあるが、西順寺時の太鼓の櫓が見える。

本巣高女の敷地跡は北方町立北方中学校になっており、私も子供も北方中学校の卒業生である。小学生低学年当時には、まだ本巣高女時代の木造校舎があり、中学校に入学した時も一部分残っていた。本巣高女は戦後、本巣中学と統合して本巣高等学校となり、さらに平成16年（2004）岐陽高校と統合、現在の本巣松陽高等学校になる。わが家では本巣高女に叔母、本巣中学に叔父、本巣高校に妹、と三人が学んでいる。

参考文献
『目で見る揖斐・本巣の100年』丸山幸太郎、郷土出版社、1991.03
『五十年史』岐阜県立本巣高等学校、S.45.10
『創立80周年記念誌　松樹』岐阜県立本巣高等学校、H.12.10
『会員名簿　創立70周年記念』岐阜県立本巣高等学校、H.02.06
『会員名簿　創立80周年記念』岐阜県立本巣高等学校、H.12.06
『北方町志』北方町役場、S.07.06
絵葉書「本巣中学開校式・本巣女学校落成式紀念絵はがき全8枚」T.11.11
絵葉書「創立十周年記念絵はがき MOTOSU.G.H.S. 全7枚」S.06.10
「ぎふ快人伝　昭和初期の映画界を駆け抜けた女優峰吟子」岐阜新聞、2012.01.15

4　円鏡寺楼門と鏡ヶ池

　本巣郡北方町大門には永延2年（988）平安時代創建の円鏡寺という名刹があり、町内の文化・観光資源が乏しいなかで唯一重要視されるべ

き存在である。しかし、我々は円鏡寺について一体何を知っているのか、また、どんな情報を持ち合わせているのか、今一度振り返って、ある程度の詳しい事柄について調べ、書き記すのもよい機会かもしれない。

　円鏡寺はみんなの遊び場であった。いつもの学校帰りの道草、夏になればプール。水漏れがあり、それを補うかのように大量の地下水を汲み上げていた。いつも満水で、そこに入れば瞬く間に体が冷え切ってしまう、そんなプール（S.18.05 竣工　防火、水利・灌漑用を兼ねる）が円鏡寺の広い境内の中にあった。水深の深い 25m プールと付属の浅いものがあり、私の幼い頃（小学校低学年、昭和 35 年頃）までは存在していた。夏休みといえば、ほとんど毎日のように昼頃からは、ここへ来て水と戯れていたものだ。

　吟子と円鏡寺の関わりは、彼女の父・馬場松太郎が大きく関係している。蓮月堂は松太郎が開いた店であり、彼が去った後、平成の中頃まであったように記憶している。

　円鏡寺の中で楼門と鏡ヶ池は有名であり、写真で変遷を辿ることにする。

　絵葉書の変遷を辿るには「巻末資料Ⅰ　絵葉書からわかること」を参考にしていただきたい。

　写真 1-25　巻末資料Ⅰ第一期の絵葉書、宛名面（写真資料 -1）で判断すると、軍事郵便であり、日清あるいは日露戦争当時のもの。写し出されている風景は日清戦争頃の可能性もある。軒先が補強され大規模な解体修理が始まる大正 3 年までこの様子であったであろう。腐朽傾壊瀕死の状態であったにもかかわらず、濃尾震災（M.24.10.28）、大暴風（M.35.09.28 ～ 29）にも耐え、倒壊を免れることができたのは幸いであった。庫裡、大師堂は震災時に倒壊し、楼門付近は地面が割れ、水が湧き出たところがあったという（明治 27 年〔1894〕～明治 38 年〔1905〕頃）。

　写真 1-26　楼門正面には馬場松太郎が発起人として関わった石柵完成の際に建立された石碑、頭部にはまだ布で保護された形跡がわかる。

　特別保護建造物に指定されたのは明治 37 年（『北方町志』は M.35、『改

写真 1-25　池鏡山円鏡寺の山門（美濃本巣郡北方町）［軍事郵便］

写真 1-26　池鏡山円鏡寺の山門（美濃本巣郡北方町）(T.04)

写真 1-27　特別保護建造物円鏡寺楼門

訂版 北方町志』は M.42.04 と記載）、改修に着手したのは大正 3 年（1914）1 月、竣工は同じ年の 10 月、大正 4 年 4 月改修記念の開帳を行う直前のものである。また、右下の建築途中の建物は松太郎が関わった蓮月堂である（地図、地籍図とも一致する）。この時、寺院内の郡道を移動、民家の移転、桑園は蓮池に改め、木・石を配置し昔日の霊場を再現しつつあった。（大正 4 年〔1915〕4 月頃）

写真 1-27　円鏡寺発行の絵葉書「国宝並ニ特別保護建造物楼門絵書」昭和 9 年（1934）

写真 1-28　石柵撤去前の楼門平成 21 年（2009）8 月

写真 1-29　現在の楼門の様子平成 30 年（2018）8 月

円鏡寺楼門は永仁 4 年（1296）飛騨の匠八重則光則定の技によって建立されたもので、現存遺構では全国

で二番目に古い。最も古い
ものは奈良市西大寺の末寺
般若寺楼門で文永（1267年
頃）の遺構である（写真
1-30）。

「円鏡寺楼門は明治神宮南
神門（楼門）の手本になっ
た」とする記述が存在する
が、『北方町史 通史編』の
一文のみであり、他の文献
などからは見出せない。明
治神宮の設計は伊東忠太が
頭となり、安藤時蔵、大江
新太郎が担当している。

　南神門の屋根は今日、銅
板葺きである。造営当時は
円鏡寺楼門と同様の檜皮葺
きであり、二つの建築物は
「優美さの追求」（藤岡洋保
の言葉）の中にあって荘厳
さを漂わせている。今日で
も円鏡寺楼門は復元などの
参考資料にされ、最近では
平城宮太極殿院東西楼復元
の参考資料の中にも含まれ
ている。

　古社寺保存法（M.30.06）、
文化財保護法（S.25.08）な
どによって法的には守られ

写真 1-28　石柵撤去前の楼門

写真 1-29　現在の円鏡寺楼門（平成 30 年 8 月）

写真 1-30　奈良市般若寺楼門（2018.12.01 撮影）

金五拾圓　同　加納たみ子殿
金五拾圓　同　馬場ゑつ子殿
金貳拾圓　同　峯　吟子殿
　　　　　同　岡本かく子殿

昭和七年六月

拝殿御造營寄附者芳名録
並　決算報告書

大井神社社司
同氏子總代一同

写真 1-31
寄付者芳名録（S.07.06）

てきたものの、今後は資金不足など危惧すべきことが数多く存在し、多難な状況に置かれるようになるであろう。

　円鏡寺の東北の方向には北方町の鎮守、円鏡寺の鬼門除けとして祀られた大井神社がある。昭和7年（1932）3月20日にそれまでは本殿のみであったが、拝殿造営の落成式を執り行っており、その際、「寄付者芳名録」（S.07.06）（写真1-31）の中に吟子と長姉の「志づ」の名前が存在している。拝殿造営前と造営後の写真は『北方町志』（S.07）に掲載されている。

　写真1-32、1-33　宛名面には大正4年（1915）4月23日の消印があり、さらに通信文の内容は『紀行十篇山より水へ』佐藤北嶺著（大正4年7月発行）の出版報告である。なお本書籍は国立国会図書館に所蔵されている。

　池の上には茶屋のような建物があり、ここで松太郎は商っていたのだろうか。このような池や川にせり出した様式のものは、京都などにいくつか

写真 1-32　円鏡寺観音堂及鏡ヶ池

存在している。池の水面にみえる柱の様子からそれほど古くはないと思われる。
（大正初期〔1915〕頃）

写真1-34　池の上にはもう建物（茶屋）は存在していない。面影もまったくない。ハスが生えているのみである。
（昭和9年〔1934〕）

写真1-35　現在の鏡ヶ池の様子、池の中ほどを東西に楼門と観音堂を結ぶ橋が架けられた。（平成30年〔2018〕9月）

円鏡寺境内を遊園地にしようとする計画が明治35年（1902）に持ち上がる。しかし、日露戦争（M.37.02 ～ M.38.09）が起きて頓挫する。大正3年楼門改修を記念して、再度遊園地にしようと寄付

写真1-33
写真1-32の宛名面
（エンタイヤ）

を募り、本堂前に大池を掘り、観音堂前鏡ヶ池も浚渫して、境内を一新。大正4年（1915）4月国宝諸仏の開帳をした。

写真1-36　円鏡寺本堂前に大池を造成するための掘削工事の様子と参拝者。
（大正3～4年頃）

『本巣郡各町村略誌上』（M.14）の中で本巣郡北方村の名所は「鏡ノ池」と書かれている。鏡ヶ池の上に建つ構造物（写真1-32）は何であるのか。明治初年ごろあった円鏡寺茶所（鏡ヶ池畔）の名残かは不明である。

佐藤北嶺の実逓絵葉書は名古屋から山形へ差し出している。地元とあま

写真1-34　岐阜県本巣郡北方町　円鏡寺　弁財天堂及鏡ヶ池

写真 1-35　現在の円鏡寺鏡ヶ池（平成 30 年）

写真 1-36　円鏡寺本堂前大池掘削の様子（大正 3 ～ 4 年頃）

り関係のない彼が、なぜ、この絵葉書を利用したのだろうか、考えさせられる。

　鏡ヶ池や、これに類似した名称を持つ池は全国各地にあると思われる。奈良法隆寺を訪れたとき、正岡子規が詠った「柿喰えば……」は法隆寺境内にある「鏡池」の畔で作ったことを知る。私が知る限り、円鏡寺や法隆寺も含めて五ケ所あり、国内を見渡せば類似の名称を持った池はかなりあるに違いない。

　鏡（ヶ）池を詠んだ和歌が「夫木和歌抄」（鎌倉時代後半）などに収められており、『北方町志』には円鏡寺鏡ヶ池を読んだものとされているが、異を唱える書物もあり、推測の域を出ない。

参考文献

『御大典記念 北方町史』北方町役場、T.04.11
『北方町志』北方町役場、S.07.06
『北方町史 通史編』岐阜県本巣郡北方町、S.57.03
『明治神宮造営誌』明治神宮造営局、T.12.07
『明治神宮の建築』藤岡洋保、鹿島出版会、2018.08
『建築工芸叢誌』第 2 期（18）、（特別保護建造物の修理に就いて円鏡寺楼門盤城生）建築工芸協会、
　　T.05.04
『池鏡山円鏡寺創建に関する調査報告書』北方町文化財保護協会、H.31.02

『本巣郡各町村略誌 上』岐阜県記録課、M.14.09
『紀行十篇山より水へ』佐藤北嶺、青年評論社、T.04.07
『新撰美濃志（復刻）』岡田啓、一信社、S.05.12
『美濃明細記（写）』伊東實、元文 03. 春

5　松太郎と円鏡寺

　吟子の父松太郎は楼門脇（東南角）に建つ石碑に名を残している。今まで石碑の存在は知ってはいたものの、その中に馬場松太郎の名前が刻み込まれていたのに気づくことはなかった。偶然にもすぐ南にある公園のトイレ改修を行った際、生垣から彼の名前を発見したのであった。70年近くすぐ脇で遊んでいたり、近くを歩いていても見落としていた。松太郎や馬場家が円鏡寺に残した足跡はこの一つだけである（写真 1-37 〜 1-39）。なお、石碑の刻字は下記の通り。

　　　特別保護建造物円鏡寺楼門石柵発起馬場松太郎
　　　　　大正三年十一月楼門大営繕竣工池鏡山院家了輝之代
　吟子の子息との会話の中から、少しでも馬場家に関するヒントはないものかと調べてみたが、確定的なものはなかった。しかし、二つばかり

写真 1-37 石碑（東正面）

写真 1-38　石碑（南面）

写真 1-39　石碑（北面）

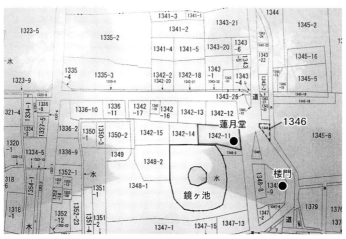

図 1-3　円鏡寺楼門付近

あった。その一つは床屋を商っていた（であろう）こと。

『北方村卸売・小売・仲買・雑商等調』（M.20.04）では、理髪店は 9 戸となっている。明治 24 年（1891）10 月 28 日、濃尾大震災の後、北方の町では家屋倒壊などによって商業活動ができず、廃業届が次々と出されている。この中で理髪人馬場三里は 10 月 30 日に廃業届を出している。しかし、これが馬場家と関連付けることが可能であるのかは不明である。

　二つ目は松太郎が田舎興行を取り仕切っていたこと。円鏡寺楼門脇に建つ石碑はその状況証拠のひとつであろう。『北方町史 史料編』の中には当時の岐阜県令や北方警察署長宛に出された「興行願」が含まれている。明治 20 年あたりまでの資料であり、大正 3 年（1914）楼門改修当時の前後のものはない。ただし、懐具合は良かったようである。

　図 1-3 の中で実線内は蓮月堂(1342-11)のあった場所である（写真 1-40）。また、松太郎は明治 6 年（1873）4 月 17 日北方村 666 番戸（1333-1）に生まれ、昭和 13 年（1938）3 月 17 日 65 歳で亡くなる。死亡届出住所は破線内（1346）となっているが 1342-11 の誤りであろう。

　蓮月堂は松太郎と女性が住んでいたところである。その様子は『キネマ週報』に記されている。その後、満州からの引揚者であった吟子のす

写真 1-40　蓮月堂の跡地
（現在は駐車場）2019 年

ぐ上の姉てるが住み、さらに私の祖父の同い年で幼馴染のおばあさんが
住むようになった。

　蓮月堂の建物は、平成の中頃まであったように記憶していたが、平成
7 年 6 月に取り壊されていた。時の経つのは早いものである。

　吟子の息子たちは、今でも年に二度ほど北方へ墓参に来て、必ず円鏡
寺に立ち寄って参拝する。

参考文献

『北方町史　史料編』岐阜県本巣郡北方町、S.48.03
『北方町史　通史編』岐阜県本巣郡北方町、S.57.03
『キネマ週報』124、キネマ週報社、S.07.09

6　馬場家と馬場美濃守

　吟子の家族は明治時代初期、北方村 666 番戸の馬場粂助（嘉永 4 年生
まれ）に辿り着く。粂助は吟子の祖父である。吟子が生まれ育ったとこ
ろは、土地登記簿によれば、前北方町役場の底地になっていた北方町大
字北方字大門 1333-1 であり、明治 34 年 4 月に円鏡寺から吟子の父馬
場松太郎に所有権が移っている。馬場粂助は生まれながらにして北方に
在住していたのか、粂助あるいはそれより前の世代がいつから移り住ん

だのかは不明である。

　馬場という言葉は近郷・近在にあって、地名では本巣郡馬場村（瑞穂市馬場）。苗字では吟子の出生地北方に隣接する岐阜市曽我屋と北方町（旧生津村）高屋に馬場姓が点在している。生津荘の中にある馬場の地名は古く、生津荘の存在は、平安時代末期（1100 年代）に成立したとみられる『古今物語集』第 27 巻の中にも見つけ出すことができる。『穂積町史』の記述の中には、"近年馬場地内には馬場姓はない"とされ、吟子の家族と北方町の南に隣接する馬場地区を結びつけることはできない。

　吟子の子息によれば、馬場家は従来、岐阜市曽我屋にある今小路超宗寺の檀家であり、曽我屋の馬場一統も超宗寺の檀家である。吟子が寺へ寄進したことへの礼状の存在もあり、間違いなく、岐阜市曽我屋の出身とみて差し支えないであろう。吟子の少しばかり前の世代の時に、いつの頃かは不明であるが、当時の方県郡（曽我屋）から本巣郡北方村へ移り住んだのである。北方町高屋にある馬場一統は超宗寺の檀家ではなく、姓も正しくは「馬場」であり、曽我屋の馬場姓とは異なる系統であろう（新字、旧字、異体字の使用はこだわりや意味のある可能性を含む）。

　『豊川海軍共済病院の記録』の中に「……夫人は元日活女優・峯吟子（明 42 生本名なつ）、出身は岐阜で馬場美濃守の後裔……」とある。「磯部鷹三」が妻である吟子から聞き、鷹三がさらに医師仲間などに話したことが情報源になったのであろう。また、子息も同様のことを話している。

　丸山彰による馬場美濃守信房（信春）の子孫探求は、明治 8 年以降に長篠に残る記録から出発しているもので、それ以前は不明であり、馬場姓を名乗る各一族の家系を基に辿ろうとしている。丸山の著書に記載された馬場姓は国内全体から見ればごく一部であり、（岐阜県在住の馬場氏に関しては掲載なし）これらから馬場美濃守と直接的な繋がりは証明されず、不明解で、すべてが伝聞である。しかし、その伝聞は家族が誇りとしたことを後世に伝えようとしたことの証であり、一概に無視する

ことはできない。それところか、先祖を探る手掛かりの一つとして大きな役割を果たすきっかけとなり得る。

　馬場姓を名乗る一族はいつ頃から曽我屋に根付いたのか、それを紐解くものが二つある。その一つは、岐阜市曽我屋において古くからあり、今に至るまで存続する津神社（方縣津大明神）の宮司関谷家の記録曽我屋・関谷家文書（関谷家系譜及び手紙）を基に馬場姓を調べることである。関谷家文書の内容はまったく正しいかといえば齟齬をきたす部分も多少存在するであろうが、為政者の文書とは異なり、誇張は見られず、大いに参考となる。

　関谷家文書の中では、関谷（屋）、村木、曽我部、鷲見などは早い時期から書かれている。馬場は文政8年（1825）に初めて著されているに過ぎない。このことは馬場が遅い時期に移り住んだと推測されるのではないか。

　もう一つは『新撰 美濃志』の中の記述である。斎藤道三が最期を迎えた長良川の戦いは、戦いの場所には正確さに欠けてはいるものの、長良川に近接している曽我屋は大きく影響を受けている。戦いは、斎藤道三とその子義龍（土岐頼芸の子？とも言われている）が弘治2年（1556）に激突した合戦で、道三が斬首されている。この時義龍側に加勢した者は多く存在し（旧土岐氏勢力も加勢）、曽我屋に存在する大方の苗字を名乗った者たちも加勢しているが、この中に馬場姓は見当たらない。やはりこの時もまだ馬場はこの地に居なかったのだろうか。

　武田信玄二十四将の一人馬場美濃守信春は、天正3年（1575）、長篠の戦いで最後の決戦となった設楽原で討ち死にし、その7年後の天正10年（1582）嫡子馬場民部少輔信忠は、信濃深志城を織田方に明け渡し、戦死したと伝わる。それ以降一部を除いて馬場氏及びその家臣の詳細な行方は不明である。

　岐阜市曽我屋の馬場は、当地に武田家滅亡後に移り住んだのかは確かな証拠はないが、長良川の戦いに参戦していないことをどのように解釈したらよいのだろうか。一つの考え方は"織田信長に滅ぼされた時期以

降に曽我屋に移り住んできた"と解釈する可能性も否定することはできない。

　もう一つ、美濃守と曽我屋馬場家を結びつけるものがある。それは家紋である。馬場家の家紋は曽我屋共同墓地を見渡すことで情報を得ることができる。墓地内で見受けられる家紋は"丸に釘抜き"及び"丸に違い釘抜き"（図1-4）の二種類である。ただし、"丸に違い釘抜き"は1ヶ所のみで同種派生形とみなせば、曽我屋馬場家の家紋は前者としてよいであろう。

　三河国二川本陣職を務めた馬場家の家系は、馬場美濃守に繋がっている。二川馬場家の家紋も"丸に釘抜き"である。丸山によれば、子孫と称する各馬場家の家紋はわかっているもので14種あり、「紋章だけによって系統の本末を判断することは無理であろうが、馬場各家の紋章を並列して見ると、その流れといったものがあることがわかる」とある。しかし私にはあまり理解できない。紋章は何らかの理由で替えることもあるし、表面に出さぬこともある。武田残党狩りの厳しい時期には、そうすることで対処した可能性も十分にありうる。

　馬場民部少輔（のち美濃守）信春とはどのような人物であろうか。少し調べてみることにする。馬場姓を名乗る前は、教来石民部景政と称し、信虎、信玄、勝頼の三人に仕え、信玄の抜擢により武田氏家老馬場氏の名跡を相続する。また、信玄は父信虎追放後、権力を掌握した後、譜代家老衆の粛清を数度にわたって断行している。その中にあって信春は頭角を現し、戦いがあった約30年間に合戦に参加した回数は70を超え、敵と刃を交わした回数は21回、この間かすり傷一つ受けずに死地をくぐり抜けている。

　信春の名前の中で"美濃守"は何を意味するのであ

"丸に釘抜き"

"丸に違い釘抜き"

図1-4　馬場家（曽我屋）家紋

ろうか。官位授与は本来幕府朝廷が有した機能であり、身分・地位の序列による格式を定めていた。

　室町幕府時代に美濃守を名乗る守護大名は土岐氏のみであり、二木によれば「江戸時代、諸藩の家老級以下の官途についてはほとんど正式な手続きを経ることなく、……これも室町期から戦国期にかけて、一般化された大名領国における陪臣に対する官途状・官途書出の風習の延長線上にあった」とある。言葉を換えれば、いい加減さが大いにある制度である。私的に名乗った輩があっても不思議ではない。馬場美濃守が美濃とかけ離れた甲斐の国にあって"美濃守"を名乗るのも違和感があり、「在地効果」のまったくない「守名乗り」であるが、豊臣秀吉（筑前守）、明智光秀（日向守）たちも実態とは無関係で何も関係のない国名を授かっている。

　馬場信春が美濃守を名乗ったことは、大きく時代を遡ってみれば、まったく意味がないと言い切れないのではないか。武田家の足軽大将であった原美濃守虎胤から引き継がれた"守名"であり、信春の「祖」を探ろうとすれば清和源氏（摂津源氏）源頼光に辿り着く。頼光は豊かで交通の要所である美濃国を受領し、美濃守となり、その子孫である美濃源氏の始祖源（土岐）光信の孫土岐光衡の一族が甲斐の国北巨摩郡白州町下教来石に移り、「教来石」を姓としていた。また、馬場氏は源頼光（多田源氏）の曽孫源仲政の後裔と称していたようである。ただし、木曽義仲に辿り着く馬場氏の系図は、末代まで見ても信春とは合わないように思われる。

　天文21年（1552）道三の大桑城（岐阜県山県市）攻めにより、美濃にあった土岐氏は、戦国の世にあって土岐頼芸の代で終焉し、その後、頼芸は常陸江戸崎、上総万木、甲斐武田氏に寄寓し、信玄に厚遇されている。

　甲斐の国にあった"美濃守"の存在も、おもしろいことではあるが、あまりに遠い時代のことであり、調べていても実感が湧いてこないのが現実で、書物をなぞったに過ぎない。馬場信春は言い伝えなどで美濃と

の関係を知っていたのではないだろうか。

　一つ付け加えなければならないことがある。信玄の活躍した時代と現在では倫理観がまったく違うこと。武将の尊大さは描かれてはいるが、その下で戦った雑兵たちの働きはあまり表には出てこない。当時彼らには、御恩も奉公も武士道もなく、懸命に戦っても上から恩賞があるわけではない。人や物資を略奪することで生活の糧を稼ぐことになる。武田氏も含め、みな同様で、戦国時代の戦いの多くは"略奪戦"であり、渡邊によれば『甲陽軍鑑』はまさしく乱取り（人・物資の強奪）事例の宝庫だという。こうした時代背景にあって、武田家滅亡後に曽我屋の地に馬場一族が遅い時期に移り住んだとしても、すんなりと受け入れられたかは気になるところである。土岐氏と関わりのある土地柄であるとすれば、その限りではなかったであろうか。

参考文献

「曽我屋・関谷家文書（関谷家系譜及び手紙）」
『新撰 美濃志』岡田啓、一信社出版部、S.06.12
『甲州の名将馬場美濃守信房公とその子孫』丸山彭、鳳来町長篠城址史跡保存会、S.46.05
『戦国大名武田氏の家臣団信玄・勝頼を支えた家臣たち』丸島和洋、教育評論社、2016.07
『新編 武田二十四将正伝』平山優、武田神社、H.21.11
『新編 武田信玄のすべて』芝辻俊六、新人物往来社、2008.06
『武田信玄 戦国最強武田軍団の全貌』世界文化社、1994.08
『豊川海軍共済病院の記録 私たちの戦争追補年表記録集』大島信雄、S.59.06 ～ 09
『穂積町史 通史編上巻（古代・中世）』穂積町史編纂委員会穂積町、S.54.10
『名前とは何か なぜ羽柴筑前守は筑前と関係がないのか』小谷野敦、青土社、2011.04
『中世武家儀礼の研究』二木謙一、吉川弘文館、S.60.05
『姓氏家系大辞典 第二巻』太田亮、姓氏家系大辞典刊行会、S.09
『天皇家と多田源氏摂関家の爪牙』奥富敬之、三一書房、1997.12
『源満仲・頼光―殺生放逸朝家の守護』元木泰雄、ミネルヴァ書房、2004.02
『系図綜覧 第一』国書刊行会、T.04.04
『美濃守護十一代記 美濃源氏土岐氏主流累代史全』渡辺俊典、S.63.11
『人身売買・奴隷・拉致の日本史』渡邊大門、柏書房、2014.04

7 峰吟子を描いた人々

　吟子を描いて人々の目に触れるように著したものは、私の知る限りではあまり多くはない。著したものを発行順に列挙すれば下記のようになる。これらの中でも3年余りの女優活動期間中に発行されているものには、身辺に関する情報が描かれているものがあり、今日と同様に人気女優のゴシップ記事としての役割を大いに果たしている。

1 『愛慾層に踊る─猫眼石の蠱惑（峰吟子の事）』小生夢坊　昭文閣

（昭和6年〔1931〕5月）

2 『朝日─峰吟子の秘恋─』南部僑一郎　博文館

（昭和7年〔1932〕3月）

3 『月刊西美濃わが街─北方町生まれの日活女優峰吟子・その華麗な青春』NO.34　山田賢二　月刊西美濃わが街社

（昭和55年〔1980〕3月）

4 『岐阜人─今、甦る銀幕のスタア峰吟子』山田賢二　編集考房

（平成4年〔1992〕11月）

5 『映画論叢7─ヴァンプ峰吟子の戦後』加納一朗　樹花舎

（平成15年〔2003〕12月）

6 『月刊ぎふ─飛騨美濃人物往来（北方町生まれの日活女優峰吟子物語）』NO.222〜246　山田賢二　北白川書房

（平成15年〔2003〕6月〜平成17年6月）

7 『映画は光と影のタイムトラベル─映画プログラムの時代─峰吟子・時代に消えたスター』加納一朗　社会評論社

（平成17年〔2005〕3月）

8 『水墨画─仁林聾仙の足跡（葦陣墨舞）』仁林俊郎　発行所発行年未詳

（二次資料による）

9 『仁林家傳』仁林俊郎　ぐうたら舎（私家版）（平成30年〔2018〕01月）

10 新聞紙上の特集記事、そのほか個々の出来事に対する新聞記事（読

売、東京朝日、岐阜日日新聞、さらには外邦・海外新聞など）

　上記のそれぞれについて、簡単に説明していけば、

1　出版した時期は女優になって1年経過した頃であり、ネタは少し前のことではあるものの、「大阪・神戸の時代」がよく描かれている。後ほど全文を利用して考証しようと思う。

2　銀幕に躍り出て3年目を迎えようとしている時期の出版である。人気が絶好調の時であり、面白おかしく注目を集めるゴシップ記事の様相を見せている。1と同様、後ほど取り上げてみたい。

3〜6　吟子（H.05.01死去）が亡くなる直前か、または亡くなってからの出版物であり、この期を境に、少し創作的な脚色を行い描き出しているものが多い。もしも吟子の生前での出版であれば、当然彼女自身が見る機会もあり、その内容をどう捉えたであろうか。

　　彼ら執筆者の描写には誇張が含まれ、事実から大きくかけ離れて、世間の誤解を招く一因になりかねない。そこで一文を引用しつつ見直していくとする。

5・7　これらの二冊の著者加納一朗は山賢と顔見知りであろうと思われる。そのことは文中からもよくわかる。記述内容を見てみると同じようなことが記されており、間違いも同じようになっているところがおもしろい。

8・9　山賢と知り合いの筆者が、自分の家族と吟子の関わりを書いている。さらには山賢の一文に対する考察もある。

10　新聞紙上に著された記事を戦前と戦後に分けて見れば、前者は現役であるために映画紹介記事やゴシップ風の記事などが数多く載っている。近年と違い、間違い（いい加減さ）もかなりあり、遠慮なく好き勝手に書いている。海外の邦字新聞も調べて利用する。

　戦後は山賢が「岐阜日日新聞」（現「岐阜新聞」）紙上に、昭和55年（1980）1月から4回にわたり連載した『北方町出身の日活女優峰吟子の燃える半世紀』で彼女の生涯の大筋を著している。この連載は彼女からいろいろ聞きとった事柄を参考にしている（最終④では吟子からの申し入

れにより〈補足〉として訂正が加えられている）。

　いずれにしても手掛かりになるものは限られ、これらを利用する以外、吟子に再登場してもらうことはできない。既存の文献を検証し、その中には私の想像や独断的な考えを少しばかり入れることとする。

　さて、吟子の出生地は何処か。

吟子の出生地

　それは「北方町」である。なぜ「本巣町生まれ」となってしまったのだろうか。おそらく昭和55年に発刊されたキネマ旬報増刊号が「本巣町生まれ」と記載したことから始まっている。これ以降、平成になって彼女を描いた一部の出版物にも転記されたようである。

参考文献
『日本映画俳優全集　女優編　キネマ旬報増刊』No.801、キネマ旬報社、S.55.12.31

8　記憶の曖昧さ

　他人の記憶を平然と述べて公にすることは、甚だ危険な行為であろう。さらに怖いのは、「嘘」や「作り話」などが作為的に入ることである。私も自分の記憶の信憑性を顧みたとき、なぜか大いに不安を感じることが度々ある。

「記憶」とは何だろうか。書籍や文献を漁って調べようとするものの、明快な一般解を得ることはできない。それぞれの事象についての分析を行って、研究成果としているが、「心理学」の中でのさらに細かい分野に迷い込んでしまう。計量的に法則があるわけでもなく、一般科学とは一線を画しているからである。

　人の記憶（昔の記憶、幼少期も含め）は曖昧さがいっぱい含まれ、その中から都合よく、さらには美化して再生されていく。幼少期の記憶は成人してからは多かれ少なかれ薄れてゆき、大人になってから持ったイ

メージに合わせるようになる可能性が大きい。要するに人の記憶とは「正しいと思って信じ込んでいても、いつの間にか改ざんされ、結局、嘘を言っているのと同じことになる場合が少なからずある」ということである。

　なぜ、ここまで「記憶」に対してこだわるのか、その理由の一つは、吟子に対してできる限り真実に近い形で生涯を巡りたいからだ。真実に辿り着くことはほぼ無理ではあるが、可能な限り近づける努力は必要である。脚も使わず適当なことをつないで、描き上げる方法は避けたかった。ただし、資料などがない場合は「思い込み」や「想像」を挿入するが、それとなくわかるようにした。

　吟子を直接、あるいは間接的に知っていると思われる人々は、近所や一般世間でもほぼ皆無となってしまった。それでも吟子の人生は曖昧な記憶に基づくものでなく、彼女の歴史的な事実をもって語らなければいけない。

　唐突だが、ここで父と私の記憶を例に挙げてみることにする。

父の例

　吟子の母、松太郎の妻である馬場とく（偶然にも吟子の祖母も同じ名前）は私の祖母と出身地（生誕から結婚まで過ごす）が同じであり、しかも 130m 余り離れているだけである。今は瑞穂市となっているが、本巣郡美江寺村（後の船木村美江寺）の生まれである。二人の生涯を簡単に比較すれば下記のようになる。

	［吟子の母］		［私の祖母］
生まれ	明治 9 年 12 月		明治 40 年 5 月
結婚	明治 32 年 8 月		大正 14 年 12 月 *
吟子を出産	明治 42 年 8 月	父を出産	大正 14 年 12 月
死亡	昭和 2 年 5 月		平成 5 年 4 月

＊戸籍上の年月

祖母の結婚は実際には大正 13 年の春である。出生地（在所）も吟子の母と近くであり、結婚先（北方）でもさらに近い距離（直線距離にして 100 ｍもない）となり、約 3 年は関わりがあったと思う。世間は狭く、田舎のことでもあるために、祖母は吟子の母を知らないはずはなく、吟子本人も間違いなく知っているはずである。当然、父は祖母からこれらのことを聞いているに違いないと思うのである。しかし、「まったく知らない」と言っている。私は理屈からして「絶対に記憶しているだろう」と強く詰問しても無駄であった。関心や興味のないことは頭の中に残らず何事もなかったかのようである。記憶の曖昧さはこのようなものであろう。

私の例

　父とは反対に 3 歳のころの鮮明な記憶が残っている。ひとつの例を示す。名鉄揖斐線（平成 17 年 4 月廃止）忠節駅に関することである。初代忠節駅は揖斐線開業と同時の大正 3 年（1914）、移転によって二代目忠節駅は昭和 23 年 8 月、最後となる三代目は昭和 29 年 12 月にそれぞれ営業開始している（図 1-5 忠節駅付近見取図—昭和 29 年 12 月）。私には三代目の駅舎工事中、「母」に手を取られて岐阜市内線の忠節橋駅（または早田駅）までの道筋を「堤防の階段を登り、とぼとぼと歩いて行った」というはっきりとした記憶が残っている。

　昭和 26 年 5 月生まれの私は、駅舎完成時の昭和 29 年 12 月時点では 3 歳 4 ヶ月である。

　揖斐線・岐阜市内線を利用するのは、主に母が

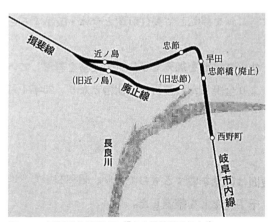

図 1-5　忠節駅付近見取図（『名古屋鉄道百年史』）

帰省するときである。それも正月、祭り、盆くらいであり、記憶に残るとすれば、3歳になる直前の祭り、3歳3ヶ月になった盆の2回であろう。幼少期の記憶について振り返れば、果たしてそれが自分の記憶のみで構成されているのか甚だ疑問である。やはり、私の記憶が何かに触れることによって細かい情報が後から頭の中に入り、鮮明となり、記憶の上書きがなされ、保存されていったのであろう。

改めて確認しておく。吟子の人生を振り返るときに「記憶の曖昧さ」などを理由に、故意によって脚色したり、勝手な都合によって変質させる行為は避けていく。

吟子に関して、大正10年生まれまでの人々の記憶は、ある程度納得するものであると思われる。しかし、それ以降に生まれた人々の記憶は、成人してから得られた情報が加わって上書きされた可能性は十分にある。残念なことに、記憶を語る人々は、もうこの世にはいない。

参考文献

『錯覚の科学』クリストファー・チャブリス、ダニエル・シモンズ、文芸春秋、2011.02
『記憶は嘘をつく』ジョン・コートル、講談社、1997.07
『名古屋鉄道百年史』名古屋鉄道株式会社、H.06.06

第2章
大阪・神戸・京都の時代

1　『愛欲層に踊る』から

　本巣高女を大正15年（1926）3月に卒業したのち、吟子は姉を頼って大阪へ出ることになる。満17歳になろうとする春であった。三人姉妹の末子で松太郎からは特別にかわいがられていたようで、外へ飛び出していく姿を見て彼の心中は如何なものであったのかは想像できよう。この行動にはおまけがついている。子息によれば「ちょっとした家出」だったそうである。このことからもかなり活発な女性であったことがうかがえる。

　北方を出てからの吟子の足取りはあまりよくわからない。
「大阪に出てからとりあえず姉の家に逗留するも、だんだんと居づらくなって、ひとまず神戸市に四畳半一間を借りる（山賢）」

（「岐阜日日新聞」S.55.01.25）

　その後、女優になるまでの経緯や遍歴は「小生夢坊」や「南部僑一郎」が雑誌に詳しく描いている。ここでは、『愛欲層に踊る─猫眼石の蠱惑（峰吟子の事）』の全文を掲載する。

＊「蠱惑」とは、人の心をあやしい魅力で惑わすこと。たぶらかすこと。

「吟子を唄ふ」（小生夢坊）

　ある日、ある時──エキゾチックな元町通の石道、そのいしみちのスズラン電燈の灯ともし頃、ゆきずりのおみなの中に見出しは彼女の瞳、さかしげなまつげ長き黒曜石の魅惑に妖しくも燃えたるは、僕の心！
　その街の、大理石の卓に、黄金の色たたえたグラスを持ちし彼女の手その白魚に似たる指にはても底光る猫眼石の蠱惑。僕の意思のわけもな

53

く壊れし砂の塔よ。――日暮れて――やがて、又相見えし君。影のごと、銀幕に踊る奇しき絵姿の、はても僕の、そして僕たちの心を戦かせる君の今の媚態。ああ誰か妖しき錦蛇のごと、なよなよと踊る君の姿に若き日の心、ときめかずや。

パラマウント映画株式会社のマークと峰吟子がどんな関係があるか――ということを考えてひどい神経衰弱になり、三ケ月も寝込んだ男があるということを聞いたが、こんなことで三ケ月も寝込む男もあまり頭がよくない証拠で、パラマウントとは最高峰の事であり即ち峰じゃないかと、なぞ解きではなく実際パラマウントのおかげで、いまの様に売り出したんだから松井翠声じゃないがパラマウント様であらねばならぬ。

そもそも、日活の峰吟子は――スー星のように出現したが、いや、もっとも、パラマウントのマークだって、星があるが、事実、峰吟子はトタンに出現したもので、近頃のエロ女優の中でも第一線に立って、はづかしくないだけ、とは、いやなはずかしさだが、ともかく警視庁の保安部長から、ぐっと、にらまれ様という尖端的女優であるだけに、今日の観客には受けるのである。

峰吟子がどうして日活に現れるようになったか、つまり流行おくれの言葉で言えば『何が彼女をそうさせたかイ』の何がを、僕が詮索してみようと思うが、人気女優のアラさがしもどうもまことにお気の毒なことではあるが、エロ女優前身記も、或いは興味があるではないか――

マドロスが酔っ払って、出帆に遅れて外事課の厄介になって、ビール瓶をかじってみせて驚かせたり、台湾芸妓が客を呼んだり、活動屋が飲んだりするところの神戸の或る盛り場のデパートの三階で化粧品を売る女の子が、前身はモデルをやったとかで、一寸、デパート中の評判になっているのを聞き込んだのは、その頃神戸でとぐろを巻いていた井沢龍吉君であった。この井沢君がデパートにモデルがいるということを耳にしたことが、今日の峰吟子を作る様になったものであるとは大きいが、その井沢君の友達の画家で、宝塚少女歌劇団の美術部にいる男が、丁度「二科」出品の製作をするためにモデルを探していたので、こういうと

ころにモデルをやっていたのがいると知らせてやったので、それからデパートをやめて、モデルに通うことになり、ここで彼女の一転機となって、何となく今日の峰吟子の土台ができあがることになったのである。——それからの彼女は、ダンスホールへダンサーとして出現することになり、断髪洋装のエロ姿となり終わったのである。これからの峰吟子は神戸のモボたちに、一つの話題を提供することにより、評判はだんだん高まっていったが、ダンサーから今度はバーへ帰ってきた。この時の触出しが、日本生まれの上海育ちで、黒い洋服の短い姿で、エロ百パーセントのサービスでもって、たちまち、おやじ共の人気を集め、また彼女のプライドも高まっていった。しかし、どうも悪い虫がついているらしい、という噂があって、余り手を出した男もいなかった様子だったが、このバーへ活動屋がしげしげと出入りする様になり、パラマウント、ファーストナショナルだの常設館連中だのが、毎晩のように酔っぱらって、悪い虫だろうが、善い雀だろうがって、鼻息の荒いことおびただしく、流石に派手な金のつかいっぷりで、バーの女共が活動屋でなくては人間ではない位ののぼせ方になって、ついに、峰吟子も、その世話を受ける様になって、パッと評判になってしまったが、事実峰吟子が好きだったのは他の男で、いまの人じゃなかったんだ——などとはちょっと悲しい話ではあるが。

この峰吟子の出現により、氏の本当の妻君の方が、峰吟子の姿と同じように断髪をするやら洋服を注文するやら大騒ぎで当時、断髪を競うゴシップが映画人仲間の話の種となったこともある。

こうして評判が高くなったので、氏も遂に峰吟子をバーをよさせて何とかホテルへ住まわせて、あちらこちらと連れ歩いたが、金はかかるし、噂は立つしで知人の村田実や阿部ジャックを通じて日活の女優に仕立てることになり、今日のエロ女優峰吟子ができたのである。

——これだけの簡単な前身記でも優に日活の特作現代劇ができあがるだろうから、かしこい人々が集まっている日活の事だから、たぶん今年の特作品として港の女王とか何とか、其処はうまい題名をくっつけて主

題歌なんかもこしらえて、売り出すだろうと思っているが、こんなにいろいろ暴き立てた様な事を書いても喜ぶのは氏で『うむ宣伝になるさ』とか何んとか言うであろう。

　この峰吟子が日活へ入った因果から、千惠プロの箕浦勝也が、うるさいのから金をとられた話などは、映画となってから見たほうが面白いにちがいない。――こうバクロしたからって寺井龍男が彼女から恨まれては、ましゃくに合わない。何故なら、本当は賛美しているのだから。峰吟子に似た桜冨士子、ミナト映子、等々、みな讃美している僕なのでアル。

　以上が全文である。少し長くなったが当時のスキャンダル誌の記事である。昔は日刊新聞も同様に自由闊達に記事を載せ、今日とは違い、あまりに遠慮のないものが刊行されていた。この手のものは昔も今も変わっていないが、ある程度参考になるというものだ。
『愛欲層に踊る』は小生夢坊らが前年（S.05.03）に出版した『尖端ゆくもの』が好評であったために、その続きとして出版したもので、当時の時代風刺や滑稽さを取り入れたものである。副題も前衛探奇実話蒐である。

　彼の名前の正しい読み方は不明で、一般には「こいけむぼう」とされているが、"こいき"であったり、『映画界の横顔』の挿絵のサインでは"ゆめぼ"となっている（写真 2-1）。
『愛欲層に踊る』の広告文も非常に面白い（写真 2-2）。
「これ！　あるかな！　これあるかな！　餓えたるものよ！　欲するものよ！　本書一冊万事解決！」　　　　　　　　　　　　　　　（『キネマ週報』）
　文中に登場する人物を紹介しよう。

| 松井翠声 | （1900生） | 活動弁士、時々渡米して俳優、漫談や司会業をする。 |
| 井沢龍吉 | | 不詳 |

写真 2-1 『映画界の横顔』挿絵   写真 2-2 『愛欲層に踊る』
広告（S.06.05）

宝塚少女歌劇団の美術部にいる男　　小出楢重

村田実　　　（1894生）　　大正・昭和初期の映画監督、脚本家、俳優、
　　　　　　　　　　　　　吟子出演作のうち8本監督する。

阿部ジャック（1895生）　本名阿部豊、無声映画時代渡米し俳優、帰国後
　　　　　　　　　　　　　映画監督、仲間内から「阿部ジャッキー」とも
　　　　　　　　　　　　　呼ばれる。「一九三一年日活オンパレード」を
　　　　　　　　　　　　　監督する。

氏　　　　　　　　　　　ロイ・田中（田中亮平）、吟子の夫となる人物
寺井龍男　　　　　　　　作家、脚本家
箕浦勝也　（千恵プロ）　片岡千恵蔵プロダクション・マネージャー
桜富士子　（1909生）　高女卒業後大阪に出る。カフェー日輪の女給と
　　　　　　　　　　　　　なりその後女優、22歳で急逝
ミナト映子　（1911生）　横浜本牧生まれのダンサー、「ミスヨコハマ」
　　　　　　　　　　　　　の主役に応募し女優に、近代的な美貌で注目

　吟子は神戸に来た後、あるデパートの三階の売子でいるところを見出
され、女優としての出発点を掴み取ることになるのであるが、キーワー
ドは、

1．デパートの三階の売子

　2．宝塚少女歌劇団美術部の男

　3．ダンスホールのダンサー

　4．ダンサーからバーへ転身

　5．ロイ・田中との出会い……などである。

『愛欲層に踊る』が出版されたのは吟子が人気絶頂の時である。それから10ヶ月後の昭和7年（1932）3月、今度は南部僑一郎が『朝日—峰吟子の秘恋』（写真2-3）を執筆しているが、文脈に怪しげな感じが漂う。

　南部僑一郎の描いた吟子像は、それまでの出演映画の役柄を絡めているために事実と離れているように思えてならない。

　吟子が初出演した『見果てぬ夢』の「京子」役から一貫していることは、純情可憐な、世間で言う"清く正しい"役柄は一つもないということだ。"ヴァンプ女優"と言われる所以である。こうした事情は映画製作者側の意向であって、南部もそれを汲み取って書いているのであろう。しかし、後日出演作品を調べていくと小生や南部が描いたものに沿うような記述に出くわした。本書の第4章24『フランスお政』の中で、日活入社前に神戸で"よく外人に接する機会があった"と言っているが、ど

写真2-3　『朝日第4巻3月号』表紙、目次（S.07.03）

のような職にあったのかは全く不明である。

　また、山賢が新聞紙上に書いたことに対して、吟子は"ダンサーという職業に就いたことはない"と指摘している。ダンスホールの風俗を問題視していた大阪府は、ホール営業規制（S.02.04）を公布。それにより大阪から阪神国道沿いの西宮や神戸に移動することになる。ダンスホールは「阪神間モダニズム」を語る上で重要であり、象徴でもある。この中にあって吟子は職業としてではなく、娯楽として"阪神間"で楽しく踊っていたであろうことは容易に想像することができる。

参考文献
『前衛探奇実話蒐 愛欲層に踊る』昭文閣書房、S.06.05
『映画界の横顔』根岸耕一、超人社、S.05.09
『朝日』第 4 巻第 3 号、博文館、S.07.03
「外人生活を…知りぬいたわたし」読売新聞、S.08.05.22
「北方町出身の日活女優峰吟子の燃える半世紀 4」岐阜日日新聞、S.55.02.15

2　スズラン街灯

　小生夢坊『愛欲層に踊る―猫眼石の蠱惑（峰吟子の事）』の中の一文に、「ある日、ある時―エキゾチックな元町通の石道、そのいしみちのスズラン電燈の灯ともし頃…」と記されている。

　吟子が活躍した時代、全国のあちらこちらでスズラン街灯が出現して見受けられるようになった。時代の象徴であるスズラン街灯、その出発は大正 13 年（1924）に遡る。武田五一は京都電灯株式会社からの依頼によってスズラン型の街灯を設計した。その設計思想は「あたかも灯火の隧道の如く観られるアーチ式照明方法を思いつき、且つ祇園会の山鉾巡行に支障のない構造を有する」としている。

　大正 13 年京都寺町通を皮切りに神戸元町通（写真 2-4）をはじめ、横浜、東京、広島の街にも建設され、さらに全国へ広がっていった。

　神戸元町通では東京美術学校、神戸高等工業の教授を兼務していた古

宇田実が設計したスズラン街灯を大正 15 年から昭和 2 年にかけて建設していった。

　広島市では大正 14 年本通に建設され（写真 2-5 〜 6）、市内の全主要道路のほとんどすべてがスズラン街灯で覆われることとなる。朝鮮（写真 2-7 〜 9）、台湾、満州（写真 2-10 〜 11）においても建設され、この時代、各地の商店街（写真 2-12 〜 22）はスズラン街灯建設の一大ブームが巻き起こっていた。こうして全国各地に建設されたスズラン街灯はアーチ部分の構造や文様は様々なデザインがある。ただし、京都や神戸に建設された以外の街灯の設計者は定かではない。

　昭和の初めの頃、一般の家庭では現在ほどの明るい電灯の下で夜を過ごすということはなく、暗い室内照明に甘んじていた。それとは真逆のスズラン街灯の出現によって、明るい夜の世界に人々を導き出し、夜遅くまで商店街をにぎわすこととなった。

　しかし、このスズラン街灯もよい面ばかりではなく、電球が切れたり、ガラスホヤに雨水が溜まったりして保守が大変であったようである。その後、戦争の影響もあり灯火管制や金属供出のため、吟子の地元、岐阜柳ヶ瀬通（写真 2-18）では、昭和 3 年（1928）に建設された 60 基のスズラン街灯が昭和 18 年に姿を消すこととなる。他の都市のスズラン街灯も同じような運命をたどり、一気に全国各地に咲き渡ったスズランは時勢と共に枯れ果てていった。

　昭和初期、吟子が神戸元町通のスズラン街灯に照らし出され歩いている姿を想像するだけでも、ひとつの絵になるのではなかろうか。

参考文献

『京都電灯株式会社五十年史』京都電灯株式会社、S.14.11
『柳ヶ瀬百年誌』岐阜市柳ヶ瀬商店街振興組合連合会、S.63.10

写真 2-4　神戸（元町通）

写真 2-5　広島（本通）

写真 2-6　広島（革屋町通）

写真 2-7　京城（本町）

写真 2-8　朝鮮群山（栄町）

写真 2-9　朝鮮元山（銀座街仲町通）

写真 2-10　新京銀座（吉野町 1 丁目）

写真 2-11　新京（ダイヤ街）

写真 2-12　大分（竹町通）

写真 2-13　郡山（スズラン通）

写真 2-14　福井（呉服町）

写真 2-15　飯田（銀座通）

写真 2-16　豊橋（札本町通）

写真 2-17　豊橋（広小路大通）

写真 2-18　岐阜（柳ケ瀬通）

写真 2-19　鹿児島（天文館通）

写真 2-20　宇部（常磐通）

写真 2-21　小樽（都通）

写真 2-22　旭川（師団通）

3　神戸のデパート

「神戸の或る盛り場のデパートの三階で化粧品を売る女の子（小生夢坊)」は吟子のことである。どこのデパートで店員をしていたのだろうか。

　昭和初頭、デパートへの女子進出には目を見張るものがある。昭和5年には大丸、高島屋、阪急、白木屋などで女店員は40％あるいはそれ以上を占めていた。店員について、大正14年（1925）の調査は"女店員の教育程度は低い"としている。その後、昭和2年（1927）7月東京三越では女子店員募集広告を新聞紙上に出し、採用条件は「十七歳から二十歳まで、女学校卒業程度以上」。さらに、その翌年の昭和3年（1928）『百貨店員希望者及就職者調査・東京府』によれば「尋常六年女子は余程優良なるものに非ざれば就職し難いもので…」となっている。

　短い間に消費行動なども変化し、それに伴って女店員は質的にも向上していった。流行の最先端を間近に触れることができるデパートは、田舎から出てきた吟子にとって憧れであったろう。

吟子がデパートの化粧品売り場にいた可能性があるのは昭和2年（1927）から昭和4年の間であり、この頃には店員教育がある程度手引書化されているはずである。

　小生<ruby>こいき</ruby>が「デパートの中で評判になっている」と書いている。このことは、客が目立ちすぎる女店員に対してよい感情を持つかと言えば、少し違った心理になる可能性もある。おそらく吟子はデパートには長く居なかったであろう。

　神戸港（兵庫港として）開港と同じくして明治元年（1868）神戸村、二ッ茶屋村、走水村<ruby>はしうと</ruby>の三村合併により神戸町が生まれる。古くから山陽道などの主要街道が通り、西国の主要な街道沿いには賑やかな街が形成され、外国人居留地もでき、外国の文化も取り入れて発展してきた。

　明治7年（1874）には、神戸町の西国街道沿い、大手町から八幡町辺りまでが"元町通"と名付けられ、神戸を代表する商業地であった。大正から昭和にかけて新たな店舗が多く現れ、この中にはデパートも含まれた。さらに商店街の東側三宮神社周辺には劇場、映画館、飲食店、カフェーなどが集まっていった。

　神戸における百貨店営業開始時期は意外と遅い。日本のデパートのルーツは江戸時代の呉服店に遡って古く、それまでは客の注文に応じて商品を倉庫から出して見せる座売り方式であり、文明開化以降舶来洋装品も扱わざるを得ないことになり、ショーウインドーの設置などによる陳列販売方式へと変化していった。

　こうした中にあって業態や機能変化を進め、経営方法を改善して今日のデパート形態に近づいたのは、明治37年（1904）東京の三越呉服店であった。

　その後、神戸に百貨店らしきものができたのは、東京から16年後の大正9年（1920）五階建てに増築された新開地の博品館であろう（百貨店らしきものとしたが16年の間に他と同様に進化している）。増築後は神戸デパートとなったが、昭和14年（1939）閉店した。

　吟子は一体何処のデパートにいただろうか。

大正末期から昭和初期、神戸では元町デパート（T.14.10 〜）（写真 2-23）、三越（T.15.07 〜）（写真 2-24）、大丸（S.02.04 〜）（写真 2-25）、そごう（S.08.10 〜）が競いあっていたが、元町デパートは 1 年足らずで三越が引き継ぐことになる。この中で吟子と時期が合致するのは三越と大丸の二つのデパートである。

　「三階の化粧品を売る女の子」の言葉から売り場の位置を特定すれば、吟子はどこのデパートにいたかわかるはずであり、当時の新聞広告をあたれば特定できるものと確信したが叶わなかった。元町デパートを引き継

写真 2-23　元町デパート

写真 2-24　三越呉服店

写真 2-25　街頭の美観　大丸付近

写真 2-26　神戸大丸（大丸呉服店）店内案内表紙

いだ三越は、開店当時（T.15.07）化粧品が一階、三階には呉服や染め物を売っていた（元町デパートには三階に美容室があった）。神戸大丸の資料（写真 2-26）によれば三階は三越と同様に呉服、着物、衣料品を、京都大丸も三階は衣料品を扱っている。今日のデパート化粧品売り場はだいたい一階あるいは二階にあり、昭和初期もあまり売り場の位置に変化はないようだ。では一体吟子のいたデパートは何処であったのか。

参考文献

『日本の百貨店史地方、女子店員、高齢化』谷口正往・加藤諭、日本経済評論社、2018.10
『百貨店とは』飛田健彦、国書刊行会、2016.12
『新修神戸市史 産業経済編Ⅳ』新修神戸市史編集委員会、神戸市、2014.03
『コレクション・モダン都市文化 08　デパート』和田敦彦、ゆまに書房、2005.05

4　小出楢重と吟子

　私と楢重との出会いは、吟子が彼のモデルになった絵を探し出すことがきっかけであった。彼は多くの随筆や著作を残していることから、それらをほぼ読み漁ったが手掛かりがつかめず、諦めかけた時に大きな収穫を得ることができた。なんと一番弟子と言われる（実際には和田三郎が最初の門弟）松井正（しょう）（後の二科会理事）からの聞書き（回想）のなかに書かれていた。

「"ソファの裸身"のモデルは嵯峨蘭子という映画女優であった」

（匠秀夫）

「"ソファの裸体"（裸体の B）（1930）は京都のある映画女優がモデルだが、そのパトロンである男性からの依頼で制作したものである」

（小出龍太郎）

大きな手掛かりが出てきたものである。嵯峨蘭子という芸名の女優は存在せず、全くの仮（偽）名である。嵯峨は京都、蘭子は昭和5年9月封切り『この太陽』の蘭子を演じた吟子を捩った名前であろう。

パトロンとは無論、田中亮平であり、「ソファの裸体」（本書口絵写真）は昭和5年9月から開催された二科展出品作でもあり、映画の宣伝効果を狙った可能性は十分にある。

裸婦画の小出楢重と言われているが、どのような画家であるのか、裸婦画以外では「Nの家族」（1919）、「ラッパを持てる少年」（1923）、「枯木のある風景」（1930）を知るのみである。画風は性格の一端を覗かせるはずであり、彼の逸話を少しばかり見てみよう。

家業の天水香を継いだ弟吉延との会話を妻が振り返っている（吉延が薬学校を受験しようとした時、入学願書を楢重が申し込みに行き、帰り道に受験票をどこかに落としてしまった件）。

楢重　「落としてしもたわァ……、また来年にしい……」

吉延　「ふーん……そうかァ……、ほな、そないするわ」

そしてそれっきりだった。一年後再受験したのか、しなかったのか。

重子　「段々、面倒臭なりはったん違うかァ。いかにも小出のうちらしい、のんびりした話やけど、そら、そんなことでは商売もうまいこといくはずないわ……」

楢重の絵はフランスから帰ってから薄く塗りだしたという（彼は大正10年〔1921〕8月出航、翌年4月に帰国している）。松井正が描いた作品を見ると、

楢重　「なんじゃお前、鼻クソみたいにひっつけて。油絵いうのはそんなに絵具ようけ付けんのんと違う。薄うても薄うてもよろしい……」

絵を描き上げる時間も早い。

松井　「先生、その頃、三日に一枚は出来とったなァ。で、すぐ消しとったがな、気に入らんいうて、しょっちゅうや。で、次の日

67

行ったら、もう違うのん描いてる。あれは不思議やったなァ。ワシにしたら“せっかく上手いこと描けているのに……”と思うようなもんでも、本人気に入らへん。で、長堀川へ捨てに行きよる」、「なんで、こんなに毎日裸体ばっかり、描いては消し、描いては消ししはんのかいなァ……」

　松井正の話から“もしも”を想定して、楢重が裸婦画を量産していたならば、現在市中には、もっと多くの作品が存在し、価格も今ほど高くはなく、一般に行き渡っているであろう。絵画の価値を決めるのは、その絵画が上手か下手かではなく、手に入れたいか否かである。人の物欲を満たすには感動が必要であり、一般的な描き方では感動はあまり得られない。楢重の作品には丁寧さは感じられず、むしろ“雑っぽさ”が見える。しかし引き付けられて物欲を刺激する。手の届く価格であるならば私は入手したい。絶対無理であるが希望だけならばよいではないか。「楢重は一応関西で落ち着いて仕事をしていたかのように見えますが、本人は特に晩年、東京に出たくてたまらなかったようです。……大阪は芸術が育たん。水が少ない所で魚がアップアップしているようなもんや。10の力で済むところが15も16も出さんならん……」といつも言っていたという。

（小出重子）

　このことは『大切な雰囲気—陽気過ぎる大阪』の内容を要約している。

　本当にそうであったのか私は疑問に思う。どこにいても他所はよく見え、自分の留まっているところには満足せずに不満を言う。これが世の常ではないか。東京美術学校に在籍した経験から、東京がいかに他の地域と違っていることは十分知り尽くしているはずであり、描いた絵を気に入らないからすぐに捨てたり、消したりする行動力のある人間であれば、すぐさま決断して上京しているはずである。

　私には短期間ではあるがサラリーマンの経験がある。昭和50年（1975）名古屋から東京に転勤になった。しかし、これほどまでに地域差があるとは思わず、転勤から1年も経たずに退職した。もし大阪への転勤であったならば辞することはなかった可能性は大である。名古屋

は東京と大阪の平均値であり、大阪は強烈な個性にあふれており、3ケ所を経験したものであればよくわかるはずである。果たして楢重は自分の育った大阪からの脱却ができるのか、それは無理であろう。彼のような人間はやはり大阪が生んだ人間である。「大阪は遊ぶことばっかりで文化が育たん……」と言いながら大阪そのものの影響を大きく受けて育った人間が"文化"という言葉を使って奇麗ごとを言うのはおかしなものである。しかし、東京に憧れたのは事実であろう。

　楢重が大正10年（1921）初めて本格的に制作した「裸女立像」から実質最晩年となる昭和5年（1930）までの10年間に楢重のモデル（裸婦）となった人物をみつけだそうとすれば、腰まで伸ばした長い髪を携えた妻の重子「裸女結髪」（1927）、進藤朝江「横たわる裸女」（1928）、周金蘭「周秋蘭立像」（1928）、嵯峨蘭子という映画女優「ソファの裸体」（1930）、祇園で左褄を取っていた非常に気立ての良い人「支那寝台の裸女」（1930）の五人のみである。ただし、これは私が知る限りであり、他にもいるはずである。

「周秋蘭立像」のモデル周金蘭はモデルになった人物のなかで最も多くの情報を得ることができる。神戸在住の中国人貧民の娘で、キューバ領事の女中、女給、ダンサー、インド商人の愛人、などを経てモデルになる。詳しくは『週刊朝日』（S.03.09）に記述されている。

　楢重のモデルになった時、神戸でダンサーをしていたというが、「華僑か何かのパトロンがついていたらしい」　　　　　　　　　（小出重子）

　肖像の中の顔は本人に似ておらず、何度も描き直した挙句、重子の顔に似てしまったという。「ちっともウチに似とらへん」「周秋蘭立像」はそのためかどうかわからないが作品名は本名ではない。

　楢重は『めでたき風景』の中で「酒は飲めず、遊蕩の志は備わっているが、体力微弱である私」と自認している。芦屋での日常は午前中、裸婦画、午後は静物画、夜は随筆、挿絵やガラス絵の制作で、体力の面であまり写生には出かけずアトリエでの制作活動が中心であった。生まれ持った疾患僧帽弁閉鎖不全症や胃下垂からくる胃の弱さは楢重を苦しめ、

十貫目（36kg）しかない身体や、裸婦像など「三日で描き上げ、それを破壊する」といった絵に対して激情を伴った神経質さは寿命を短くした大きな一因であろう。

こうした状況の中、南部僑一郎は『朝日』の中で吟子を"洋子"の名前で登場させ、楢重が横恋慕して乱闘する場面がある。身体、体力、性格から見てあり得ない話である。

楢重は果たして絵が上手いのか、あるいは下手なのか。裸婦の顔は鮮明に描かれていない。「……顔というやつはねえ、妙に性格的な連想を呼び起こして僕の制作を乱して困る。モデル女の中にも首から下だけを観察すると誠に均整の美しくとれたのがたくさんあるが、一たび顔を見ると妙に悲しかったり、痴鈍だったりしてがっかりしてしまうことが往々ある。だからこそ僕はこれから顔なしの裸像をどしどし描こうという気になったのさ」　　　　　　　　　　（「大阪毎日新聞」S.04.11.28）

顔を描くのが嫌で向こうを向かせて描いたところ、構図の面白さを発見したのか、次第に背中や尻を手前に向ける裸婦が増えたという。しかし「"ソファの裸体"は依頼者の手前、従来通りの似ても似つかぬ女性像にはできなかった」ようであり、楢重作品の自由奔放さは低減され、吟子の身体つきや顔かたちが伝わってくる。

楢重は『裸婦漫談』の冒頭で「日本の女はとても形が悪い、何んといっても裸体は西洋人でないと駄目だとは一般の人のよく言う事だ、そして日本の油絵に現れた女の形を見て不体裁だと言って笑いたがるのだ」と書いている。しかし、一般の人のみならず、楢重も含まれ、最大限その差異を利用して描いたのは彼である。「裸女立像」（1925）"ズングリムックリ感"、「横たわる裸身」（1930）"臀部の強調"、「立てる裸身」（1930）"アスリートのような太ももの強調"などは日本女性の欠点とされるところを上手く引き出し利用している。このような中にあって、「ソファの裸体」は少し違うような感じがする。

パトロン（田中亮平）の付いた絵であり、今までとは少し違い、顧客に合わせるように楢重にとっては遠慮の入った"よそ行き"の絵のよう

に思えてならない。『裸婦漫談』の中で「私自身は西洋人よりも日本の女の方が好きなのだ、それで裸体をかくときにでも、私は決して理想的なものを求めたくない」というものの、「ソファの裸体」は理想的なモデル像であり、まったく言っていることとは真逆である。これは最晩年の作品の一つであり、楢重による「裸婦画」の最高傑作になるであろう。吟子はその絵のモデルとなっている。

　命がある間に新潟県長岡市にある新潟県立近代美術館へ出向き、ぜひ対面してみたい（なお「ソファの裸体」には同一作品でありながら「裸女のB」〈Bの裸女〉などの名称で紹介されていることもある）。

「ソファの裸体」はどのような評価を受けるのか、果たして人気は如何程であるのか、偶然にも平成30年（2018）1月「裸女」41.7 × 71.6（1925）（写真2-27）がオークションに出品された。この作品は芦屋に移る前年の二科展出品作であり、その時のオークションの詳細を記せば、当初落札予定価格は¥5,000,000 〜 ¥10,000,000とされていたにもかかわらず、オークション結果は予定最高価格の3倍以上で落札されている。お金の話は生臭くなり、敬遠されそうであるが、人気や評価の一つの目安となるであろう。

　吟子が楢重のモデルになった数年前に、東京でモデル名「霧島信子」と名乗っていた“ブルースの女王”淡谷のり子（M.40.08生）の裸婦画が描かれている。吟子より二歳年上の彼女は、生活費を稼ぐため東洋音楽学校を休学してモデルになり、田口省吾、前田寛治や岡田三郎助のモデルを務めた。

　淡谷のり子がモデルになった絵も残っている。その絵は彼女の記憶（少しばかり相違がある）から「片方の丸い脚を膝建てして、右の腕を頭の下にかっているポーズをしている」もので、音楽学校卒業時のおかっぱ頭はそっくりである。大正15年（1926）田口省吾の第13回二科展出品作、作品名は『帽子を配せる裸婦』（写真2-28）である。

　西の映画女優 峰吟子と東の流行歌手 淡谷のり子の裸婦画を見比べていただきたい。彼女たちがまだ世に出る前の姿がこうして後世に残って

写真 2-27 「裸女」大正 14 年（1925）

写真 2-28 「帽子を配せる裸婦」大正 15 年（1926）

いる。人はどのように感じるかはまさに "人それぞれ" である。

　吟子の出演映画は皆無と言っていいほど残っていない。楢重の作品は
これからも後世に大事に伝えられていき、吟子は人々の記憶から無くな
ることはない。「ソファの裸体」は吟子の残した最大の遺産であり、し
かも、芸術作品として次の世代にも受け継がれていくことになる。

参考文献

『聞書き　小出楢重』小出龍太郎、中央公論美術出版、S.56.04
『開館 10 周年記念　ある画家の生涯と芸術展　小出楢重』兵庫県立近代美術館、1980

『小出楢重画集』小出楢重画集刊行委員会、東方出版、H.14.11
『小出楢重随筆集』小出楢重、岩波書店、1987.08
『画家小出楢重の肖像』岩坂恵子、講談社、2010.03
『小出楢重』匠秀夫、日動出版部、S.60.02
『小出楢重─光の憂鬱』小出龍太郎、春風社、2001.11
『小出楢重と谷崎潤一郎小説「蓼喰ふ虫」の真相』小出龍太郎他、春風社、2006.10
『淡谷のり子・いのちのはてに』北川登園、学習研究社、1995.02
『週刊朝日』14 巻 15 号、朝日新聞社、S.03.09

5 峰吟子の三姉妹

　映画女優「峰吟子」誕生にはもう一つの要因があるのではないか。吟子には二人の姉がいる。彼女のすぐ上（5歳年上）の姉てるは、中部地区では最初の女性アナウンサーである。大正14年（1925）7月15日に放送を開始した社団法人名古屋放送局は、大正15年8月からは社団法人日本放送協会名古屋中央放送局（写真2-29）に引き継がれている。この中で、てるは岡村照子として名古屋放送局に在籍していた。

　＊岡村姓はてる（照子）の養女先の苗字

　東京の愛宕山（JOAK）（写真2-30）からは名古屋放送局放送開始の3日前の7月12日に放送が開始されたばかりで、ほぼ同時の放送開始時期であり、アナウンサーに対する基礎的な教育のない時代ではあるものの、女性アナウンサーは大変珍しい。放送局開局時期と本放送から流れる女性アナウンサーの声が流れ始めた時期は名古屋、東京、大阪の三局に大差はない。名古屋の岡村照子、東京の翠川秋子、大阪の巽京子の三人は "日本最初の女性アナウンサー" と言っていいだろう。

　「JOCK こちらは名古屋放送局─」──これがコールサインである。

　放送局のあった場所は名古屋騎兵第三連隊の跡地である西区南外堀町6丁目、現在は名古屋市立丸の内中学校中区三の丸1丁目となっている。

　名古屋放送局は地元有志が出資し設立したもので、その先頭に立って行動したのは神野金之助であり、社団法人の理事長に就任している。彼は名古屋財界の重鎮で、終戦直前（S.20.05）には名古屋鉄道の社長に就

JOCK.　　　名古屋中央放送局

写真 2-29　JOCK名古屋中央放送局

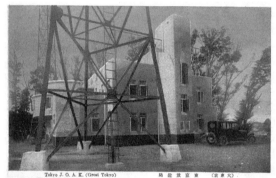

Tokyo J. O. A. K. (Great Tokyo)　　　東京放送局　(東京大)

写真 2-30　JOAK東京放送局（愛宕山）

任、昭和36年に引退するまで経営に携わっていた。吟子の三姉妹の長女「志づ」はこの神野一族に嫁いでいる。

　当時、放送局では児童劇、放送劇などは音声や音響のみであり、劇団や女優などによって寸劇を行っていた。さらには日活女優なども来名して映画劇なども放送し、いろいろな活動をしており、その中で吟子姉妹との関係ができた可能性も十分に考えられる。吟子が女優になることへの壁のひとつが取り除かれ、さらには、人間関係のネットワークが形成され、女優を比較的身近に感じるようになった可能性も十分にある。

　名古屋放送局開局から6年ほど経て、JONK長野放送局（S.06.03.08放送開始）、JOPK静岡放送局（S.06.03.21放送開始）は、開局に伴うアナウンサー募集（採用試験）を行っている。この様子は新聞記事（S.05.11.10）になり、応募者224名、当日受験162名（うち女性1名）、採用予定5名と不況も手伝って狭き門であり、帝大などの大学出身者も多く、応募女性も日本女子大出身である。またJOAK（愛宕山）開局当時、新聞記者たちも新聞は時代遅れだとの思いから転職が相次ぎ、ラジオ放送は新聞以上にあこがれを持たれていた。

　当時は不景気の最中にあり、就職難ではあったものの、時代の先端か

らくる人気度、応募者の学識程度を見たとき、アナウンサーのレベルの高さは吟子の姉の能力を示すのみならず、「吟子たち三姉妹」の程度も推し量ることができそうである。

『放送ウーマンの70年』の中で岡村照子は"美声の持ち主"と書かれており、吟子を深く知る上で、ひとつのヒントをもらった。それは声質である。声質は遺伝要素が大きく作用する。例えば中村鴈治郎・玉緒父娘はダミ声であり、芝居セリフが聞き取りにくい場合が多々ある。

吟子の子息の声は美しい濁りのない滑舌がハッキリしたもので、私との電話による会話でも、すごく聞きやすい。吟子の声も姉や子息などから推測すれば、美声かどうかはわからないまでも、聞きやすい声であったと想像できる。

吟子の出演映画はすべてサイレントであり、声質は全く関係がない。もし、トーキーであったならば、また違った役柄を演じていたかもしれない。"ヴァンプ女優"の声質はクリアなものよりも、ややダミ声の方が似合うと私は思ってみたりするのだが……。

参考文献
『名古屋放送沿革史』名古屋中央放送局、S.15.08
『キネマ週報』124、キネマ週報社、S.07.09
『名古屋鉄道百年史』名古屋鉄道株式会社、H.06.06
「試験委員を煙に巻く―アナウンサー試験の珍景」東京朝日新聞、S.05.11.10
『新聞記者一代』高木健夫、講談社、S.37.02
『放送ウーマンの70年』日本女性放送者懇談会、講談社、1994.06

6　パラマウント映画

吟子の夫、田中亮平（ロイ・田中）を語るには、戦前の映画配給、特に外国映画の配給の歴史を見る必要がある。今日、アメリカではパラマウント、ワーナー・ブラザーズ、20世紀フォックス、ユニヴァーサル、コロンビア、ウォルト・ディズニーの6社が特に影響力を持っている。

日本へ最初に進出したのはユニヴァーサル（T.04.10）であり、続いてユナイテッド・アーチスツ（T.11.03）、パラマウント（T.11.07）の順であった。

　ユニヴァーサルは当時二流会社であったが、播磨勝太郎（シンガポールで旅館経営、副業で巡回興行）とトーマス・D・コクレン（当時ユニヴァーサル極東セールスマネージャー）の提携から始まり、大正3年（1914）大阪でハリマ商会を設立。大正5年（1916）にはコクレンが来日し、ハリマ商会の事務所を使って播磨ユニヴァーサル商会を作り、その後、東京事務所を置くことになった。さらには播磨勝太郎の死後、ユニヴァーサルフィルム東京支社としてコクレン単独の経営となるが、しばらくして、コクレンはユニヴァーサル本社幹部との意見の相違から辞職することになる。

　関東大震災の前年、大正11年（1922）7月コクレンは再来日し、在米時代に知己であった東京小美田隆道の自宅八畳一間の仮事務所からパラマウントは始まり、その後、帝国ホテルに仮事務所を設け、8月1日正式にパラマウント東京支社は始まった。

　集まった面々はユニヴァーサル時代のコクレンの下で働いた者たちである。

　パラマウント東京支社が興行披露として発表した作品は『愚か者の楽園』『シーク』『アナトール』『わが妻を見よ』の4作品であった。

　大正12年（1923）9月1日、関東大震災が発生。当時日本にはアメリカ映画会社の支社が三つあり、それぞれ被災し、パラマウントは新橋堤ビルの事務所も大きな被害を受けた。これをキッカケに神戸に拠点を移し、オリエンタルホテルに仮事務所を設け、翌年の大正13年世の中の秩序が整いつつある中、アメリカ本社からもドシドシと映画が入ってきたので、神戸海岸通り大阪商船ビルに事務所を移した（写真2-31）。

　洋画の中でもアメリカ映画はとび抜けて輸入量も多く、一時期、アメリカ政府の日本人移民制限、そして禁止措置（排日移民法 1924.07）に抗議して、米映画のボイコットなどの運動が日本国内で起こったりしてい

たにもかかわらず、映画界では変わらぬ底力を維持していた。

　吟子の夫となる田中亮平（ロイ・田中）はここで登場することになる。九州方面の配給をやっていたロイは、この時博多から神戸に移り、営業方面に活躍している。

　パラマウントの組織は当時、関西方面が洋画配給の本場となっていたので神戸本社と東京事務所は東京支社となっていた。東京では手狭になっていることから、昭和2年（1927）東京日日新聞社内に事務所を移転する。この頃、ロイは神戸の支配人格になっている。

　昭和4年11月神戸本社を東京に移し、新たに大阪支社を設置する組織替えをした。昭和7年10月時点の役職は次のとおりである。

　　　　　東京本社　　　代表者　　　Ｔ・Ｄ・コクレン
　　　　　大阪支社　　　支社長　　　田中亮平

　田中亮平は諏訪生まれの信州人であり、青年時代に海軍軍人になろうと志願したが失敗、その後、渡米し、洋紙問屋（あるいは書店）にいるときパ社のコクレンと知り合う。彼は英語が得意で営業力もあった。ロイはクリスチャンネームである。

（Roy・Ryohei・Tanaka）

　田中亮平は大柄な吟子に釣り合う体格である。『キネマ週報』92には

写真 2-31　神戸オリエンタルホテル並びに大阪商船ビルヂング（奥）

彼の写真が掲載されている（写真 2-32）。

　吟子が活躍した昭和 5 年（1930）から昭和 8 年にかけて、パラマウント日本支社のキーパーソンであるコクレンの動向は、当時の映画界の動向でもあり、度々登場して新聞記事になっている。
「トーキー化によって日本語字幕挿入をどのようにするのか。米本社会議出席のため出帆」　　　　　　　　　　　　　（「東京朝日新聞」S.05.11.09）
「パラマウント・パブリックス社は全米の大きな興行主、破綻原因は不況、日本への影響はない」　　　　　　　　（「東京朝日新聞」S.08.01.29）
（＊パラマウント・パブリックス社は全米各地に 1300 の小屋を持つ興行主）

　昭和 6 年 9 月の満州事変以降、急激に風向きが変わっていく。
「早い話が、外画の輸入制限などをやらなくても、既にアメリカ映画の如き、日に月にその観客を失いつつあるし、イタリア映画の如き、一体何処にそんなものがあるのか、……」　　　　　　　　　　　　　　（袋一平）
　昭和 12 年（1937）9 月 4 日外国映画は製作国積出し予定のものは許可を必要とする。さらには同月 20 日ニュース映画以外の外国映画の本年中の輸入は不許可となる。これ以降配給会社は国内在庫で興行を行い、二本立てを一本にして日本映画と抱き合わせる。在庫が切れればそれまでである。
　日本国内でパラマウントが公開した映画は昭和 12 年度（1937）46 本、昭和 13 年度は 10 本と激減している。これによって東京に在った極東総支社は総支配人パーキンスとともに上海に移動した。

写真 2-32　田中亮平（右から二人目）

昭和 12 年（1937）11 月 9 日パラマウント日本支社長トーマス・コクレンがニューヨークの旅先で急逝した。大正 5 年アメリカユニヴァーサル映画代表として来日、以来映画の普及、映画配給事業の育成など日本映画界への功績から映画葬が行われた。

　昭和 14 年 10 月 1 日から施行された「映画法」第一条は「本法は国民の文化の進展に資する為映画の質的向上を促し映画事業の健全なる発達を図ることを目的とす」と書かれている。実際には国家統制の美しい序文にすぎず、第二条以降を読めば自ずとその趣旨を理解することができる。

　昭和 16 年（1941）7 月アメリカの在米日本資産凍結を受けて、日本でも同様なことが行われ、パラマウント社は 19 年続いた戦前期の活動を事実上停止、日本から解散撤退した。解散当時の総支配人はジョナス・アルベック、日本人支配人は元キネマ旬報社にいた田村幸彦であった。

参考文献

『日本映画発達史 I　活動写真時代』田中純一郎、中央公論社、S.50.12
『日本映画発達史 II　無声からトーキーへ』田中純一郎、中央公論社、S.55.03
『日本映画発達史 III　戦後映画の解放』田中純一郎、中央公論社、S.55.04
『近代アジアの映画産業』笹川慶子、青弓社、2018.07
『キネマ週報』131、キネマ週報社、S.07.10
『キネマ週報』111、キネマ週報社、S.07.05
『キネマ週報』92、キネマ週報社、S.07.01

7　女優峰吟子誕生

［日活入社］

　昭和になってから次のような人々が日活に入社し、女優陣も充実していった。

　馬場なつ（峰吟子）もその中の一人として昭和 5 年日活に入社する。

　1．夏川静江　　1909 生　1927 入社　文化学院中退（入江、伊達と

同期）

2．佐久間妙子　1908 生　1927 入社　当時現代劇部は入江と夏川が
　　　　　　　　　　　　　　　　　君臨

3．沢蘭子　　　1903 生　1927 復帰　宝塚退団、近衛秀麿と同棲

4．伏見直江　　1908 生　1927 入社　信子と同時入社

5．伏見信子　　1915 生　1927 入社　姉は時代劇部、信子は現代劇
　　　　　　　　　　　　　　　　　部へ

6．桜井京子　　1912 生　1928 入社　時代劇部へ

7．常盤操子　　1897 生　1928 入社　30 歳から映画女優に

8．入江たか子　1911 生　1928 入社　映画監督の東坊城恭長は兄

9．浜口富士子　1909 生　1929 入社　結核にて 26 歳で早世

10．英百合子　　1900 生　1928 入社　得意の役はモダンガール

11．高津愛子　　1910 生　1929 入社　時代劇部への応援もする

12．吉野朝子　　1907 生　1929 入社　32 歳で病没

13．山田五十鈴　1917 生　1930 入社　いきなり時代劇幹部部屋末席へ

14．**峰吟子**　　1909 生　1930 入社　現代劇でのヴァンプ女優

15．相良愛子　　1906 生　1930 入社　浅草オペラのスター出身

16．花井蘭子　　1918 生　1931 入社　ほっそりとした典型的な日本
　　　　　　　　　　　　　　　　　美人

17．黒木しのぶ　1910 生　1932 入社　女流作家目指す。銀座でホス
　　　　　　　　　　　　　　　　　テス

18．鈴村京子　　1913 生　1932 入社　東亜キネマから転籍

19．山路ふみ子　1912 生　1932 入社　後年資財を投じ、二つの財団
　　　　　　　　　　　　　　　　　設立、

　写真 2-33 は大将軍撮影所から昭和 3 年 4 月末までに移転完了した太
秦撮影所。

　吟子入社に際してどのような描かれ方をしていたであろうか。

「先端を行く新女優続々現る　最近新女優がとしどし入社している。日
活に村田実監督の紹介で峰玲子というのが入社、二十二歳で岐阜の本巣

高女出身、身長五尺二寸八分（160cm）もありながらなかなかのモガ」

（『キネマ週報』12）

吟子が入社した昭和5年度、『日活四十年史』映画製作史の中で名前が挙がり、その文中に"エロ"の言葉が入っている。

「村田実は九月十二日か

写真 2-33　日活映画撮影所正門
（正面銅像は五代目横田永之助社長）

らつづけざまに"この太陽"三篇を発表した。東京日日、大阪毎日連載、牧逸馬原作で、今は日活のホープとなった小杉勇を中心に夏川静江、入江たか子、それに新進峰吟子が共演して、左翼映画と共に当時流行のエロティック場面を点出している」　　　　　　　　　（『日活四十年史』）

入社のキッカケはどのようなところから始まったのだろうか。山賢によれば村田監督が神戸オリエンタルホテルで見つけたとされるが、パラマウントの田中が商売上付き合いのある村田に紹介したとするのが妥当であろう。

オリエンタルホテルの名前がよく出てくる。当時の映画人はここをよく利用しており、岡田嘉子も利用していることが著されている。オリエンタルホテルは東洋一美しい街並みと称えられた旧居留地に日本最初の洋風ホテルとして神戸開港から間もない明治3年（1870）に誕生。吟子が利用した三代目（写真2-31）は空襲により取り壊し、四代目も阪神淡路大震災で被害を受けて廃業した。時代は少し遡るが大正2年当時のホテル前の美しい街並み（写真2-34）と吟子や岡田嘉子らが利用したと思われるホテルの食堂（写真2-35）である。

峰吟子の芸名は誰が名付けたのだろうか。由来や手掛かりはない。

写真 2-34　神戸オリエンタルホテルと海岸通り（大正 2 年実逓）

写真 2-35　神戸オリエンタルホテル食堂

［吟子と田中亮平］

　吟子と田中亮平の出会いは、当時の雑誌などでいろいろと書かれている。どれも定かではなく、映画関係者の間では周知のことであっても一般に知られるようになったのは昭和 7 年頃からであろう。

　「吟子謎の"R・T"　日活の峰吟子が今度素晴らしい洋服を拵えた——までは不思議はないんだが、この胸に大々的な R・T というモノグラムが付いていたから大変だ……」

（「読売新聞」S.05.12.15）

「関西支店長の田中亮平氏は峰吟子のハズバンドとして有名」

（『キネマ週報』92）

「神戸に居た頃、土地のダンサーとして断然エロ彩を放っていた後の日活女優峯吟子をマンマと射止め目下同棲していることは天下周知の話」

（『キネマ週報』111）

　今日では考えられないが、『キネマ旬報』には住所が掲載されており、昭和 5 年 12 月、田中は神戸市籠池町、吟子は大阪市東淀川区国次町になっている。翌年の昭和 6 年末、彼らは東淀川区の同一住所になっている。女優という人気商売にもかかわらず、よく調べれば"同棲"であり、住所公開は良き時代の出来事である。

［時代劇部へ転籍］

　吟子は『モダンマダム行状記』以後、現代劇部から時代劇部へ転籍し、『長脇差風景』に主役で出演することになる。なぜ転籍したのだろうか。新聞紙上では松竹を代表していた伊達里子が昭和7年（1932）日活に移籍し、吟子と同様 "エロ" で売っていたために二人の役どころは重複することになる。一方を配置転換することで、大きな支度金を支払った伊達を現代劇部に残し、吟子が移動することで解決を図った。この問題に対する現代劇部員の感想は伊達に対する反感とそれに比例して吟子に同情となって表れたという。

　「何処へ流れる日活の暗雲ミネ・ギンとダテ・サトの確執並び立たぬ両雄」　　　　　　　　　　　　　　　　　　（「読売新聞」S.08.03.27）

　さらに別の理由も考えられる。日活はトーキー化を推進するために新しい撮影所建設を急がねばならず、現代劇部の京都から東京への移転の話は幾度となく唱えられていた。それにもかかわらず、一向に具体的に進展せず、ようやく昭和9年初頭に決まり、ここ3年来の懸案も解決しようとしていた。

　「日活は先ずスタジオの設備を完全せしめよ」　　　　（『キネマ週報』107）
　「日活スタジオは三転して多摩川原に決定」　　　　（『キネマ週報』185）

　吟子には田中亮平がいる。昭和7年10月時点で彼はパラマウント社大阪支社長の立場にあり、関西を拠点に活動しているために、東京への異動は離れ離れの状態になり、不都合が生じることになるであろう。

　実際には昭和9年（1934）に現代劇部は多摩川撮影所に移転する。今までにも東京方面へのロケーションは度々行っており、撮影所移動時期も近いものと感じていたのではないか。関西に残留する手立ては、時代劇部に移るのも一つの方法であり、あまり抵抗なく転籍した可能性も十分考えられる。

［日活内の序列］

　女優には序列があり、下から順に並べれば「大部屋」、「準幹部待遇」、

「準幹部」、「幹部待遇」、「幹部」、「大幹部」となり、正確な分け方は不明ではある。明らかに、歴然とした身分差があり、雇用条件や収入は大きな格差が生じる。人気が大きな要件になる。ただし、最初のキッカケをもたらす縁故はその後の役柄を得るのに大切なことであり有利に働く。いつの世も縁故関係は大きな要素であり、今も続いている。この序列を乱すことに触れればトラブルが起きることになる。

　山田五十鈴は池永所長の手蔓で"大幹部"並みの扱いで入社し、梅村蓉子と酒井米子が使用する大幹部部屋に鏡台を置くことになった。すると、梅村は「何もできない素人と鏡台を並べるのなら、今日限り女優をやめたい。どうしても仕事を続けなくてはいけないのなら、ここに鏡台を置かせてもらいます」と言って男優部屋の入り口に運び出してしまった。序列を乱したしっぺ返しである。所長と五十鈴は平謝り、伏見直江が自分の部屋に入れてくれて落着している。明らかに筋が通っていなければ弾かれそうになる。"序列"の言葉の中には"自信"や"誇り"なども含まれ、乱されることによって激怒する者が出ても不思議ではない。ただ、こうした事例はあまり書かれていない。

　吟子はどのような序列にあったかは『キネマ旬報』に掲載された"日活太秦撮影所女優部技芸員名簿"から推測することができる。

　　「梅村蓉子を筆頭に……8番目」　　　（昭和7年4月）
　　「夏川静江、市川春代に次いで3番目」（昭和8年4月）
　となっている。

[峰吟子日活を辞職]

「パ社支配人佐生正三郎氏突如大阪支社長に――大阪支社長の田中亮平氏は都合で一カ月間休職することになったので……」（『キネマ旬報』463）

　パラマウントで何があったのか。田中亮平に何か起きたのか。吟子が日活へ辞表を提出する4ケ月前の出来事である。

「日活スター峰吟子（25）は二十四日午後甲斐所長の手許へ辞表を提出正式退社した。吟子（本名馬場奈都）はパラマウント大阪副社長田中亮

平氏の夫人であるが同氏が今回大連支社長に転じたのと吟子自身も妊娠四ヵ月の身重なので断然映画界を引退することとなったのである」

（「東京朝日新聞」S.08.07.25）

　この時を境に峰吟子が銀幕に映り出されることはなくなった。なぜか。伏線があるのではないか。吟子があっさりと女優を止めた理由は夫の大連への転勤、自身の妊娠が大きい。しかし、私はそれ以外にもあるように思えてならない。考え過ぎであろうか。

［吟子の評価］

　吟子はいつもヴァンプばかり。その評価はどのように捉えれば良いのか。

「"入江が日活に入って、夏川と二大女優のような感じになるわけですが" タイプが違いましたから。入江はモダンだし、一つタイプが決まると同じような脚本ばかり来るんです。峰吟子だってヴァンプばっかり、あの人は大きかった」

（夏川静江）

　夏川静江は後年当時の様子を回想している。女優の誰もが同じような役柄を会社から与えられてこなしていったが、反面、女優の印象が固定化し、それを脱却するのが困難になってくる。

　吟子にとって "印象の固定化"、それも "エロ" や "ヴァンプ" を本人はどのように感じていたかは不明である。しかし、考えるところがあったように思えてならない。入江たか子や夏川静江の名前は私の世代（昭和26年生）でもある程度は知られている。残念ながら峰吟子の名前を知る人はほんの一部、いや、まったく知られていないといってもよいだろう。

　当時の映画館発行のチラシ、雑誌や新聞の広告に書かれている出演者名の配列を見てみると、主役でない場合も意図的に上位に吟子の名前が書かれている。やはり吟子の役柄は少し異質であって目立つからであろう。しかし、その "目立ち方" は "エロ" や "ヴァンプ" から来るものであって、映画の中での立ち位置を表すものではない。

「峰吟子は当時には珍しい大型女優であった。今ならグラマー女優と言われるところであろう。彼女のモダン性が洗練され、モダン・ガールとなり、その流れが伊達里子、さらに東宝や松竹の若い女優たちに引き継がれ、都会派を形成する事になる」　　　　　　　　（佐藤忠男・吉田智恵男）

　女優として吟子のもう一つ別の評価をすればどのようになるのか、特に時代の流れの中でその位置付けの捉え方は"ヴァンプ"や"エロ"の言葉で見誤ってしまいがちである。しかし、一つの時代を作ったのは間違いのないことであり、佐藤や吉田の評価は大事にしたい。

参考文献

『キネマ週報』12、キネマ週報社、S.05.05
『日活四十年史』日活株式会社、S.07.09
『悔いなき命を』岡田嘉子、廣済堂出版、S.48.06
「吟子謎の"R・T"」読売新聞、S.05.12.15
『キネマ週報』92、キネマ週報社、S.07.01
『キネマ週報』111、キネマ週報社、S.07.05
『キネマ旬報』387、キネマ旬報社、S.06.01
『キネマ旬報』422、キネマ旬報社、S.07.01
「日活の暗雲並び立たぬ両雄」読売新聞、S.08.03.27
『キネマ週報』107、キネマ週報社、S.07.04
『キネマ週報』185、キネマ週報社、S.09.01
『キネマ旬報』431、キネマ旬報社、S.07.04
『キネマ旬報』466、キネマ旬報社、S.0804
『聞書き　女優山田五十鈴』津田類、平凡社、1997.10
『遍歴女優　山田五十鈴』藤田洋、河出書房新社、1998.09
『キネマ旬報』463、キネマ旬報社、S.08.03
「峰吟子映画界引退」東京朝日新聞、S.08.07.25
『ノーサイド―キネマの美女』文芸春秋、H.03.09
『日本映画女優史』佐藤忠男・吉田智恵男、芳賀書店、S.50.04

第3章
峰吟子と昭和初期の映画

1 国産フィルム

　誰が言ったのかは不明ではあるが「映画は“光と影”の芸術」と言われる。芸術論や撮影技術を語る前に吟子が活躍した時代のハードウエア部分などにも着目する必要があろう。

　映画は視覚のみではなく、音響や作品の基となる原作、さらには生フィルム（まだ撮影していない未使用のフィルム）などの資材等に関しても一体として考えるべきであろう。

　日本映画に使用されたフィルムは、昭和9年（1934）まではコダック（アメリカ）、アグファ（ドイツ）などが大部分を占めており、国産は皆無であった。昭和初頭、国産映画は次第に外国映画を駆逐しているものの、吟子を映し出した映画フィルムは、すべて輸入ものである。『キネマ旬報』や『キネマ週報』などを見ても、トーキー化の記事に比重を置いた形になっており、フィルムの国産化や不燃化にはあまり詳細に触れられておらず、残念である。

　映画の隆盛、すなわち、いかに人々の日常に浸透していったかはフィルムの生産量を見ればよくわかる。大正14年（1925）から昭和7年（1932）頃のアメリカにおける映画フィルムの生産量（輸出用も含む）は、活況を呈していた。それは銀の消費量から推し量ることができる。「鋳造貨幣（銀貨）に使用する量」と「その他に使用する量」に分けると、フィルムへの使用は“その他の使用量”の内で最も多く、その約半数を占めていた。

　当時、アメリカに次ぐ映画制作があった日本では、当然国産化への道を辿ることになる。しかし、それは苦難の歴史であり、吟子の銀幕での活動終了以降のことになる。

フィルム国産化に至る流れを見ていこう。

「国産フヰルムに曙光見ゆ　年額一千二百万円の海外支出は官民ともに
考究すべき問題」　　　　　　　　　　　　　　（『キネマ週報』8、S.05.04）

フィルムのベースとなるセルロイドに、完全な国産品は見当たらない。
また、フィルム面に塗る乳剤も完成したが、工業的にはまだ物にならな
い。

輸入物もコダック以外のフィルムは、量的にも質的にも低下している
ので、満州事変（昭和6年）によって懸念されるアメリカの対日経済封
鎖が断行されれば、映画界にとって重大な影響をもたらすことになる。

「対日経済封鎖の噂を前に国産フィルム完成の報」

（『キネマ週報』100、S.07.03）

昭和7年（1932）秋、大日本セルロイド（現ダイセル）は映画フィル
ムの開発に成功した。コダックからの提携不調（昭和4年）からおよそ
3年後、自主開発技術でとりあえず国産化を実現したのである。

「国産生フイルム　近く市場へ出る　例の大日本セルロイド社発売で」

（『キネマ週報』176、S.08.10）

「イーストマンに不買同盟起きるか」　　　（『キネマ週報』176、S.08.10）

神奈川足柄工場の竣工を間近に控えた昭和9年1月、大日本セルロ
イドは写真フィルム部門を分離して富士写真フイルム（現富士フイルム）
を創設する。フィルム価格値下げ交渉を総代理店大阪長瀬商店（現長瀬
産業）と行ったが、紛糾してボイコットも辞さずとの強硬論も出た。

富士にとって大きな問題が出現した。コダック、アグファの大幅な製
品価格の値下げ（昭和9年2月1日発表）、さらには大日本活動写真協会
の"国産フィルム使用反対"声明であった。各映画会社のテスト結果が
期待されたものに届いていなかったのであった。

私は写真撮影が今でも大好きである。デジタル化される前、カラー
フィルムはいつもコダカラーを使用していた。国産品より良いものとの
思いからであった。しかし、それは感覚的なものであり、国産品に欠点
があった訳ではない。ただし、戦前の国産映画フィルムのような欠陥が

あれば、使用する立場の者は当然輸入物を使用するであろう。資料で見る限り、ある程度の品質の同等さを得て、人々の信頼を得るようになったのは昭和11年（1936）初頭であった。吟子が映画界を去って3年が経過しようとした頃であった。

　フィルムにとって非常に重要なことがある。安全性すなわち不燃化である。

　昭和5年（1930）3月10日、朝鮮鎮海（現 昌原市軍港都市）において上映中のフィルム引火により女学校生徒1名、小学生102名、映写技師1名の計104名が惨死する事故が発生している。日本国内でも同年3月1日、青森で児童7名火傷、3月6日には神戸で技師2名火傷の事故が発生している。

　後日、原因が判明した。千ワットの強力光線によって瞬時にフィルムに引火したものであった。映画界の各方面からは「映写技術を安易に見すぎるのがいけない」という意見も出されていた。しかし、フィルムが不燃化されていれば問題はなく、解決することである。

　映画フィルムの可燃性の問題は映画の中でも描写されている。たとえば『ニューシネマパラダイス』。第二次大戦終了間もないころ、主人公のトトが持ち出したフィルムが燃えて妹に危険が及んだり、パラダイス座でフィルムが燃え出して火事が発生し、映写技師のアルフレードは、トト（サルヴァトーレ）に助け出されたにもかかわらず失明する。不燃化が早くなされていれば、アルフレードは視力を失うことはなかったであろう。

　日本映画輸出も相手国の燃焼性の高いフィルムの輸入規制が高まり、課題を抱えていた。不燃化は戦後しばらく待たなければならず、不燃性国産フィルムの出荷は昭和28年（1953）7月から始まった。昭和33年（1958）5月までにはすべて不燃性に切り替えられた。

　時代は流れ、平成24年（2012）1月イーストマンコダック社の倒産上場廃止（現在再上場）。平成25年（2013）4月富士フイルムの映画フィルム生産中止。やがてフィルムを使用した映画の時代は幕を下ろすだろう

（再生コダック社は、現在は映画フィルムを供給している）。

　最後に社名に関して一言、富士フイルムが正しくて、富士フィルムは
誤りであり、さらにもう一社、余計なことを書くとすれば、キヤノンが
正しく、キャノンではない。しかし、何かおかしな感じがする。

参考文献
『国際映画年鑑 昭和九年版』国際映画通信社、S.09.04
『キネマ週報』8、キネマ週報社、S.05.04
『キネマ週報』176、キネマ週報社、S.08.10
『キネマ週報』100、キネマ週報社、S.07.03
『キネマ週報』6、キネマ週報社、S.05.03
『富士フイルム 50 年の歩み』富士写真フィルム、1984.10

2　原作と脚本

　私は映画の原作とその脚本（シナリオ・脚色も同意とする）の違いを理
解しておらず、大いに反省している。吟子の出演映画はフィルムが残さ
れていないうえに、作品内容が不明であり、原作を読むことで大まかな
物語がわかるものと思い込んでいた。しかし、原作と映画では、その内
容が大いにかけ離れている場合があることに初めて気づかされた。映画
というものの内容を深く知らない初心者の、浅薄さゆえの大きな過ちで
ある。世間一般では、原作と脚本は同じようなものと思い込まれている
のではないだろうか。

　原作を読み終えて、当時の映画雑誌（『キネマ旬報』、『キネマ週報』な
ど）の映画紹介欄と照合し、比較することで一連の作業を終えようとし
ていたが、原作と脚本の間に大きな乖離があることに、当初は納得する
ことができなかった。

　脚本家は原作者に対して従属的な立ち位置にあり、原作者が第一であ
るとの思いが頭の中に浸み込んでいた。その考えを改めるには、しばら
くの時間が必要であった。

（小説＝原作） ≠ （映画＝脚本）

　この関係は、原作は原作、映画は映画として別物と捉え、脚本は映像化をするための設計図という位置付けが好ましいように思う。主題を極めるためには簡略すべき部分は省略して、脚色や付加する部分は細かく描写し、何を描きたいのかを明確にするのが仕事である。

　一般的には原作を読み、その上で映画を鑑賞する人や、その逆を行う人は今ではあまり多くはない（私の勝手な推測である）。映画の「視覚に訴える効果」は原作を読む作業によって得られることよりも大きな力を持ち、さらには、音楽なども加味されれば、そこにある映画は原作よりもはるかに芸術性を持つ作品となって、映画の方が一時的にではあるが脚光を浴びることになる。

　ただ、危惧することの一例を挙げれば、『小説（原作）でヒロインは「事故死」、映画（脚本）は「自死」』と極端に意味合いの違う書き換えがあった場合は、どのようになっていくのだろうか。『機関車』（原作・佐左木俊郎　脚本・不明）では、ヒロインの吟子（都会から来た女）の最後は全く違うものになっている。この作品を映画ではなく原作から入り、読むことから入った者にとっては大きな違和感が生じる。今後は、脚本家の描き方を改ざんと捉えるのではなく、映画製作の設計者として見るようにしたいと思う。

　だが、一冊の本に出合ってから原作と脚本の対比（対立）は根深いことに気づかされた。
『原作と同じじゃなきゃダメですか？』は、シナリオ協会の出版物である。原作者と脚本家の係争を記録した本で、「表現の自由」、「著作権法」、「脚本家の地位」などは私にはあまり関心のないことであり、脚本家側の話である。ただ、ひとつの記述が目に留まった。
「原作者とのトラブルもいろいろありましたが、昔は原作者も非常に大人でして、映画は映画であり、小説は小説である、と、別物とわりきってくれる人が多かったんですが……」
　真偽のほどはわからない。吟子の時代について言われているようであ

り、「原作大好き派」の私にとっては照合作業が多くなりそうだ。

『ミスターニッポン』の原作者、郡司次郎正は『キネマ週報』26（S.05）「映画時評」の中で次のように述べている。

「文学は、映画に大衆的な点で劣る。だが、映画が文学に及ばない点は、滅茶苦茶にカットされて大衆の面前に現れねばならないところにある」

やはり、昔から映画と原作には違いがあるのは当然と認識されていたように、今日の係争の下地は、当時からできあがっていた可能性は十分にある。

「映画と文学という二つの表現を比べてみると、イメージと言葉の差が浮かび上がってくる。一方は視覚的、空間的であり、もう一方は観念的、時間的である」、「絵は視覚的、空間的なものである」また、二つの表現の次元の違いについて意識するならば、「原作のある映画というのは、言葉による表現を映像によって翻訳できるのだろうか」　　　（海野弘）

「文字の世界を映像化できない部分が存在していて、シナリオライターの主なる仕事というのは、その映像化できない部分と等価のシーンを思いつくことだ」、「映像化できない部分を無理やり映像に定着するのは、価値のないことで、原作を読み込んで、シナリオライターの想像力を働かせて、原作を裏切ることのないような新しい要素を付け加えることが、シナリオライターの仕事だ」（フランスのシナリオライターの言葉）

（梅本洋一）

菊池寛は吟子が女優活動を終了してから約2年半後（1935.11）に大日本映画協会の理事に就任。彼は当時の文壇において、大御所であると同時に、映画化作品の大いなる供給者としての役割を果たしていた。菊池は「映画は他の芸術に較べて、圧倒的に多数の人間を吸収できるところに最大の特長がある」、「映画くらい大衆的な芸術はない。現代の青年男女で、本を読まないものはあっても、映画を見ないものは皆無と言ってよい」と述べている。

ここでは、映画や文学に関係する人々の考え方を切り取ってみたが、やはり私なりの偏見による“切り取り”になってしまう。しかし、彼ら

が言わんとすることは具体的ではなく、総論としては理解できる。ただし、原作者と脚本家が、それぞれ自身の立場に重きを置いた考え方をしているだけであり、作品の本質を双方が論じれば合致するところも出てくるであろう。また、平行線をたどることもあり、今後もこの論争は続き、絶対に終息はしない。要するに、「原作を読んだ人は読者、映画を見た人は鑑賞者、その両方を体験した人々、それぞれの立場の感じ方が存在する」だけの問題であるように思えてきた。単純なことである。

最後にもう一つの問題に触れておきたい。原稿料（著作権料）の問題である。原作者側は文芸家協会の規定によって請求することになり、一方の脚本家側は、その10分の1ほどである。しかし、原作者はそれでも不服を言い、脚本家は「映画化されなかったら、それまでではないか」と言う。

映画化に対する原稿料は、需要と供給が大きく関わってくる。新聞雑誌の連載物は映画封切以前の宣伝効果を持ち、映画製作者は原作者側に文芸協会の規定以上の法外な原稿料を支払うことになる。菊池寛に当時の金額で六千円を支払った例がある。このようなことも影響するのではなかろうか。

吟子が活動していた時代は新聞や雑誌の連載物が盛んに発表され、読者が映画の鑑賞者になることが多々あり、その違いを知っていたはずである。彼らの感じ方はどのようなものであっただろうか。映画製作に関わらない当時の第三者（映画鑑賞者）の意見も聞いてみたいものである。

ここまで原作と脚本の関係について述べてきたが、忘れてならないのが映画監督の立場である。食物連鎖に例えるならば、ピラミッドの先端に立つ動物のような存在である。映画製作は一人ではできない。いろいろな役割分担があり、それらを集約して完成していく。その中にあって、現代社会と同じように下請け構造ができ、どうしても弱い立場の側ができてしまう。

脚本家はどうだろうか。映画監督に対しては間違いなく弱い立場にありそうだ。

「大体、村田ばかりではなく当時の日活現代劇部の大監督は、溝口健二にしろ、阿部豊にしろ、実に脚本がうるさい。書き直しをさせることを屁とも思わない」

（岸松雄）

「『灰燼』の脚本は骨が折れた。僕は五冊書いた。その都度村田さんの注文が変わっていった。仕舞いには撮影中にまだ撮らない箇所だけを知らせてきて、そこだけ書いて送ったことが何回となくある。村田さんは、五冊の中からアレンジして自分の演出覚書を作られたらしい。だから、あの書のまとまった台本というものがどこにもない。散らばった五冊の台本の残部がどうなったか知らない。……これが『灰燼』の台本だと思って読まれると僕は困る。……映画と台本が異なっているのは、村田さんがアレンジされ、自分で創作された箇所がこの台本にでていないからである」

（如月敏）

　長くなったが、如月の気持ちも滲み出ているようにも感じられる。また、彼は手引書「映画脚本作家になる人々へ」を書いている。

　映画監督は自我が強くて我がままで、その作品は悪く言えば我がまま一杯を表現している。一般的に世間ではこれを称して“芸術家気質”と捉えられている可能性が十分ある。

　彼らや評論家の言う芸術論は、ことを論じているに過ぎないのではないか。原作者がオリジナリティーに拘るとすれば、映画製作に際しての契約条項をしっかりと確認しない限り、揉め事が起きる可能性は十分ある。

　長倉祐孝も『細君解放記』では原作者に無断で改ざん（？）、叱責される可能性のあることを承知で作品にしている。

　原作者、脚本家、映画監督、この三者の権限、すなわちちから関係は次のようになると思うが、いかがなものか。

原作者＜（脚本家＜映画監督）

　映画は脚本に基づいて製作されるのが原則であろう。しかし原作者に対して、当時の製作者（主に監督であるが）は今のように厳格な権利義務意識は、あまりなかった。言葉を換えれば、でたらめさが満載してい

た時代であった。監督ではないが、大都映画（河合映画）の元締めである河合徳三郎の行状は本庄によって描かれている。

「夜店で買ってきた小説娯楽雑誌の気に入った頁をビリビリと破いて、監督に“これで一本作れ！”と命じた。これに対して“原稿料を払え”と抗議すると、“俺が金を出して買った雑誌は俺のものだ。何をどうしようと文句はないはず”と原作者に突っぱねたという」

当時や今でも時代錯誤の行動であり、それが多少なりとも許された時代だったのだろう。しかし、私は河合に対して尊敬の念を抱いている。名古屋に生まれ、岐阜から巣立って大成していった彼の行動の多くを肯定している。

私はあくまで原作が第一で主柱であると考えるため、原作のある作品は、そこから映画が生まれていくものであり、映画は原作が派生したものと解釈したい。

参考文献
『原作と同じじゃなきゃダメですか？』シナリオ協会、2013.06
『キネマ週報』26、キネマ週報社、S.05.08
『映画と原作の危険な関係』シネマハウス編、新宿書房、1993.10
『横断する映画と文学』十重田裕一、森話社、2011.07
『キネマ週報』120、キネマ週報社、S.07.08
『日本映画人伝』岸松雄、早川書房、S.28.05
『如月敏シナリオ集』如月敏、映画知識社、S.05.04
『映画科学研究　第八輯』往来社、S.05.04
「最近での愉快な仕事」読売新聞、S.07.02.29
『幻のB級！大都映画がゆく』本庄慧一郎、集英社、2009.01

3　吟子と弁士

吟子が出演した映画は、すべてサイレント映画であるとの思い込みからトーキーにはあまり関心を示さなかった。しかし、『細君解放記』は唯一（？）オールトーキーで製作されていた。これは「読売新聞」の一連の記事や広告（写真 3-1）、『キネマ旬報』で確認できた。しかし、『キ

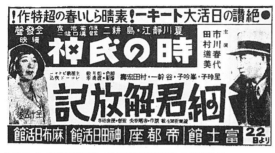

写真 3-1 『細君解放記』東京朝日新聞広告 S.07.04.21

ネマ旬報』の記事は映画製作途中の記事であり、結局オールトーキーではなかった（本書第4章18「細君解放記」参照）。新聞広告もよく見ればオールトーキーとは謳っていない。これらのことから、吟子が出演した映画はすべてサイレントであった。

『日活四十年史』作品目録備考欄では“昭和4年以降の作品は発声版”と書かれている。しかし、それは誤りである。なぜこのようなことが起きるのか。すべてはフィルムが現存していないからであり、もう一つ加えるならば、トーキー方式の発展過程や機構の理解が不足しているからである。私も正確に把握していない。発声版とオールトーキーの差異も同様である。

　日活は昭和5年3月、『ふるさと』をフィルム式トーキーの採用によって公開した。技術的に難点が多く、日本最初の本格的なトーキー映画の出現は、昭和6年（1931）公開の松竹『マダムと女房』まで待たなければならなかった。

　ここで重要な役割を果たしたのが活動弁士である。彼らの働きによって、映画の価値や興行成績が左右されていた。戦前の映画フィルムは90％が失われたと言われ、サイレントに至っては、さらに多くの割合で失われていると思われる。当然のことながら、弁士の語りの様子はほとんど記録に残されず、資料から感じ取ることのみである。映画の中で吟子の役柄に対して、弁士たちはどのような言い回しや解説をしていたか、知りたくなる。

　“追っかけ”をしている私にとって、弁士が興行上、盛り立てるようにしようとすれば、ヴァンプ女優と言われていることが影響して、かな

り卑猥なことを語っていたであろうことは容易に想像され、彼女の素顔とは隔たりがあったであろう。私も弁士が立ち会っている映画は一度も観ていない。せめて吟子が活動したサイレントの時代に、弁士がどのような役割を果たしたのかを知るのも、吟子の時代を理解するうえで参考になるだろう。

　サイレント映画の中での（活動）弁士は、大きく分ければ声色弁士と説明弁士の二つになる。日本で映画が上映されるようになった創成期から、世界でも類を見ないといわれる弁士は付き物となり、なくてはならないものだった。劇場内でまったくの無音で上映されることはなかった。彼らは声色弁士であり、時には"語り"によってつまらない作品であっても面白く変えていった。大正末期まで弁士の人気は常設館の消長にも影響し、各館は競って人気弁士の獲得に熱中していた。

　初期の日本映画は、舞台劇の模写を多用したため、セリフ入りで上映しなければ観衆が承知しなかった。弁士は演目ごとによって複数の弁士が登場人物の声を担当し、子供の声は子供が、老人の声は老人が担当する形態を採っていた。後には、一人の弁士が複数の登場人物の声を担当するようになる。

「私は二・三年前、一映画一人主義、一本の映画を一人の説明者で分担すべきことを提唱した事があるが、最近、実行する館が続出して、常設館業者は説明者を減員するの傾向を生じて来て、説明者間の一問題となって居るということである」

「丸ノ内の高層建築を出して、次のシーンにバラックの長屋が出て来れば、早速資本家と無産階級との対立に結び付けて説明を加える。然も映画劇の本筋とは何等関係のないものであるに至っては、実に油断もスキもあったものではない。つまらぬ映画も説明を面白くして見せると云う習慣が依然としてある」
（立花高四郎）

　立花高四郎の本名は橘高広。警視庁検閲係長、神楽坂署長を経て映画評論家になった人物で、大正昭和の境を節目に、弁士の語り口の変化や労働雇用問題の発生を描いている。さらに検閲していた経験から弁士の

映画内容とは関係ない言質に苦言を呈し、弁士試験のさらなる強化を訴えていた。

　警視庁（東京）は大正6年（1917）弁士に対して三年有効の免許制度を導入。その後更新時期に当たる大正9年に試験を課した。

　これに対して説明弁士は映画の紹介や解釈、批評を行い、自らの声で登場人物を演じる声色弁士とは明らかに異なり、字幕が挿入されるようになってからは従来の浪花節調の説明は次第に飽きられ、映画鑑賞本来の姿に立ち返っていった。

　当時、最も多くの低いレベルの観客に喜ばれているといわれていた松之助映画（目玉の松ちゃん）でさえ、セリフ説明を排して解説式説明を用いるようになり、時代の流れは、できるだけ映画鑑賞の邪魔にならないような、簡単な説明が要求されるようになっていった。

　弁士を知らない私にとって、修復された『忠治旅日記』は大いに参考になった。平成4年（1992）フィルムセンターが修復した伊藤大輔原作・脚本・監督『忠治旅日記』（1927）は、映画に挿入された「説明字幕」、『キネマ旬報』の「略筋」と「批評」や書籍に掲載されたあらすじによって甦る。この作品にも上映館で弁士がいたはずである。挿入された「説明字幕」の役割は弁士にとってどのように影響したのであろうか。吟子の姿が見られる唯一の資料、フィルム・アーカイブに保存されている小型9.5mmフィルム『天国その日帰り』には字幕が挿入されている。これだけの変化でも観る人は映画から多くのことを感じとることができるようになる。

「説明字幕」の合間でシナリオのような文言を弁士が語っていたのか、甦った『忠治旅日記』は、復元後の全容が著作に描かれている。［タイトル……説明字幕……説明字幕……エンドタイトル］……は弁士が登場する場面であり、復元にあたっては一般的な説明挿入（脚本の説明）をしている。当時との映画にも言えることだが、弁士が何を語ったのかは正確な記録は残っていない。

　名家の出身であり、映画ジャーナリストを経て、その後1930年代に

黄金期を迎えた人気喜劇スター古川緑波は、弁士とは少し違う立場から
こう述べている。「説明者の使命とは何か、"映画を説明すること"それ
だけである。詳しく言えば"映画の持っているすべてのものをよく観客
に了解せしめること"である」。説明弁士の時代になってからのことで
ある。

　外国映画の問題点はもう一つある。日本人が外国語（英語）をほとん
ど理解できず、弁士が解説すれば音や声が重なって雑音のようになって
しまうことだ。そこで登場したのが日本語字幕の挿入である。パラマウ
ント社コクレンは昭和5年11月、この問題解決のため渡米している。

　「異国語国に提供する発声映画をどうするか……日本支社代表T・D・
コクレンが本社会議出席のため七日龍田丸にて帰国キネマ旬報社田村幸
彦氏に同伴を請い邦語字幕挿入に関して意見を求めることになった」

（「東京朝日新聞」S.05.11.09）

　転換期のこの時代、弁士の立場からトーキー映画を見た場合はどうか。
日本で最初に公開された本格トーキー映画は、昭和4年（1929）5月9
日に新宿武蔵野館で封切られたアメリカ映画『南海の唄』、『進軍』で
あった。その時の様子を弁士であった徳川夢声は詳しく語っている。

「この本邦最初のトーキー興行、その成績いかんというに、実に散々の
不入りであった。……さだめし超満員になるであろうという予想のもと
に……モノモノしい設備をした。しかし、稜々たる客足であった。これ
は興行者も私たちにも意外であった。なぜこんなに客が来なかった
か？」

　ただ、このようなことは転換期の初期のみであった。弁士は次第に追
い込まれていき、夢声は昭和8年の春、クビになる。……しかし本当の
理由はもう一つ別にあった。人気弁士の報酬があまりにも高かったのだ。

　昭和5年（1930）あたりから、サイレントからトーキー映画へと徐々
に転換していく。楽士は無論のこと、弁士の数は急激に減少したものと
一般に思われている。弁士の減少は、ある程度自然の流れであるにもか
かわらず、弁士の需要は戦前にはまだまだあった。昭和8年頃から減

り始め、昭和12年以降はその数を急激に落とし、昭和15年には332人までになる。昭和15年には昭和2年時点の弁士の数と比較して、最早5％にも満たないようになり、新作映画トーキー化が完了した昭和14年を境に一気に減少していった（表3-1）。

表 3-1　活動写真説明者（弁士）総数（『検閲年報』より）

S.02.02 末	7,576	S.07.12.20	6,863	S.13.12.20	2,632
S.02.12.20	6,818	S.08.12.20	6,598	S.14.12.20	1,302
S.03.12.20	6,038	S.10.12.20	5,805	S.15.12.20	332
S.04.12.20	6,787	S.11.12.20	5,151	S.17.12.20	未分類
S.06.12.20	7,146	S.12.12.20	3,726		

＊『映画年鑑』『検閲年報』『日本映画労働年報』はそれぞれ若干数値が違う

『映画年鑑　昭和9年版』の中に昭和7年の「全国映画説明者・映写技師・映画音楽士統計」が学歴別で掲載され、備考欄に「説明者が近年著しく減少傾向を示しているのは注目を要す。…説明者のかくの如き現象は大体においてトーキー出現の影響と見ていいであろう。併し、減少したのは高等小学校卒業以下のもので、中学校卒業以上の者は却って増加し、それだけ説明者の学力は向上した」と、その傾向が述べられている。弁士稼業が衰退し、間もなく消滅しようとする中にあって、危機感がない。

『キネマ旬報』はトーキー出現後の昭和6年（1931）から昭和8年にかけて、どのような記事を載せていたのか。順を追ってみよう。警視庁保安部が実施していた映画説明者試験の様子も書かれており、おもしろい。「トーキー時代に説明者増加　説明者試験は三ヶ月に二回警視庁で実施、毎月十五名ほど増加し、教育は高等小学校程度が七割強で高等教育を受けたものは一割未満、廃業者は毎月四、五名あり、二月九日実施の試験では応募百名近くのうち十二名合格する。何度も受ける多受験者に警視庁は何等の方法で反省を促す方針である」　　　　　（『キネマ旬報』394）

　昭和8年（1933）になると映画説明者試験の様子も様変わりしている。「映画説明者の志望者激減　トーキー出現以来、第一番に生活の脅威を

受けた映画説明者は逐次減少の数字を辿って、最近に於いては警視庁保安部でも試験回数を減じ往時の一ヶ年六回に対し昨年の如きは三回に過ぎず、而も十二月の執行に際しては応募者僅か七十人足らずと云う激減ぶりで今春三月に行われる試験には今日までに応募者僅か三名という惨めな状態にある為、当局としては応募者があまり少ない場合は試験日を延期する予定である」
（『キネマ旬報』460）

弁士の動向は、既存の弁士総数を見るより、これから弁士になろうとする志望者数からも理解できる。

トーキー化は映画製作側にとって莫大な経費がのしかかり、映画を公開する劇場側にとっても大きな出費が発生した。多くの映画製作会社はトーキー化に進んでいったが、映画会社の製作方針には三通りあった。大手映画会社はトーキー化が進んだ外国映画に対抗するために邁進していく。大都は持ち前の特色を出して無声映画を作り続け、安価な映画で庶民から愛されていた。トーキー化の流れの中にあって、あえて逆らい、低価格路線を突っ走った大都映画の存在を忘れてはいけない。また、弱小プロダクションなどは発声映画と無声映画を同じような割合で製作していた（表3-2）。

表3-2　新作映画製作所別検閲数（有料検閲のみ）

	松竹		日活		新興		大都		東宝		その他	
	発声	無声	発声	無声	発声	無声	発声	無声	発声	無声	発声	無声
S.11	92	11	111	5	92	—	4	110	38	—	669	766
S.12	121	1	114	—	94	—	23	85	91	—	563	502
S.13	120	1	101	2	94	—	81	26	106	8	261	266
S.14	104	—	86	—	91	—	100	—	82	6	246	229
S.15	86	—	71	—	86	—	85	—	75	1	235	130

＊ S.11 東宝は前身 P.C.L。S.15 極東および全勝はその他に算入
　（ただしこの二社は発声映画製作はゼロ）

こうして、新作映画は昭和14年（1939）を境にサイレントからトーキーに移行したと言っていいだろう。華やかな時代を駆けた弁士はこうして終焉を迎えた。

吟子が出演した映画の中で“弁士はどのように解説したか”について
は、結局“わからない”ということがわかっただけであった。『活辨時
代』にもかなり詳しく弁士の歩んできた歴史が書かれているが、やはり
経験のない者の悲しさである。実感として理解することはできない。

参考文献
『活動弁士の映画史　映画伝来からデジタルまで』高槻真樹、アルタープレス、2019.12
『キネマ旬報』432、キネマ旬報社、S.07.04
「映画になる…『細君解放記』…三月末の銀幕へ」読売新聞、S.07.02.13
「全発声物の大作に島替えへ日活さらに大奮発」読売新聞、S.07.03.22
『活動弁士―無声映画と珠玉の話芸』無声映画観賞会、アーバンコネクションズ、2001.12
『無声自伝・昭和篇Ⅰ　一等国日本』徳川夢声、早川書房、1962.10
『日本映画は生きている　第二巻　映画史を読み直す』アーロン・ジェロ―、岩波書店、
　　2010.08
『映画年鑑昭和篇Ⅰ5 昭和9年版』国際映画通信社、日本図書センター、1994.04
『キネマ旬報』394、キネマ旬報社、S.06.03
『キネマ旬報』460、キネマ旬報社、S.08.02
『映画道漫談』立花高四郎、無名出版社、T.15.07
『［映画読本］伊藤大輔反逆のパッション、時代劇のモダニズム！』佐伯知紀、フィルムアー
　　ト社、1996.01
『復刻版活動写真「フイルム」検閲年報第1～4巻』内務省警保局、龍渓書舎、1984.10
『幻のB級！大都映画がゆく』本庄慧一郎、集英社、2009.01
『活辨時代』御園京平、岩波書店、1990.03

4　吟子に付けられた名前

　吟子に付けられた別称で最も多く使われているのが“ヴァンプ”や
“ヴァンプ女優”である。日本語で表せば“妖婦”や“毒婦”といった
ところか。当時の時代背景から、“エロ・グロ・ナンセンス”などと共
に頻繁に目や耳にする言葉であった。映画の先進国アメリカでは言葉の
イメージを利用して興行を盛り上げていた。言葉は便利なものであるが、
その言葉で俳優のイメージが固まってしまう恐れが十分ある。一般大衆
に植え付けられたイメージを脱却するには、俳優本人の努力ではなかな
かむずかしい。

当時の映画評論家や雑誌編集者などは、あまり深く考えずに言葉を使っているように思えてならない。十把一絡げの分類ではなく、多少の繊細さをもった視点で役者をみると、そこには“ヴァンプ”“エロ”などの言葉の中にも、それぞれの女優の領域や傾向があることがわかるはずである。“ヴァンプ女優”という言葉から一般に連想されるのは、道徳上あまり良いイメージでないことだけは確かである。

　以下でヴァンプ女優のイメージの変遷を追ってみたいが、淀川長治ですら著書の中で言葉を利用しながら、女優名の列挙のみで簡単に終わっている。

　“エロ・グロ・ナンセンス”などの言葉の意味は、辞書にもあるが、まずは無声映画時代のアメリカで創られた言葉を辿ってみることにする。

　“ヴァンプ”は大正4年（1915）アメリカ東海岸でフォクスによって製作された『愚者ありき（A Fool There Was）』の中で、ヴァンパイアの役柄をこなしたセダ・バラの性的イメージを利用し、初期のセックス・シンボルとして確立されていった。バラの場合はさらにエキゾチックさも加わっている。

　バラの活動期間は大正3年（1914）から大正15年（1926）の13年間に及び、ヴァンプ女優の名声を携えて、観客には大いに受けていたにもかかわらず、批評家たちには不評であった。吟子に対する批評家の見方もセダ・バラに類似したところがあった。

　言葉の使い方と意味は時代とともに変化し、「ある事柄」を表す「言葉」は、時が経てば当てはまらなくなり、意味のズレが生じたりする。“ヴァンプ”という言葉もセダ・バラの時代と吟子の時代では、意味がだいぶ異なっている。バラはスチールや動画で見る限り吸血鬼を連想し、吟子の場合はそれとは違った妖艶さを出している。言葉によって一括りにするのは危険であり、時代の流れに従って変質していく様を知るのも必要である。

　セダ・バラ以降、目立った活躍をするのはクララ・ボウである。昭和2年（1927）パラマウントにより製作された『あれ（It）』によって一躍

セックス・シンボルとなり、これ以降「イット・ガール」のレッテルを貼られることになる。映画自体はロマンチック・コメディであり、バラと違い、陽気な雰囲気を持った"好色のお姉ちゃん"といったところである。バラやボウに関してはアメリカで幾冊も出版されている。

　ボウはパラマウント社で活躍した女優12人を描いた『The Paramount Pretties』の中で1927年及び1928年にはパラマウント最高の記憶に残る女優であったとされ、キュートな顔立ち、ショートヘア、キューピットのような唇、輝いた眼、円熟した容姿を持ち大評判となり、その中の一人として記載されている。日本でも"イット女優"としてもてはやされ、かなりの人気があり、彼女の動向は昭和6年から昭和7年の間に新聞紙上で三回掲載されている。

「銀幕から失われるクララ・ボウ病気からパ社との契約解除」

（「東京朝日新聞」S.06.06.10）

「ボウの結婚相手はベル」　　　　　　　（「東京朝日新聞」S.06.12.06）

「銀幕に返りさくクララ・ボウ」　　　　（「東京朝日新聞」S.07.04.29）

　海外の女優の動向がこれだけ短期間に取り上げられる例は珍しい。"イット女優"として日本の昭和初期であっても、よく知られ、人気が

写真3-2　『新青年』（S.09.10）

あった証拠であり、清水千代太は白痴的傾向（白痴美型）を持つと書いている。彼女はマリリン・モンローと似たタイプでもあった。

　私が"ヴァンプ"に関して目にした最初の資料は、キネマ旬報同人で映画評論家清水千代太が『新青年』（写真3-2）に寄稿した「ヴァンプ女優変遷誌」である。吟子が引退してから一年余りが経過した昭和9年（1934）に出されている。外国映画に登場する女優ばかりが掲載され、アメリカ映画やヨーロッパ映画の女優を詳細に比較し

て分類分析している。当時、日本映画に登場する女優に対して、このような論説はない。後年（戦後）になって特定の女優、鈴木澄子や京マチ子がヴァンプ女優として論じられているに過ぎない。

　国内に目を向けると、"ヴァンプ"と言われた女優は吟子以外にも多くいる。吟子はヴァンプ女優の一人に過ぎず、ある一定の期間だけ注目を浴び、その流れを受け継ぎ、次に受け渡していった存在である。

　前述したように、日本のサイレント映画フィルムは無残な状況である。映像がなければ、当時の写真や紙物の資料で"ヴァンプ"を浮かび上がらせようとしても無理な部分が多く、評論家や研究者の資料を基にして思いを巡らして記述していくのみである。ただし、"映画が存在しない"にもかかわらず、映像以外の資料などで作品を議論して味わうことは一見無謀のように思えるが、映画という枠にはめずに"存在しないこと"で味わえる楽しみが出てくるように思える。

　言葉の定義は別として国内で最初に"ヴァンプ"と言われる女優は、五月信子が最初であろう。松竹蒲田初期の三大女優、川田芳子は忍従型で悲劇のヒロイン像が似合い、栗島すみ子は初出演『虞美人草』（1921）での清楚でいじらしい悲劇のヒロインのイメージが強く、純情な娘役をこなす。こうした中にあって三人目の五月信子は豊満な体躯で"ヴァンプ女優"の本領を遺憾なく発揮していた。『金色夜叉』（1922）において川田芳子がお宮を、五月信子は女金貸赤樫満枝を演じ、好対照であった。赤樫満枝の役どころは"ヴァンプ"の登竜門のようであり、吟子も『続金色夜叉』（1930）で満枝を演じている。

　その後、松竹蒲田では『妖婦五人女』（1926）を製作し、栗島すみ子、松井千枝子、川田芳子、筑波雪子、柳サク子（写真3-3 『妖婦五人女』左からの並び順）が演じている。彼女たち五人は「妖婦＝ヴァンプ」をあまり感じさせない。吟子の時代とは明らかに異なっているからである。

　一般的に映画の中で戸籍に準じて法的に逸脱しない男女の関係は、世間でも映画でも波風を立てないが、それ以外は後ろ指をさされて映画の役柄も社会的に認められずに違和感をもって描かれている。こうした場

写真 3-3 『妖婦五人女』

合、日陰の物静かな役柄以外は、ほぼ“ヴァンプ”の誹りを受けている。

大正末期から昭和初期のヴァンプと言われる女優と吟子の違いは“モボ・モガの時代”の中での位置づけであろう。前者は現代劇をこなしていたとしても時代劇が主な活躍の場であり、“モボ・モガの時代”の真只中にあっても時代劇を引きずった映画界は興行収益を重視し、彼女たちを多用している。吟子の登場は一般的に言われている“モボ・モガの時代（1920年から30年）”の終わり頃であり、言葉と実際の映画とズレが生じている。

大正12年（1923）関東大震災によって、東京での新しい時代到来の出鼻がくじかれた。現代劇部があった向島撮影所は京都に移動。昭和9年（1934）多摩川撮影所が完成するまでの11年間東京に不在であった。また、震災から6年半後の昭和5年3月帝都復興祭が行われ、震災から僅か2ケ月後には東京の中心銀座通りの商店街は再建された。文化創造の担い手となる人々は街に出て闊歩していたのである。

吟子が登場する前にクララ・ボウのような新時代を切り開いたヴァンプ（イット）女優がいても不思議ではない。映画製作会社は、東京を長期間離れたことで、身体で感じる流行の感覚や、都会ならではの感覚が欠けたものとなり、さらに、トーキー化に掛かる莫大な費用によって設備投資の躊躇（経営の悪化）などで斬新さに欠け、アメリカ映画の追随

から離れ、イットとはイメージが違う吟子などをヴァンプ女優として起用している。

　吉田智恵男によれば、誰が名付けたのか吟子は"エロティシズムの女王"という異名を付けられて、おおいに宣伝されたという。吟子はそのことをどのように受け止めていたであろうか。

　吟子の品格を意図的に高めようとすれば、サイレント映画時代からトーキー映画時代初期に活躍したグレタ・ガルボを登場させ、対比することで目的は達せられる。実際に吟子とガルボにはいくつかの類似点がある。出生時期（ガルボ1905生：吟子1909生）、活動時期（トーキー映画初期まで：日本のトーキー映画化直後まで）、早過ぎる引退時期（1941-35歳：1933-24歳）、さらに官能的な妖婦を演じていることなどが挙げられる。ガルボは『奥様は顔が二つ（Two-Faced Woman）』が最後の作品であった。彼女の偉大さは、出演作品を知らない人々や、実際に映画を観たことのない人々にも名前は知られ、伝説上の人物になっていることだ。

　もう一つ類似することは批評家の論調である。ガルボに対して、
「肉体的には何等の特長もなく、その演技にも何等の巧味もない。彼女の魅力は黙っている表情と、そのたたずまいに。……過ぎない」

（清水千代太）

　評論家は、吟子に対しても表情や演技をガルボと同じように辛辣に語っている。

　"セックス・シンボル"という言葉は1950年代から使用されるようになり、それはマリリン・モンローに喩えられた言葉と言っても過言ではない。14年ほどの女優生活後、36歳で死去するが、マリリンはその言葉に潰された一人であろう。傍から見れば名誉・金・美しさなど他にはないすべてを手にした女性が、なぜ自殺をするのか。20年以上前の先輩"イット"ガールは次のように述べている。
「彼女はとても美しく、死ぬには若すぎました。彼女に神の御恵みを……。マリリン・モンローに直接会ったことはなかったけれど、もし会っていたら、一所懸命彼女の力になってあげたかった。セックス・シ

ンボルであることは自分が疲れ、傷つき、途方に暮れているときには大
変重荷なのです」
（クララ・ボウ）

「毒婦」「妖婦」「ヴァンプ」「イット」などの言葉の意味合いを見よう
とすればそれぞれの比較が大切である。毒婦、妖婦は他者に対して攻撃
性を持つような感じを与える。イットなどはクララ・ボウを連想し比較
的明るく、開放的なイメージを持たせる。しかし、私も含めて混同して
言葉を使い、総称して“ヴァンプ”と呼んでしまうのが現実である。

　結局、人それぞれの嗜好に合わせて“ヴァンプ”などの言葉を当ては
めているのではないか。

鈴木澄子

京マチ子

セダ・バラ

クララ・ボウ

マリリン・モンロー

参考文献

『VAMP-The rise and fall of Theda Bara』Eve Golden、Vestal Press、1996
『The Paramount Pretties』James Robert Parish、Arlington House、1972
『淀川長治映画ベスト 10 ＋ α』淀川長治、河出書房新社、2013.11
『新青年』15 巻 12 号、博文館、S.09.10
『時代劇伝説チャンバラ映画の輝き』岩本憲児、森話社、2005.10
『美と破壊の女優 京マチ子』北村匡平、筑摩書房、2019.02
『スター女優の文化社会学』北村匡平、作品社、2017.09
『妖婦五人女』春美緑雨、春江堂、S.02.02
『日本映画人名事典 女優篇 上・下巻』キネマ旬報社、1995.08
『銀座通』小野田素夢、四六書院、S.05.11
『マリリン・モンローと共に』スーザン・ストラスバーグ、草思社、2011.10

＊無声映画時代のアメリカで、「ヴァンプ女優」と言われたセダ・バラを描いた本の中の序
　文に"写真のない伝記はアイシングのないケーキのようなもの"とある。まさにその通
　りである。峰吟子に関しても、それを超えるようにできる限り多くの資料を載せて視覚
　に訴えかけたい。……が、果たして……

5　女優の世間体

　映画は製作者（監督、俳優など）や鑑賞者がいて、初めて成り立つ。
吟子が登場した時代は映画の初期とはいえ、日本に移入されてから 30
年経過し、日活（日本活動写真）創立から 20 年経過している。この時代、
世間は彼らを一体、どのように見ていたのであろうか。自叙伝などから、
彼らの経済的なことも踏まえてみてみる。ただし、齟齬をきたしている
こともあり、注意深く読み取る必要がある。

「…母様なんて物が分からないんだから。外国にはね、女優だって大学
で講義する人もいるし、自分で脚本を書く人だっているのよ」「母さん
はね、あんたに反対するんじゃないのよ。だけど、もし失敗したら取り
返しがつかないんだからね。これまであんたを育て上げてきた父さまや
母さまの、苦労を水の泡にしてほしくないのよ」

　これは岡田嘉子が女子美術学校を出て、北海道小樽「北門日報」の婦
人記者を経て、大正 8 年（1919）舞台女優誕生直前の会話である。映画

女優としての最初の作品は大正12年『出家とその弟子』であり、吟子が登場する7年も前のことである。彼女は経済的にも幼少期から何不自由はなく、家庭も自由を謳歌するようなところもあり、奔放な恋愛を繰り返し、世間に気兼ねなく生きていった。

　田中絹代の場合はどうだったか。兄が松竹で働いていた関係で、大正13年（1924）松竹下加茂撮影所に入社後、同じ年に『元禄女』に初出演。絹代が「女優になりたい」と訴えたところ、「母は文字通り烈火のごとく怒りました。当時はまだ役者乞食などと言われた時代で、平家の流れを引く由緒ある家門から、そんな者が出せるか」「……母は腹立ちのあまり、私の襟髪を掴んで……外に突き出したのです。外は雪が降っておりました」

　この文から母の凄まじい行動が伝わる。由緒ある田中家の誇りが怒りへと発展していったようだ。しかし、絹代が女優に憧れる原因を作った張本人は怒った母である。母が勧めた琵琶の稽古事を始めてから楽天地で琵琶歌劇を公演。近所に立ち並ぶ映画館に出入りするようになり、栗島すみ子などに憧れることがキッカケになっている。

　撮影所通いが始まるのは、まだ14歳の時であり、出社初日に当時の大学出の初任給の二倍近くもある給金五十円をもらうことになる。支度金の意味もあるが、絹代の家庭は経済的に余りゆとりがなく、これで生活基盤がしっかりしていった。

　入江たか子は、当時映画俳優となり、京都の日活撮影所へ赴任する兄の泰長（後の東坊城泰長監督）から、まだ小学校に通う12歳のたか子に「英ちゃん（英子・入江たか子）はきっと、活動役者の妹だというので、学校のお友達からさげすまれるかも知れないね」と言われる。大正13年（1924）のことであった。文化学院卒業間際の送別会の席で、たか子の同級であった伊達里子は、みんなの前で「どうしたの、皆さんは女優がいけないというのね。私、卒業したらすぐ女優になるわよ。大威張りでなるわ」と宣言した。たか子が「伊達さん、本当に女優におなりになるの」と尋ねると、「ええ、本当、お約束してもいいわ」と言っている。

入江は文化学院卒業の年、昭和2年に日活に入社して同年内田吐夢監督『けちんぼ長者』に初出演する。伊達里子は、後に希望を叶えて昭和4年（1929）松竹蒲田に入社し、昭和6年日本初の本格的なトーキー映画である『マダムと女房』にマダム役で出演している。

　山田五十鈴は両親が新派女形芸人と芸者であり、日活太秦撮影所長池永浩久（芸名沢田清）にスカウトされる。しかし、映画界入りに二人からは反対されている。「女優になるともうお嫁にも行けない。お前だけはどうか女優にならないでおくれ」「水谷（八重子）さんぐらいになれば立派なものだけれど、めったにはなれっこないのだから、女優にはならないでおくれ」と言われている。経済面であるのか、それとも社会的偏見から出たことかは書かれていない。おそらく後者であろう。

　五十鈴は昭和5年（1930）『剣を超えて』で大内伝次郎の相手役として初出演する。吟子と日活入社は同じ昭和5年であり、当時13歳であったが、月給は百円と幹部女優並みの待遇であった。このことは津田類の聞き書き本の中の"先輩女優のしつけ"で書かれた大幹部部屋（酒井米子、梅村蓉子との三人の部屋）での出来事（今日のイジメ）の一因になっている。また、「年少がゆえに21歳になる吟子の付き人として入ってきた」と書かれた本もある。しかし、それは全くの間違いである。

　山路ふみ子は「ミス神戸」に選ばれたことが遠因で女学校を退学になり、それを武器として主演作を撮ることを条件に、昭和5年（1930）帝キネ（帝国キネマ演芸）に入社した。これもまた吟子と同じ年の入社であった。

　帝キネの企画では、ふみ子は『神戸行進曲』（S.05）を撮り、「ミス大阪」の近松里子、「ミス横浜」のミナト映子などもほぼ同時に入社している。

　ふみ子は当時会社が二百円もの高い給料を出していたので徹夜もいとわず、撮影に参加していた。それを知ったふみ子の祖父は、もともと映画界入りに強く反対しており、「……可愛い孫娘を夜の夜中まで家にも帰さないで働かすとは言語道断」と叱り飛ばしている。経済的な裏付け

があるからこそ出た言葉で、ふみ子の幼少期を見てもゆとりがあったように思われる。

　山路ふみ子は、映画界を引退後、私財を基金として名前を冠にした「自然科学振興財団」「文化財団」を設立し、文化、教育、福祉への支援活動を行い、社会に貢献している。

　ここで取り上げた女優たちは世間からみた雰囲気とは違い、入った動機も前向きで暗さはない。映画俳優の社会的地位は、昭和の初めまでは低くみられていたが、入江たか子らが日活へ入社した頃から教育程度も世間と比べても遜色なく、むしろ高いくらいであり、人々の憧れの職業になっていった。

　彼女たちの一世代あるいは二世代前の人たちの感覚が役者（映画俳優）を見下していたに過ぎなかった。高等女学校出身者や自頭の良い人たちが女優となり、世の中の役者への見方は急激に変わった。これは、彼女たちの活躍によることが大きい。

　当時の映画界の労働環境は、非常に劣悪であった。山路ふみ子の祖父が叱り飛ばしたのは当然である。「聞書き」や「回想」に"劣悪さ"はあまり出てこない。何故だろうか。山路ふみ子もそのことには触れていない。おそらく過ぎ去ったことに対して奇麗ごとを言っているのではないか。また、昭和12年（1937）にふみ子が主演した『愛怨峡（あいえんきょう）』の撮影を振り返れば、「溝口監督は俳優を徹底的にしごく監督として知られておりましたので、……この超うるさ型の完全主義者の溝口監督に初日からドヤされないように……」ところが「…苦労して覚えた台詞がことごとく書き換えられている。……」

　他の監督と違って、ただ一言「どうも違うな」というだけで細かい演技指導は行わない。そのことで役者の側からの提案などもあり、いろいろ考えて役を深めていくことになり、また、カメラの回し方もワンカットずつの細切れではなく、盛り上がって役になり切った気持ちを持続するように、ある程度回しっぱなしであった。また、山路ふみ子は村田実との仕事も「他の方は知りませんが、私にとっては、むしろこれまでに

ないほど役に没頭することができ、本当に楽しい仕事でした」としている。岡田嘉子とは全く真逆のことを書いている。

参考文献
『日活四十年史』日活、S.27.09
『悔いなき命を』岡田嘉子、廣済堂、S.48.06
『私の履歴書 文化人13』田中絹代、日本経済新聞社、S.59.04
『聞き書き 女優山田五十鈴』津田類、平凡社、1997.10
『月刊ぎふ』no.223、北白川書房、2003.07
『命あるかぎり贈りたい 山路ふみ子自伝』山路ふみ子、草思社、1994.05
『貧乏を征服した人々』帆刈芳之助、泰文館、S.14.02

6　出演映画検閲の様子

　戦前の国家による思想統制のひとつに、映画に対する検閲があった。「映画検閲」の歴史は大正6年（1917）に遡る。警視庁が「活動写真取締規則」を発令したのが始まりであり、検閲の基準は次のように定められた。
　1．国体及び君主の尊厳を侵す場面
　2．姦通、自由恋愛等我が国の良風美俗反する場面
　3．接吻、寝室等に於いて見物に猥褻な観念を起こさせる場面
　4．放火、殺人、強盗等、見物に犯罪の動機を与える場面
　やがて警視庁のみならず全国に波及し、大正14年7月1日には内務省により「活動写真フィルム検閲規則」が実施されている。
　吟子の活動していた時期には、第一次大戦後の長く続く不景気、失業者の増大、軍国化する社会などを背景に「傾向映画」と言われる「プロレタリア・イデオロギーを盛った商業映画」（岩崎昶の言葉）が、昭和2年（1927）頃から社会情勢を背景に観客の支持を得て活況となる。検閲数も多くなり、さらに厳しさも増して行く。その後、次第に消え去っていったのだが、吟子はその最盛期の中に立っていた。
　刹那的・享楽的な生活を追い求めた人々を映し出した「エロ・ナンセ

写真 3-4　活動写真フィルム検閲時報
（昭和 7 年）

ンス映画」も昭和 5 ～ 6 年ごろを頂点として、「傾向映画」とともに時代を反映し、その中で彼女は時代の要求を受け応えるかのように現れたのである。

　当時の風紀や道徳からの逸脱を防止する教化指導も含めた「検閲」という言葉は、多くの人々が物々しさを感じる。さらには国家権力による思想統制、介入、抑圧などの暗い言葉が並ぶようになり、表現の自由、言論の自由などとは相反していくことになる。思想的な信条が確立していない私にとってみれば難しいことであり、正直、関心はなく、あまり理解できない。

　吟子の出演した映画はどのような検閲を受けたのであろうか。31 本（前篇・後篇も含めた本数）のうち 21 本が検閲に抵触。皮肉を込めた言い方をすれば "お世話" になっている。幸い、当時の『活動写真フヰルム検閲時報』（写真 3-4）に具体的な記録が残されている。検閲内容は吟子を知るための数少ない資料のうちの一つであると思い、一例として「見果てぬ夢」のみを「検閲時報」から取り出して、その内容を掲載する。

［見果てぬ夢］（フィルム切除 89.5m、説明台本抹消 9 ヵ所）
第 1 巻　第 7 字幕「包装はどうでも中身は秀逸に相違ないのだから」

切除 2m（風俗）
第 2 巻　第 12 字幕「何もかも…あなたに差し上げますわ」

切除 1m（風俗）
第 4 巻　専一が鏡に向い「ハンカチにて唇を拭く」場面

切除 2m（風俗）

第 4 巻　「工夫がフミ子を暗闇に連れ込まんとする所へ他の工夫が現れ突き倒す場面」及び其の間に於ける第 28 字幕「じゃあ姉さん俺がいい所へ連れてってやろうな」　　　切除 18m（風俗）

第 6 巻　「舞台稽古の場面中、半裸体姿の文子が更衣室より現れ、戸に寄りて泣き入る」個所　　　切除 4.5m（風俗）

第 7 巻　第 11 字幕「通る奴、通る奴にジロジロ軽蔑されながら朝から晩まで…云々」
　　　　第 13 字幕「辛抱するんだなあ、今に働くものが讃えられる、働く者が大切にされる…云々」
　　　　第 18 字幕「だがね焦ってはダメんよ、歪んだ社会組織を…云々」　　　切除 7m（公安）

第 8 巻　第 6 字幕「私の御主人は私が人をひいたことよりご主人の古いフォードを…云々」　　　切除 3m（公安）

第 9 巻　「フミ子が共同便所に於いてコンパクトを用い化粧する」近写場面　　　切除 14m（風俗）

第 11 巻　第 1 字幕「自殺したるものの弱さを笑うな…云々…俺の心を許してくれ」までを残存して「坊や大きくなったら金持ちばかりでなく…云々」以下の字句の現る個所　切除 8.5m（公安）

第 11 巻　「専一が三等船客室に於いて船客達より物を投付けられる」　　　切除 7m（公安）

第 12 巻　「専一が船室に於いて解雇職工を復職せしめ株式の総てを全職工に分ち與へ…云々の伝聞を書く」場面及び「専一の幻想に現るる邸宅」場面　　　切除 22.5m（公安）

第 1 巻　第 7 字幕に相当する辞句　　　抹消（風俗）
第 2 巻　第 12 字幕に相当する辞句　　　抹消（風俗）
第 4 巻　第 28 字幕に相当する辞句　　　抹消（風俗）
第 7 巻　第 11、第 13、第 18 字幕に相当する辞句　　　抹消（公安）
第 8 巻　第 6 字幕に相当する辞句　　　抹消（公安）
第 11 巻　第 1 字幕に相当する字句中「坊や大きくなったら金持ばかり

ではなく…云々」以下の字句　　　　　　　　抹消（公安）
梗概中「多くの自分の工場に働く労働者のために資産私財を提供して」
　　　　　　　　　　　　　　　　　　　　　　　　抹消（公安）

　戦前の映画検閲と今日の映倫（映画倫理機構）の違いは、名目上強制
か自主規制かである。自主規制であっても、わいせつ罪や幇助の罪で裁
判にかけられている。
　吟子出演映画が "検閲" に抵触した 21 本の作品は次の通りである。

1	見果てぬ夢	11	恋愛清算帖
2	天国その日帰り	12	しかも彼等は行く（前篇）
3	この太陽（蘭子の巻）	13	しかも彼等は行く（後篇）
4	この太陽（多美枝の巻）	14	霧のホテル
5	この太陽（曉子の巻）	15	心の日月（烈日篇）
6	新東京行進曲	16	白い姉（前篇）
7	続金色夜叉（後篇）	17	白い姉（後篇）
8	一九三一年日活オンパレード	18	細君解放記
9	ミスターニッポン（前篇）	19	一九三二の母
10	ミスターニッポン（後篇）	20	細君新戦術
		21	蒼穹の門

　写真 3-5 は『この太陽（蘭子の巻）』のなかの 1 シーンであり、NG ス
チールからの転用かと思われたが、『映画検閲時報』制限事項に記載さ
れておらず、映画の 1 シーンの中に映し出されていたはずである。
　吟子は日本映画において、ベッドシーンのはしりを演じた女優といわ
れる。「ベッドシーンといっても現在の様に裸体の絡み描写があるわけ
ではない。"吟子" がしどけなくベッドで横たわるところへ小杉勇が
入って行くが、次のカットではもう寝室を出る場面に変わっている」
「当時の若い映画ファンは、そんな他愛もない閨房シーンにも固唾を飲

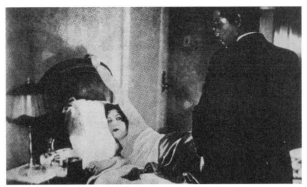

写真 3-5 『この太陽』(S.05) のベッドシーン（『切られた猥褻』より）

んで見入っていた」 （桑原稲敏）

　さらに、戦前では裸体描写どころか、接吻の場面も親子の愛情表現を除いて例外なくカットの対象になっている。

　単なる映画検閲であってもそこには戦前国家の意思が働いている。『検閲時報』を読めば、どのような理由で検閲の対象（制限事項）になったのか、ある程度のことはわかる。

　吟子が銀幕から去ったあとは戦争の影響もあり、さらに締め付けられていくことになる。

参考文献

『映画検閲時報第 11 巻 S.5.1 ～ 12』内務省警保局、不二出版、1985.07
『映画検閲時報第 13 巻 S.6.1 ～ 12』内務省警保局、不二出版、1985.07
『映画検閲時報第 15 巻 S.7.1 ～ 12』内務省警保局、不二出版、1985.07
『映画検閲時報第 17 巻 S.8.1 ～ 12』内務省警保局、不二出版、1985.07
『切られた猥褻―映倫カット史』桑原稲敏、読売新聞社、1993.11

7　日活社史の峰吟子と現存しない映画

　日活は過去４回にわたって社史を出版している。いずれも非売品であり、『日活の社史と現勢 (S.05.12)』、『日活四十年史 (S.27.09)』、『五十年史 (S.37.09)』、『100 年史 (H.26.03)』の４冊の中で吟子はどのよう

に記載されているのであろうか。

『日活の社史と現勢』＝［現代劇女優部］の中で、酒井米子他6名が紹介されている。その付帯部分の一文には「なお、同部には衣川光子、対馬ルイ子（対馬技師の令妹）、それからエロとイットで一九三一年を風靡せんとする吟峰子（峰吟子）の諸嬢等あって、宛ら百花妍を競うの絢爛さを見せている」

『四十年史』＝「昭和五年度　村田実は、また九月十二日からつづけざまに「この太陽」三篇を発表した。東京日日、大阪毎日連載、牧逸馬原作で、いま日活のホープとなった小杉勇を中心に、夏川静江、入江たか子、それに新進峰吟子が共演して、左翼映画とともに当時流行のエロティック場面を點出している」

『五十年史』＝ここには何も記載されていない

『100年史』＝『細君新戦術』のスナップ写真一枚のみ

　前二冊での書き方は、吟子がまさに「エロとイット」の女優であると言っているようだ。『日活の社史と現勢』以外の社史は、大まかな流れで書かれており、特定の個人をあまり詳細には描いていない。しかし、新進峰吟子と書かれているその言葉は、なぜか目立っている。

　社史全般に言えることは、経営の危機、実権の移動など様々な困難があり、克服した様子にかなりのページを割いている。当時の堀久作社長は詳しく執筆し、かなり苦労したことを滲み出している。それは、吟子が引退してからしばらく後のことである。

　"峰吟子が撮影された場面を見たい！"こうした思いを抱いても無理なことであった。架空のような作品を思い浮かべなければならない条件の下では、方向が誤らないかという心配もある。反面、思いを巡らすことが大いにあり、創造（想像）する楽しさを与えてくれる。

　吟子出演作品が残っていない理由は『100年史』の中で見つけることができた。残念なことであるが、その全文を記す。ただし個人的にはもっと他にも大きな理由もあるのではないかと思う。それは「記録されたものを残す」という意識が、アメリカなどに比べ希薄であったのでは

ないかということだ。現在にも通じることであろう。

「売却された大量の原版（ネガフィルム）」

　日活の戦前の名作群の多くは、これまで戦火により焼失したとされてきた。戦火による消失は事実だが、原因はそれだけではないことを、1通の稟議書が今日に伝えている。「原版売却の件」と題された1941（昭和16）年12月15日決裁のこの稟議書は、当時の正月封切作品『決戦奇兵隊』（丸根賛太郎監督）、『柳生大乗剣』（池田富保監督）、『微笑の国』（古賀聖人監督）のプリント用フィルムを手に入れるため、添付の「別紙明細書」記載の1922（大正11）〜1933（昭和8）年までの旧作のネガフィルム原版を民間企業に売却することを決裁したものである。

　売却されたフィルムは溶解され、フィルム素材として再生されたものと推測される。添付の「別紙明細書」とは「京都撮影所在庫ネガ一覧表」で、そこには尾上松之助作品に始まり、同期間に京都の撮影所で製作された（提携時代の片岡千恵蔵プロダクション作品を含む）大半の作品が掲載されている。伊藤大輔、稲垣浩、マキノ正博、山中貞雄ら戦前の日活時代劇で活躍した巨匠・名匠の作品原版は、この時に失われたのである。京都が戦火を免れたことを考え合わせると、この売却がなければこれらの原版が今日まで残っていた可能性は高い。

（『日活100年史』）

　ここで一つの疑問が生じる。当時の日活は「時代劇部」と「現代劇部」の二つに分かれていたはずであり、上記の内容は日活時代劇部での出来事のようにも解釈できる。吟子の所属は概ね「現代劇部」であり、女優生活後半に「時代劇部」に移り、時代劇は『長脇差風景』、『フランスお政』の二本出演したのみである。しかし、こちらが勝手に解釈しても現実に吟子の出演作品は残っていない。やはりこの時、「時代劇部」と共に「現代劇部」のフィルムも売却されたのだろうか。

　いま、国際フィルムアーカイブ連盟（FIAF）は、映画フィルムは文化

遺産であり、歴史や生活のユニークな記録として後世に遺すため、「映画フィルムをすてないで！」のスローガンのもとに活動している。戦前からこのような意識があればと思うと本当に残念なことである（特定の時代の映画作品残存率は、思った以上にきわめて小さいと言われている）。

参考文献
『日活の社史と現勢』加茂令堂、日活の社史と現勢刊行会、S.05.12
『日活四十年史』日活株式会社、S.27.09
『日活五十年史』日活株式会社、S.37.09
『日活 100 年史』日活株式会社、H.26.03

8　日活労働争議

　吟子が活躍していた昭和 7 年、日活で労働争議が起きる。争議の内容を大別すれば「映画上映館におけるトーキー化によって、職を奪われる弁士、楽士などの失業問題」と「経営悪化による映画製作者（撮影所）が断行した俳優や製作者（監督や裏方等も含む）の人員削減」の二つであり、前者が先に発生し、続いて撮影所へ移行していった。吟子が大きく関わったのは後者である。ここでは、主に撮影所で起きた争議を追う。
「日活現代劇部のスター入江たか子とその実兄同所監督東坊城恭長氏の脱退説が突如として起こった。…脱退説の原因は東坊城氏の監督作品は余りに高踏的なため市場にヒットしたものは一本もなく、…十一月中旬日活所員の大整理の一人として…」　　　　　　（「東京朝日新聞」S.06.12.22）
「たか子の無声映画から発声映画への希望はずっと前からで実は日活では松竹で作ったトーキー映画『マダムと女房』をたか子主演で作る予定で、…それが急に中止になったので…希望通り舞台に立つべく決心したのです」　　　　　　　　　　　　　　　　（「東京朝日新聞」S.06.12.23）
「入江たか子の脱退は…非常にショックを与えている…佐久間妙子も辞表を提出して…不二映画に入社する。日活撮影所は先頃俳優、道具方、

事務員等すべて六十余名の大整理を為し、三度の減俸を加え、何とかして、この不況を乗り切ろうと焦慮している…」

（「東京朝日新聞」S.06.12.24）

「映画大国日活は社債償還期の切り抜け策として人事の大整理…俳優、事務員、裏方等三百名を解雇することを決議」

（「東京朝日新聞」S.07.08.19）

「…築山時代劇、芦田現代劇両撮影部長を始め新旧全監督二十名は辞表を提出し…声明書を発表した」　　　　（「東京朝日新聞」S.07.08.20）

「…二十日第一次整理として三十七名を解雇することになり、太秦撮影所において（役職）六名他十四名に対し退職を申渡し、遂に事実上の争議に入った」　　　　　　　　　　　（「東京朝日新聞」S.07.08.21）

「…第一次整理として三十七名の解雇を発表…二十一日には百六十名を解雇に決し通告を発した。…」　　　　（「東京朝日新聞」S.07.08.22）

　以下新聞タイトルを拾うと、

「日活争議団愈々会社側と直接会見」　　（「東京朝日新聞」S.07.08.25）

「日活争議は中休み」　　　　　　　　　（「東京朝日新聞」S.07.08.26）

「きょう日活争議再会見」　　　　　　　（「東京朝日新聞」S.07.08.28）

「日活映画争議愈々大団円会社側譲歩して申し合わせ（三十日）」

（「東京朝日新聞」S.07.08.31）

「整理案で衝突日活争議ぶり返す辞職組意見一致せず」

（「東京朝日新聞」S.07.09.06）

「漸く曲りなりに日活争議解決整理人員百八十名」

（「東京朝日新聞」S.07.09.07）

　人員整理は、ある日突然やってくるものではない。資金不足に陥った日活は、おそらく利益金を職員退職手当金に組み入れることができなかった昭和４年（1929）頃から“その後”をある程度予想はできたのではないか。

　争議発生（S.07.08）を遡ること８ケ月前、人気スター入江たか子の兄東坊城監督が整理の対象になっているとのうわさが出ている。その後の

入江兄妹の行動を見た時、日活の思慮のなさを読み取ることができる。

　当時の経営陣の場当たり的な対応は、金銭面に対しても放漫な経営をしていたと思われても致し方がない。名実ともに日本一であった日活が、その地位を明け渡したのは、この頃からであった。

　一般の産業界が不況に陥っても、映画界が影響を受けるのは比較的緩やかであるとされてはいるものの、昭和恐慌は生易しいものでなく、映画界も容赦なく停滞した一連の社会経済情勢と同様な道を辿った。

　不況は都会生活者を合理化による失業や減給に陥れ、購買力が衰えることで商店も苦しくなり、農村部はそれ以上に困窮し、娯楽費の捻出はむつかしくなる。このあおりを受けて、上映館は入場料をどんどん下げることになった。

　日活の経営内容を株式配当から推し量るのは少し乱暴であるが、一つの指標として、昭和20年までを節目で見てみる。ただし赤字決算の年はすべて無配である（上期2〜7月、下期8月〜1月）。

・大正8年（下期）40％　［第一次大戦（T.03.07~T.07.11）後の好景気。
　　　　　　　　　　　　　　この前・後期は30％］
・大正11年（下期）15％　［関東大震災の年（T.12.09）も配当有。
　　　　　　　　　　　　　　この年以降も10％継続］
・昭和7年（上期）0％　　［労働争議発生の年、会社設立後初の赤字、
　　　　　　　　　　　　　　その後昭和7年下期、昭和8年上・下期4期
　　　　　　　　　　　　　　連続赤字］
・昭和9年（下期）〜昭和10年（上期）0％［赤字ではないが利益金は小］
・昭和11年（上期）〜昭和15年（上期）0％　［昭和15年以外は赤字］
・昭和15年（下期）〜昭和20年（下期）6〜8％

　一連の騒動で映画製作は一時中断され、洋画（MGM映画）興行で製作不足を補充する。昭和7年までは和洋混合の興行番組プログラムを補完したものの、これもまた本格的なトーキー化におくれを取る原因の一つになった。

　昭和4年（1929）に設立された日本最初のトーキー撮影所P・C・L

（写真化学研究所）と提携後、昭和7年には6本の提携作品を製作しているにもかかわらず、業績の悪化、製作資金の増大、争議脱退組との関係などで、翌年の昭和8年に契約関係を突如解消し、ウェスタン・エレクトリックと提携する。

　米国においても、映画界を激震させた「未曽有の赤字時代」がある。大正15年（1926）のことであり、原因として考えられたのは、ラジオの出現、高騰した入場料、観客層の変遷。これらを乗り越えるための解決策はトーキー化であり、米国ではサイレントからトーキーへ多大の費用をかけて転換し、日本に先んじて困難を乗り切ったことを実証している。

　日本映画界の一大転換点であった昭和初期、トーキー化は時代の要請であり、非常に大きな過渡期を作り出し、その流れに乗って発展させる必要に迫られた。労働争議の根本的な原因は、“トーキー化（莫大な費用）”と“不況（昭和恐慌）”に辿り着く。吟子は当事者（証人）としてその場を目の当たりにしている。

　争議のあいだ吟子の動静はどのようであったであろうか。すぐ上の姉てる（岡村照子）のところへ身を寄せている。岡村照子は名古屋放送局を退局した後、昭和3年名古屋中村遊廓近くで喫茶“千奈里”を開いている。その店へ吟子が出ることで評判は広がり、大入りとなったという。

　日活争議は、9月に186名（新聞記事は180名）が退社することで一応解決したものの、その余韻は大きかった。退社した主要社員の中で（監督）村田実、伊藤大輔、田坂具隆、内田吐夢、（俳優）小杉勇、島耕二、（製作スタッフ）芦田勝現代劇部長の七人組は「新映画社」を結成した。吟子も9月26日に、村田実との義理から突然辞表を提出して馳せ参じ、新映画社の中で再びユニークな存在を示すものと思われたが、日活に復帰している。

　日活専属の人気スターは、大河内伝次郎、片岡千恵蔵、海江田譲二、沢田清や夏川静江などが残ってはいるものの、昭和8年1月に千恵蔵は日活に対して絶縁状を送り、離れている。

参考文献

『日活四十年史』日活株式会社、S.27.09
『日活五十年史』日活株式会社、S.37.09
『日活 100 年史』日活株式会社、2014.03
『日本映画発達史 II　無声からトーキーへ』田中純一郎、中央公論社、S.55.03
『キネマ週報』102、キネマ週報社、S.07.03
「銀幕また揺らぐ！入江たか子日活脱退か」東京朝日新聞、S.06.12.22
「舞台に立つ私の決心 入江たか子語る」東京朝日新聞、S.06.12.23
「揺れる揺れる銀幕 佐久間妙子も日活から逃げる」東京朝日新聞、S.06.12.24
「近く日活で大整理断行」東京朝日新聞、S.07.08.19
「日活の全監督辞表を提出」東京朝日新聞、S.07.08.20
「日活、整理から争議に入る」東京朝日新聞、S.07.08.21
「日活争議 "太秦の旋風" 二百名を解雇す撮影所の閉鎖辞せず」東京朝日新聞、S.07.08.22
「日活脱退組を PCL が応援」東京朝日新聞、S.07.09.22
『キネマ週報』124、キネマ週報社、S.07.09
『キネマ旬報』448、キネマ旬報社、S.07.09
「峰吟子も脱退村田氏へ合流」読売新聞、S.07.09.27
「片岡千恵蔵日活へ絶縁状を送る」東京朝日新聞、S.08.01.20

第4章
峰吟子出演映画

　吟子の出演した作品は 24 作品であり、映画本数としては 31 本となる。封切り日から換算すると、初演の『見果てぬ夢』昭和 5 年（1930）6 月から最後の出演作となった『フランスお政』昭和 8 年（1933）5 月まで、約 3 年活躍していたことになる。封切り日を見ると、次から次へと映画に出演していることがわかる。

	題名	封切り日	原作	監督
1.	見果てぬ夢	（S.05.06.14）	三上於菟吉	東坊城恭長
2.	天国その日帰り	（S.05.07.25）	小林正	内田吐夢
3.	銀座セレナーデ	（S.05.08.01）	長倉祐孝	長倉祐孝
4.	この太陽　第一篇　蘭子の巻	（S.05.09.12）	牧逸馬	村田実
	この太陽　第二篇　多美枝の巻	（S.05.09.19）	〃	〃
	この太陽　第三篇　暁子の巻	（S.05.09.26）	〃	〃
5.	新東京行進曲	（S.05.10.03）	小林正	長倉祐孝
6.	続金色夜叉　前篇	（S.05.11.14）	長田幹彦	三枝源次郎
	続金色夜叉　後篇	（S.05.11.21）	〃	〃
7.	新婚超特急	（S.05.12.24）	山崎謙太郎	長倉祐孝
8.	一九三一年日活オンパレード	（S.05.12.31）	（日活脚本部）	阿部豊
9.	ミスター・ニッポン　前篇	（S.06.03.20）	郡司次郎正	村田実
	ミスター・ニッポン　後篇	（S.06.03.20）	〃	〃
10.	戀愛清算帳	（S.06.04.01）	田中栄三	伊奈精一
11.	レヴューの踊子	（S.06.06.05）	市橋一宏	木藤茂
12.	しかも彼等は行く　前篇	（S.06.06.12）	下村千秋	溝口健二
	しかも彼等は行く　後篇	（S.06.06.12）	〃	〃
13.	機関車	（S.06.08.21）	佐左木俊郎	三枝源次郎

14.	心の日月　月光篇	(S.06.10.30)	菊池寛	田阪具隆
	心の日月　烈日篇	(S.06.10.30)	〃	〃
15.	白い姉　前篇	(S.06.11.13)	大佛次郎	村田実
	白い姉　後篇	(S.06.11.20)	〃	〃
16.	海の横顔	(S.07.02.05)	増田真二	木藤茂
17.	霧のホテル	(S.07.03.25)	北村寿夫	三枝源次郎
18.	細君解放記	(S.07.04.22)	寺尾幸夫	長倉祐孝
19.	一九三二年の母	(S.07.10.06)	武林文子	村田実
20.	細君新戦術	(S.07.12.01)	寺尾幸夫	山本嘉次郎
21.	モダン・マダム行状記	(S.08.01.05)	浅原六郎	伊奈精一
22.	長脇差風景	(S.08.02.15)	犬塚稔	犬塚稔
23.	蒼穹の門	(S.08.03.08)	牧逸馬	山本嘉次郎
24.	フランスお政	(S.08.05.25)	松村梢風	渡辺邦男

　ここでは吟子の出演作品に封切り順の番号（ここで任意に付けた番号）を付け、原作の存在する作品はあらすじを読み取り、存在しないものは『キネマ旬報』などの映画雑誌に掲載されたあらすじを参考に、当時の批評も加えて作品の全体像を見ていきたい。

　『天国その日帰り』、『一九三一年日活オンパレード』は、一部分ではあるがフィルムが残っている。他の作品は活字資料から描き出すのみである。

1　見果てぬ夢

　三上於菟吉は翻訳家として出発した後、大衆文学作家へ移行していった。代表作『雪之丞変化』（1934）は映画化され、よく知られているが、『見果てぬ夢』はその陰に隠れている。創刊されたばかりの『朝日』（博文館）に長編小説として連載され、中村武羅夫や加藤武雄の合同全集『長篇三人全集』（写真 4-1-1）の中に収められている。

ストーリーを紹介しよう。

専一は大鉄工業天野専太郎の息子。会社が飛躍しようとした時、贈賄事件が発生。支配人であった岡田ふみ子の父が一切の罪を被り、遺書を残して自殺したことによって司直の追及も収まり、問題はうやむやになった。ふみ子の父の犠牲によって会社は救われた。

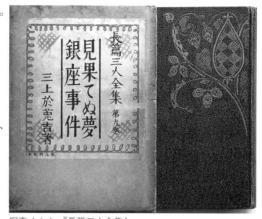

写真 4-1-1 『長篇三人全集』

ある晩のこと、専一はふみ子を帝劇のオペラに誘い出し、帰りにホテルヘ入って秘密を持つことになる。その後、専一からの連絡はなくなる。専一が病気か、あるいは自分が騙されたのか不安が生じ、小田原の別荘を訪ね、そこで専一と女性の散歩姿を見て呆然とする。さらに、その女性京子（峰吟子）がふみ子のことを"カフェーの女給にも勝らない貧弱な女"と話していたのを聞き、失意のうちに精神に異常をきたし帰宅するが、妊娠したことに母娘は当惑するのであった。

しばらくしてふみ子の母は専一に会いに行くが、彼の態度に唖然とするばかりであり、この件に関しては延崎に一任して金で解決しようとしていた。帰り際、「お腹の子を母子二人で立派に育て上げ、専一に見せ付ける」と決心する。帰宅したとき、ふみ子はどこかへ行ってしまっていた。母には心当たりがある。専一の宅であり、確かに来たのだが、フラフラと出て行ってしまっていた。途方に暮れ、翌朝首を吊った。

夜の新宿をフラフラと歩いていたふみ子は工夫に拉致されそうになるが、年増女に救われる。興行師菅瀬喜平の妾、お源であった。お源の宅へ喜平配下の毒眼の健三が来た時、ふみ子を見て売り物になると見定め、喜平の後塵を拝している和倉権吉に話を持ち込む。後日健三はお源に嘘の呼び出しをかけ、ふみ子を和倉の手で東北の地方都市に売る計画を実

行に移す。お源がいない間に、ふみ子の実家が見つかったと言って連れ出して和倉の手に渡した。和倉がふみ子に手を出そうとした時 "私の大事な赤ちゃんを！" と叫びながら部屋を飛び出して行き、下女の協力もあり、ザンザン降りの雨の中へ消えていった。ちょうど同じような時刻に専一は新婚旅行に旅立とうとしていた。

　ふみ子は雨の中、洋館の軒下に行き倒れ状態で家人に見つけられ、手厚く介抱されたのであった。その後、慈善家である堤一家はどうにかして本当のふみ子の姿に戻そうと、著名な精神病学者の病院への手はずを整えたが、そこで男子（文吉）を出産したのであった。出産後、ふみ子は以前のように正気を取り戻し、住所も判明した。堤氏はその住所を訪ねる。しかし、母のことを聞き憂鬱な表情を浮かべて病院に戻ってきた。その後、ふみ子は精神病院で働くことになり、文吉を堤氏に預けて働きに出ようと、新聞広告で見た探偵社に出向く。

　専一は結婚したものの京子は音楽家合田茂男、専一は放蕩画家今川春波の夫人と秘密を持つ。社交界でも評判となり、二人には大きな隙間風が吹くようになる。専一は京子を監禁するために探偵を頼む。

写真 4-1-2　『長篇三人全集』口絵
ふみ子と文吉

　ふみ子の仕事は監禁されている京子の面倒を見ることであった。まだ相手が京子であるとは知らない。初対面で彼女であることを知り、今まで敵意を持っていたが、今の様子から姦通罪を犯した京子に対して、今までの気持ちは失われていった。専一は京子を訪ねた時、ふみ子に気付き、今までの言い訳をさんざんするが、ここまで恥知らずになり得るのであった。

　ふみ子は京子に専一の子を産んだことや、すべての経緯を話し、二人はここから脱出し、報復を始めようとするので

あった。

　折しも専一は日本の官僚や資本家で組織される救済問題審議会会員に推された。京子は仕返しとして天野専一を画家の今川が姦通罪で訴えるように仕向け、新聞記事になったものの、ふみ子は専一を憎み切ることはできなかった。

　京子はさらに天野一族にも敵意を向けて追い打ちをかけた。新規事業はことごとく失敗し、さらには、大新聞に専一の秘密が暴露された。ちょうどその頃、ふみ子は新聞で南米ブラジルでの小学校教師を募集しているのを知り、移民を決意する。移民合宿所滞在期間中に会田京子が訪ねてきた。会田と結婚したものの、会田も専一と同じような男であった。その後、専一も日本に残るように説得に来たが、決心は揺るがなかった。

　ふみ子は横浜を出港して二日目、結核がかなり進んでいるにもかかわらず乗船し、喀血した。岸壁に立つ堤老夫婦に抱かれた文吉と、傍らの専一を幻にみて目を閉じた……。

　当時の映画解説や批評から映画の内容を推測すれば、甘い夢を見ていたふみ子が専一の子を宿し、狂乱して放浪の末淫売宿に渡され、そこから悪いポン引きによってインチキなレヴュー劇団に売られ、そこを逃れて道路工夫行造に救われて、トンネル長屋の一隅で分娩する。彼の純真な愛によって人の子の母となりふみ子は幸せであったが、自動車に轢かれ不具となり、ブラジルの叔父を頼って行く希望も消え、二人を残して自殺した。行造の葬儀を出すために媚を売る女になり、ある夜専一とは知らずに誘う。荒れ果てた部屋へ入ってふみ子と知って驚き、専一は自責の念に駆られた。

　サントス行の船の中でふみ子を追ってきた専一を見つける。ふみ子は苦労の末に体を蝕まれ、道半ばで倒れていったが、臨終間際に故国の全財産を苦しい労働者に提供する決意をしたことや、子供を成長させるのが自分の使命だと専一が語ったことを耳にしていった。

　原作では京子（吟子）の比重がかなりあり、京子とふみ子の対比や違

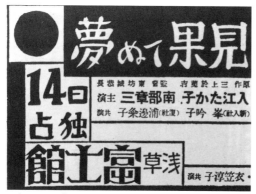

写真 4-1-3　『見果てぬ夢』広告（「東京朝日新聞」）

いが物語を成立させて進行している面もある。映画ではそのことについてはあまり触れていないようだ。むしろ、傾向映画の影響であろうか、ふみ子の陥った底辺の生活環境など、映画は上流階級よりも下層階級の生活に比重を置いて描いているように思える。

『キネマ旬報』の記事などでは、映画批評もヒロインの入江たか子、淫売宿の浦辺粂子や道路工夫の菅井一郎が評価を受けている。しかし、吟子は良くも悪くも何も書かれていない。道路工夫「行造」とのかかわりは原作には全く触れられておらず、原作から一歩も二歩も逸脱している。

【映画データ】

監督	東城坊恭長		助監督	末岡武郎		

キャスト　ふみ子＝入江たか子、お源＝浦辺粂子、京子＝峰吟子、ふみ子の母＝浜尾ぎん、天野専一＝南部章三、松本行造＝菅井一郎、秋山愁歩＝吉井康、和倉権吉＝竹村鉄二、円タク運転手＝杉山昌三久、毒眼健三＝大島屯

脚本	木村千疋男		
原作	三上於菟吉	撮影	内田靜一
製作	太秦撮影所（1930）　配給　日活　公開　1930.06.14		

モノクロ／スタンダードサイズ／ 12 巻／ 3460m ／ 126 分／無声

参考文献

『生誕 130 周年記念誌 三上於菟吉 再発見』三上於菟吉顕彰会、2021.02
『見果てぬ夢 長編三人全集 9』三上於菟吉、新潮社、S.05.11

写真 4-1-4
ふみ子・和倉権吉・毒眼健三

写真 4-1-5　天野専一・京子

写真 4-1-6
『見果てぬ夢』銚子座チラシ

『キネマ旬報』366、キネマ旬報社、S.05.05
『キネマ旬報』370、キネマ旬報社、S.05.07
『キネマ週報』14、キネマ週報社、S.05.05
「見果てぬ夢広告」東京朝日新聞、S.05.06.14

2　天国その日帰り

　原作及び脚本を担当した小林正（まさし）は、大正 12 年（1923）9 月の関東大震災を契機に京都日活大将軍撮影所二部（現代劇部）で脚本家として出発する。その後、松竹蒲田、日活太秦、松竹下加茂などを渡り歩き、数々の作品を残している。しかし、戦後まもなく 45 歳の若さで没している。残念であるが、あまり多くの資料は残されていない。小林に比べ、内田吐夢は後年映画界の巨匠といわれるようになり、吐夢にまつわる話は山のようにある。

「内田吐夢（常次郎）は岡山県立第一中学校に三年までは通学したらしい（中学を卒業、あるいは高等小学校を中退と書かれたものもある）。それ以降の学歴は不明だが、岡山を後にして横浜の西川楽器店に勤めることになる」

（岸松雄）

　その後の吐夢の評判はあまりよろしくない。

「近衛歩兵連隊に入隊するが、盲腸炎の疑いで入院。これが誤診だったらしく、突然現役免除を言い渡された。それ以降の吐夢は以前の吐夢ではなかった。仕事には身が入らず、ピアノ調律師として外へ仕事に出されると、プライベートの調律で稼いだ金で飲み歩き、ヤサグレトムは浜の愚連隊とも付き合いができ、仲間の符牒の一つも覚えて、女遊びもしていた。しかし、彼の人生を変える映画界入りのキッカケを与えたのは、谷崎潤一郎であった。吐夢は俳優から監督へ転身している。トムと仲間や同輩から呼ばれるようになったのはこの頃であり、それが後年映画界に入って吐夢となった次第である」

（岸松雄）

　内田吐夢の作風はどのようであったであろうか。島耕二は次のように回想している。

「阿部ジャッキー（豊）に輪をかけたようにバター臭い。…一言で言えばチャップリン崇拝。チャップリン型、あの人の喜劇作法は追っかける喜劇が多い。初期の内田映画の特徴は喜劇で、ハイカラで、スピードがあって、特に追っかけが多かった」

「栗原トーマスや徳永フランクというようなアメリカ帰りの監督の影響を受けたせいか、彼の作る喜劇はスピードがあって明朗で評判は良かったが、当人は喜劇を好いていなかった。できれば本格的な悲劇をやりたいと思っていた。ただ、喜劇というやつは、その笑いの陰に隠れて、いろいろと言いたいことを言える点で認めていた」　　　　　（島耕二）

『天国その日帰り』もバタバタ喜劇の様相を呈している。私の小学生時代（昭和35年頃）、テレビではよくフィルムの擦れ（使用回数が多いための起因）による"雨降り"の無声映画をよく見たものである。そのなかにはチャップリンやバスター・キートンなど無声映画初期の喜劇黄金時代の作品が多くあった。その動画は動きが速く、追っかけであり、『天国その日帰り』を見た瞬間、島耕二と同様の感じを持った。

　吐夢は終戦間際に渡満、満映に入ったのも束の間、終戦になる。戦後しばらく残留し、昭和28年に帰国する。その後も活躍の場を持ち、後年、彼は高い評価を受けている。

「日本の映画監督としては、珍しく骨の太い映像表現をする」（山口猛）

　映画の筋書きは『キネマ旬報』『糧友』に詳しい。

　午前6時、乗合自動車運転手が一斉に仕事に就く時である。朝比奈徳八もその一人であり、人一倍よく食い、よく眠る彼はいつも辛うじて出勤時間に間に合うか、遅刻するかである。徳八の運転するバスは、坦々たる国道を走る。車掌は河合きみ。しかし、徳八はきみに心惹かれはしないで、モダンガール・木下赤子（峰吟子）が好きである。赤子は毎日決まった時間に、徳八のバスに乗って都会へ通う。だが赤子には男がいる。猿丸三四郎という金のある人間を食い物にしているブローカーだ。

　恒例の春の園遊会が、乗合自動車会社社長の庭園で開かれる。招かれ

るのは従業員一同。そこで徳八は見事一等の賞品五十円の債券を引き当てる。それを質に入れていると当選し三千円の現金が手に入った、夢のような話である。「しめた！」とモダンガール赤子の男猿丸が赤子をダシにして出資させようとする。友達は大反対するが、ついフラフラと誘惑されてしまう。しかし、買わされたボロ会社の株がどうした加減か高騰して、徳八は一躍成金になり、それからというもの徳八は夢のような幸福が続いた。そして人間というものは、金ができると人格が下等になる。——という定理の如く、昔の仲の良い友達から離れていく。

　大勢の芸者でお大尽遊びをする。悪い仲間が取り巻いてくる。然る夜、きみが「理想アパート」の寄付を頼みに来るが、すぐ出金してやらなかった。芸者と外出した。火事が見えた。「火事を肴に一杯飲もう」なんて言ったが、それは自分の家だった。

　スッカラカンになると誰も相手にしてくれなくなった。金持ちの徳八ならチヤホヤしたが、貧乏人の彼に誰が味方をしてくれるであろうか。しかし、食うに困った時、救ってくれたのは、やはり元の仲間であった。そして「理想アパート」に引き取られた。その後、仲間の力で、徳八は円タクの運転手として、きみと手を取り合って、新しい人生へ一歩踏み出したのである。

　吐夢は大正15年（1926）日活に入社する。それまでの吐夢は数多くの体験をしている。入社当初は俳優を務め、昭和2年（1927）『競争三日間』で監督デビューする。大正11年（1922）マキノ教育映画で『噫小西巡査』を衣笠貞之助とともに俳優を兼ねて共同で監督している。実質『競争三日間』が吐夢の監督第一作目といってよいのではないか。『天国その日帰り』の公開は、吐夢の第一作目から3年5ケ月余り経過している。この間、吐夢は『生ける人形』や『汗』などの当時は傾向映画と言われる作品を撮っている。数多くコンビを組んだ脚本家の小林正は、洒落た感覚を持っており、このことは正面から傾向映画を作るのではなく、喜劇風の中から社会に訴えかけようとしていたのではなかったか。

当時の新聞広告（写真4-2-1）を見てみよう。

清涼満点！ナンセンス週間マンキゲキ（25日封切富士館）

本年度の問題映画・超スピード満喜劇（1日公開神田・上野・麻布日活館）

S.07.08.07付け「東京朝日」には7日から公開する牛込館の新聞広告が掲載されている。そこに書かれた主演は田村邦男、峰吟子の二名となっている。

映画の中で一部分ではあるが吟子を見ることができる。

(S.05.07.25)

(S.05.08.01)

写真 4-2-1　『天国その日帰り』新聞広告（「東京朝日新聞」）

公開映画の35mm フィルムからではなく、個人が所蔵していた縮小版の 9.5mm フィルムからの復元再生であり、現在 VHS 版『小津の"突貫小僧"が見つかった！』の中に付属する形で発売されている（写真4-2-2）。

VHS 版からこの作品の流れを追ってみることにする。

(1)　　映画タイトル『天国その日帰り』
(2)　　運転手朝比奈徳八（田村邦男）と車掌河合きみ（佐久間妙子）
(3)　　毎日バスに乗り込む木下赤子（峰吟子）と猿丸（三明凡太郎）
(4)　　徳八は運転中赤子に世話をしてもらっている空想をしている
(5) － (6)　毎年社長の庭園で開かれる園遊会
(7) － (10)　園遊会の景品一等五十円の債券が当選する

（11）−（12）債券を質屋に入れ、たらふく食べる

（13）　　　　　バス運転中に債権が三千円に当選するのを知る

（14）−（16）赤子や猿丸がボロ株に出資させる

（17）−（18）仲間に聞いて騙されたと思い株屋に乗り込む

（19）−（22）ボロ会社の株が急騰し一躍成金に、芸者をあげてお大尽遊
　　　　　　びをするがその最中に火事を見物する

（23）−（26）徳八のところの火事であった。ただ茫然としている

（27）−（29）元の仲間に助けられ「理想アパート」に引き取られた

（30）−（31）円タクの運転手としてきみと手を取り合って新しい人生へ
　　　　　　一歩踏み出した

写真 4-2-2　『天国その日帰り』

（1）　　　　　　　　　　　　　　　（2）

（3）　　　　　　　　　　　　　　　（4）

（5）　　　　　　　　　　　　　　　（6）

(7)　　　　　　　　　　　　　　（8）

(9)　　　　　　　　　　　　　　（10）

(11)　　　　　　　　　　　　　（12）

(13)　　　　　　　　　　　　　（14）

(15)　　　　　　　　　　　　　（16）

(17)

(18)

(19)

(20)

(21)

(22)

(23)

(24)

(25)

(26)

（27）

（28）

（29）

（30）

（31）

　「…意味を持たない内田吐夢趣味のメロドラマである。一介の運転手か
ら一躍大金持ちに成り上がり、またたちまち一文無しの貧乏人になり下
がるのだが、彼が経験する事件はみな夢の如き性質のものばかり…。興
行価値──メロドラマとしては面白いプロットだし、題名が良いから相
当の客は引き付け得る」　　　　　　　　（『キネマ旬報』375、S.05.08）

　「佐久間妙子と峰吟子を対比すると興がある。幸いどちらもうまく役ど
ころに詰めてもらったからよかったが、佐久間妙子がもう一端の腕と
なったに対し、峰吟子は未知数ながら相当の将来が約束されている。喜
劇に現れる女優位むつかしいものはない。但し彼女等二人先ず先ず及第
というところ。就中、峰は内田で生きた」　　　　　（「読売新聞」S.05.07.26）

写真 4-2-3 『キネマ旬報』広告

写真 4-2-4　徳八と赤子

写真 4-2-5　徳八ときみ

【映画データ】

監督	内田吐夢

キャスト　朝比奈徳八＝田村邦男、河合きみ＝佐久間妙子、木下赤子＝
　　　　　峰吟子、猿丸三四郎＝見明凡太郎、葛原陳平＝菅井一郎、河
　　　　　合老人＝川越一平、運転手Ａ＝赤星黙、運転手Ｂ＝三井泰三

脚本　　　小林正

原作　　　小林正　　　　　　撮影　　　松沢又男

製作　　　太秦撮影所（1932）　配給　　　日活

公開　　　1930.07.25

モノクロ／54分／スタンダードサイズ／6巻／1468m／無声

参考文献

『日本映画人伝』岸松雄、早川書房、S.28.05

『内田吐夢　映画監督五十年』内田吐夢、日本図書センター、1999.12

『聞書き　キネマの青春』岩本憲児／佐伯知紀、リブロポート、1988.11

『幻のキネマ　満映—甘粕正彦と活動屋群像』山口猛、平凡社、H. 元 .08

『満映　国策映画の諸相』胡昶／古泉、パンドラ、1999.09

『キネマ旬報』369、キネマ旬報社、S.05.06

『キネマ旬報』375、キネマ旬報社、S.05.08

『糧友』91、食糧協会、S.05.07

『私説　内田吐夢伝』鈴木尚之、岩波書店、2000.03

『小津の“突貫小僧”が見つかった！』VHS 版、ビクターエンタテインメント、H.06.02

「新映画評日活現代漫喜劇天国その日帰り」読売新聞、S.05.07.26

3　銀座セレナーデ

『銀座セレナーデ』は、同名の当時の流行歌から派生し、製作された映画である。現代の映画主題歌を内包したもので、昭和初期には主題歌は“映画小唄”、映画は“小唄映画”と呼ばれた。

　　　『銀座セレナーデ』西條八十（作詞）佐々紅華（作曲）　1930.05

　　　　１．移りゆく　今の流行(はやり)はあの銀座から

　　　　　　ショップガールの目元から　目元から

　　　　　　道理　道理　人通り

　　　　　　銀座　チャラチャラ　人通り

　　　　２．来(こ)ぬ人を　待てば目につく電光ニュース

　　　　　　末は涙で字が見えぬ　字が見えぬ

　　　　　　道理　道理　人通り

　　　　　　銀座　チャラチャラ　人通り

『銀座セレナーデ』から二年前に遡れば『当世銀座節』が出され、銀座の風景を現している。一番の歌詞を示せば、

　　　『当世銀座節』西條八十（作詞）中山晋平（作曲）　1928.07

　　　　１．銀座銀座と通う奴ァ馬鹿よ　帯の幅ほどある道を

　　　　　　セーラーズボンに引き眉毛　イートン断髪(クロップ)嬉しいね

　　　　　　スネークウッドを振りながら　ちょいと貸しましょ　左の手

　戦後昭和21年には、村雨まさを（作詞）服部良一（作曲）『銀座セレ
ナーデ』を藤山一郎が歌っている。

　"セレナーデ"とは夕べに恋人の窓下で奏でられる音楽、"銀座"はこ
の時代モボ・モガが闊歩する場所で、日本の尖端を行く街であり、ジャ
ズ、キネマ、断髪、短いスカート、セーラーパンツ、ダンス、スポーツ
…、これらがモダニズムの象徴であり"銀座"も日本の一つの象徴であ
る。銀座という地名（名称）は一大ブランド名であり、その名称を皆が
利用して全国各地に広がり、「○○銀座」「○○銀座通」と命名された商
店街が数多くあった。吟子の去った後の北方町でも"北方銀座"と称す
るところがあった。

「"銀座セレナーデ"で日活またトーキーに色目」　　（『キネマ週報』17）

　日活はこの映画作品の成績いかんに依っては、この種部分発声映画の
製作に本腰を入れるという。サイレントからトーキーへの転換の模索を
し、往年オペラで売っていた相良愛子と入江たか子が共に映画の中で映
画小唄『銀座セレナーデ』を歌い上げている。

「今（昭和5、6年頃）の銀座の客というのは大部分がデパートの客」

　　　　　　　　　　　　　　　　　　　　　　　　　　　　（『銀座細見』）

「東京のロケーションを甚だ手際よく纏めてあげた。その点は変な褒め

写真4-3-1　松屋呉服店

方だが先ず褒めておく。所が出来具合だ
が"銀座セレナーデ"、実は"松屋セレ
ナーデ"ともいうべき程、忠実に銀座の
松屋を舞台としている」

（「読売新聞」S.05.07.29）

「銀ブラ」なる言葉は大正4・5年頃、慶
應の学生たちの間から生まれた言葉だと
いうが、その人出は震災後に開業した松
坂屋（T.13）、松屋（T.14）、三越（S.05）
に吸い寄せられた。昭和5年（1930）映
画公開当時、銀座は百貨店の激戦区であ
り、この中でも松屋（写真4-3-1）は8階
建てで、当時としては高層建物で、さら
に巨大な吹き抜け（写真4-3-2）があり、絵
葉書で見る限りではあるが、壮大な規模
であったであろう。

写真4-3-2　松屋呉服店中央大ホール

　映画製作に当たって日活の事情（現代劇製作は京都を拠点としていた。
しかし、いずれ東京進出が不可欠であった）から松屋へ京都からロケ隊を
送り出して営業時間終了後に撮影を行い、松屋の多大な協力を得ている。
　映画の基となる原作から脚本を一人で立ち上げた長倉祐孝は、『冨士』
に"銀座セレナーデ（映画物語）"を寄稿している。映画公開と同時期の
発売であり、映画内容と同等とみてよいであろう。ただし、吟子が演じ
た久我薔子（しょうこ）の役柄は全く不明であり、『キネマ旬報』"日本映画批評欄"
や「読売新聞」"新映画評"を確認しても吟子の名前は出ているが、何
を演じたかは不明である。
「題名の軽快なること、流行小唄を主題歌としていること、入江たか子、
市川春江、峰吟子の出演等、豊かなドローイングパワーを有している」

（『キネマ旬報』374）

「……俳優の出来は入江・相良・沖・菅井の駒で、幸いに峰吟子がここ

でも一寸目立っている」 （「読売新聞」S.05.07.29）

これだけの手掛かりしか残されていない。

ところは東京銀座雑踏の中、百貨店松屋の女店員森下順子は親亡き後、妹晶子を人並みの教育と生活の自由を与えようと働き、金持ちや貴族の令嬢などが通う学校である桜花学院に通わせていた。順子には平井という写真材料店で働く店員の恋人があり、晶子には野村という金満家の一人息子で、気まぐれにお抱え運転手をしている恋人がいる。

ある日、晶子はピクニックに出かけるのにコダック（写真機）が必要と姉にねだり、順子は平井に借りることにする。ピクニックに出かけた海岸は要塞地帯であり、巡回の警官に写真機を取り上げられてしまう。どうしようかと途方に暮れているときに野村の乗った自家用車が止まり、その後、立派な邸宅に行くことになる。

順子は晶子に「写真機は？」と尋ねると、「機械のまま現像に出した」と嘘を言い、平井に写真機のことを弁明すれば「いつでもいい」と言われる。その後、平井の店で晶子が取り上げられた同型を野村が購入し、返却している。

ある夜、順子と平井がサロンに入れば晶子と野村がいるではないか。急いで帰宅すれば桜花学院から「晶子さんはこの頃欠席のようでどうしたのか」と主事が訪ねてきた。毎日学校へ行っているはずなのに。さらに、サーベルを持った巡査が「森下晶子さんはこちらですか。ちょっと署まで出頭するように」と尋ねてくる。

「怪しげな青年紳士と仲の良い妹」、「写真機の紛失」、「学校を欠席」、「警察への出頭」、嘘を繕う妹に順子は怒りの言葉を発した。

「出ていらっしゃい。あたしはそんな妹を持っていない。……私はこんな妹を教育してやっている愚か者だとは今の今まで知らなかった。今日から私の妹とは言ってもらいますまい。さあ出ていらっしゃい」。姉の言葉は興奮のあまり震えていた。

晶子の姿は惨めなものだった。「姉さん私が悪かったのよ。私ばかりが贅沢な学校へ入っていたのが悪かったです。私も姉さんの様に街頭に出

て働きます。許してください」

　警察に出頭すれば要塞地帯を撮影したのを咎められただけで、写真機は返してもらえた。

　嘘の多い大都会、晶子は知らず知らずのうちに誘惑に乗っていた。悪いと気付き、改めればそれでよい。順子の怒りも消えていった。

　こうした物語が夜昼の銀座に繰り返されていくであろう。

　映画の題名から内容を見るとき、あまり肩肘を張らずに小唄の歌詞 "銀座チャラチャラ人通り" のように軽く受け止めればよいのであろう。

写真 4-3-3 　『銀座セレナーデ』 1

写真 4-3-4 　『銀座セレナーデ』 2

【映画データ】

監督　　　長倉祐孝

キャスト　森下順子＝相良愛子、晶子＝入江たか子、野村（運転手）＝菅井一郎、平井＝沖悦二、花売娘春ちゃん＝市川春代、野村の父＝土井平太郎、久我薔子＝峰吟子、銀座ボーイ＝田中春男、同＝竹久新

脚本　　　長倉祐孝

原作　　　長倉祐孝　　　　　　撮影　　　青島順一郎

製作　　　太秦撮影所（1930）　配給　　　日活
公開　　　1930.08.01
モノクロ／スタンダードサイズ／8巻／2268m／無声

参考文献

『キネマ週報』17、キネマ週報社、S.05.06
「新映画評銀座セレナーデ」読売新聞、S.05.07.29
『銀座細見』安藤更生、春陽堂、S.06.02
『キネマ旬報』371、キネマ旬報社、S.05.07
『キネマ旬報』374、キネマ旬報社、S.05.08
『冨士』3（8）、大日本雄弁会講談社、S.05.08

4　この太陽（第一篇 蘭子の巻・第二篇 多美枝の巻・第三篇 曉子の巻）

　原作者の本名は長谷川海太郎、三つのペンネームを持ち、超人的な執筆活動がたたり、若くして亡くなっている。函館中学中退後18歳から24歳までアメリカで暮らし、谷譲次は実話物語・メリケンジャップ物、牧逸馬はミステリー・家庭恋愛通俗小説、林不忘は時代小説と多彩な活動で、膨大な作品を残している。

『この太陽』（写真4-4-1）は「東京日日」、「大阪毎日新聞」朝刊昭和5年1月1日から8月9日まで林唯一の挿絵で219回の連載読み物として掲載された。『毎日新聞七十年』には「各方面の話題をさらった」と書かれ、具体的なことはわからないものの、大いに人気があったのだろう。当時牧はメキメキと売り出し、一流作家以上の原稿料をもらっていた。アメリカ暮らしからの習慣であったのか、契約書の作成要求や、原稿料の振込みは庶民には全く縁のない横浜正金銀行東京支店を利用していた。しかし、あれだけ忙しい中でも原稿提出の遅れは無かったとか。締切日が翌日であり、ペンを持ったまま執筆中に亡くなっている。幼い時からの喘息発作が原因であった。菊池寛は牧とは一度挨拶しただけであったが「…今死んだのでは、何と言っても、同君の敗である。しかし、

同君が死んだので、ジャーナリズムが作家に無理な仕事をさせなくなるとすれば、我々に取っては一つの救いである」と書いている。35歳の死であった。

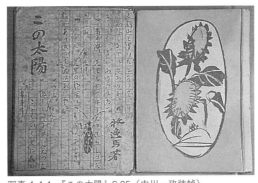

写真 4-4-1 『この太陽』S.05（中川一政装幀）

この物語は暁子と蘭子が三越で久しぶりに会ったことから始まる（写真 4-4-2）。山内暁子の家族は母常子と弟春樹の三人、許嫁の中根元雄は東大卒の法学士、今は父の東洋商事に勤めている。ある日元雄の母孝子はこの婚約の破棄を伝えに来た。暁子の父は大蔵官僚から実業界に転じ、成功を収めていた。この頃元雄の父中根謙介は暁子の父と同郷

写真 4-4-2 蘭子と暁子（三越で）

であり、援助を受けて東洋商事を興した。その後、謙介の事業は順調に伸びていったが、暁子の父は亡くなり、山内家は没落していった。以前、両家の親の間で、二人を一緒にする約束がされていた。しかし今では両家の地位は逆転していた。中根の両親は元雄を共立電力の娘でフランス帰りの皆川多美枝と結び付けようとしていたのだ。元雄は以前から洋行したいと言っていたが、結婚の先延ばしがその理由であり、二人は結婚のことは考えていなかった。中根家で晩餐会が開かれた。なぜか暁子も招待され、多美枝や杉山喬太郎、喜多礼蔵も参加していた。杉山は法医学教室に在籍、博士論文を執筆中であり、喜多は中根家の家庭教師を務めていた。多美枝は杉山と初対面であるにもかかわらず、その後度々杉

山の下宿を訪ねることになる。中根謙介はブラジル奥地の耕地を購入し、移民を入植させる事業を皆川と提携して進めるために、元雄と多美枝の結婚を進めていた。暁子には金子から喜多を結婚相手にする話を進めていた。金子は暁子の父の弟で、外務省欧米局長を務めていた。その後暁子は一度会いたいと速達を出して東京駅で会い、二人は暁子の用意した切符で鎌倉へ駆け落ちする。暁子は「あたくし、あなたとなら幸福な結婚生活ができると信じていますし、あなたもあたくしとだったら、きっと幸福におなりになると信じています。ですから何でもする気になっているんですわ」と話す。二人は金銭的に苦しくなり、元雄の母も病気になり、その新聞広告を見て東京に帰る決心をする。電話では謙介に許されたものと思っていたが、帰ってみれば別れさせられてしまった。暁子が自宅に戻った翌朝、謙介が訪ねてきて元雄に洋行させると伝えた。

　駿河台岸病院岸徹の嫁蘭子は暁子の父の長兄の妾腹で、暁子と従姉であった。岸と14歳も離れ、6歳になる幹夫がいた。二人は溝の深い結婚生活を送り、診察日以外ほとんど第二夫人のような保子の家に泊まっていた。岸と保子の間には5歳になる久子がいた。暁子は突然蘭子を訪問、また、優柔不断な元雄は杉山を訪ね、それぞれが二人の関係打開の相談をしていた。杉山からは「結婚前に一緒に逃げておきながら、今になって親たちが邪魔をするから、どうしたらいいか苦しんでるなんて、そんな蟲のいい苦しみってあるもんか」と言われる。その頃、多美枝はいくら断っても杉山のところへ何だかんだと言ってやってくるが、杉山が心の中で暁子に対する思いの葛藤があることを読み取っていた。

　蘭子は二人の相談に乗るからと言って会う。それから4、5日経って、今暁子がいるからと、元雄を自宅に呼び寄せ「たまには、あたくしにも暁子さんの代わりをさせていただきたいわ」と意味有り気なことを言う。元雄の頭の中にもこの言葉は残っていた。蘭子のところへ出入りしているニューヨークの建築技師白井を使って、元雄をナイトクラブへ呼び出した。その帰り、蘭子は寝室に元雄を誘っていた。

　暁子は散歩の途中で杉山に会い、弟春樹の高等学校受験の家庭教師を

頼む。杉山の部屋には犬丸老人も押しかけ、塾と化していた。そこへ多美枝が現れ、二人が帰ってから「…ねえ杉山さん、あたしこんなにあなたを──」「ねえ、あたしと結婚して下さらない?」しかし多美枝は断られた。

写真 4-4-3　多美枝と杉山

　暁子は蘭子に一任し、うまくまとまることを信じて快活になっていたが、元雄は自責の念が一杯であった。しかし時間が経つにつれて暁子のことを忘れ、蘭子に惹かれていった。暁子が元雄に電話した時、相手を間違えて話し出し、何かおかしいと感じた。風向きが変わり、中根謙介は暁子と元雄の結婚を許すことにした。このことは蘭子が力添えをしたことによるものと思い、蘭子のところへ行く。そこで見た狂態は暁子に衝撃を与え、何も言わずに立ち去った。蘭子が仕組んだのであった。

　多美枝は杉山のことが忘れられない。兄浩一郎を使って再度結婚を申し込むが、やはり断られた。英語を操る暁子は帝国ホテル内の本売り場で働いていた。そこへ多美枝の兄浩一郎が来て、盲腸を拗らした多美枝が死にかかって、暁子に会いたいと言っていると。多美枝は暁子を見るとにっこり笑って「杉山さんと結婚して下さらない?」。杉山にも連絡があり、「ね、一言いって、愛すると──」そういって世を去った。

　ホテル宿泊のアメリカ人パタスンは、夫人の介添えを暁子に頼んだ。彼らの知り合い白井は嫁探しに日本へ帰国し、暁子と知り合うが蘭子とも知り合いであり、素性は良くなく、結婚の申込みは断った。中根家では元雄と蘭子の関係を知り、謙介は元雄を家から追い出すという。帝国劇場で開かれたオペラに元雄と蘭子、杉山は春樹と来ていた。杉山は元雄を乱打した。これを見ていた蘭子はたくましい杉山にも触手を伸ばそ

うとするが、春樹の前で追い立てられてしまう。杉山は暁子が自分に関心を向けていないことを感じ取り、熊本の両親の勧める縁談に承諾する手紙を書いた。その手紙は春樹が投函しようと外出したが、書いた内容に後悔が起きてきた。その時、外でトラックが人を撥ねた。それは春樹であり、杉山の応急処置で大事に至らず、暁子の家へ運び、その後、春樹の見舞いに毎日来ていた。ある日、春樹の上着から手紙が落ちた。杉山が熊本の父君平に宛てた手紙であり、郷里の佐伯信子との縁談を承諾するものだった。投函されず、封が剥がれていたので、そっと読むうちに暁子の顔は微笑みから凍りついていき、金子や犬丸の持ってきた外務省の若き外交官高曽我部との縁談を受けてしまった。高曽我部はイタリアから一時帰国して嫁探しに来ていたが、日米信託奈良氏の家に寄寓し、暁子は4人目の見合い相手で、しかも、高曽我部も身持ちが悪かった。

　君平が信子を連れて上京することになった。君平が説得に来たのだ。杉山はこの縁談を断り続け、最後に出した手紙には承諾すると書いたが、その手紙は春樹の事故で届いていなかった。しばらくして二人は熊本に帰り、なぜか杉山の胸には安堵感が広がっていた。

　蘭子は元雄と上海行を計画、一生帰らないと決心する元雄に対して、子供のような元雄と夫婦生活をしようとは全く思っていない。ある晩犬丸のところへ元雄が訪ね、借金があるという。犬丸は肩代わりの交換条件として、謙介に会うよう提案した。金を手にしても父に会わず、相変わらず蘭子と使っていた。謙介にはいろいろな問題が持ち上がり、元雄のことは無論、東亜製麻株主訴訟問題も抱えていた。日東通信社柏倉専造は岸が姦通罪の手続きを取ることを新聞ネタにすると言って金をたかりに来た。その後、犬丸は元雄と蘭子を引き離すことを柏倉に頼み、岸を脅した。脅された岸は蘭子に真剣に向き合い、間違いが起きる前に手を切った方がよいと忠告する。

　上海行の当日蘭子は元雄に「もう何も言わなくてもお解りでございますわね。あたくし、あなたを愛しておりませんの。初めから愛してなんかいなかったんですわ」と伝えた。しかし、心から出た言葉ではなかっ

たが、すべてが元雄と暁子を引き離すための悪戯と謀計であったことに気付く。蘭子はもう次の男を物色しようと電話していた。背後に元雄がいることに気付かずに。驚いた蘭子は受話器を落とし、それを拾って元雄は一撃を加え、動かない蘭子を見て立ち去った。

暁子は高曾我部との結婚式を午前中に挙げ、午後パリに向けて出港することになった。船上の人となった暁子は見送り人の中から杉山

写真 4-4-4 『この太陽第一篇』映画チラシ（表・裏）

を見つけ出し、その呼び声をはっきり聞いた。最後の見送り人たちが解纜間際に下船する際に紛れ込み、岸壁に逃れ降りて立っていた。長い岸壁を歩き、街に出てタクシーを拾うと暁子の家へ行くように命じた。「あら、あたくし――」「いいです。僕に任せて下さい」、「あたくし、あの、一生懸命でしたの――」「いいです。解ってます」、「もうお船から、きっと無電が行っていますわね。母や犬丸の小父様など、どんなに――」「いいです。僕に任せておいて下さい」。杉山の口許がかすかに笑った。

こうして物語はモンスターと言われるくらいの忙しさの中にあった牧逸馬によって完結されたが、素顔はむしろ"恥じらいの心"を持つ孤独の人として多くの読者に記憶されている。

151

写真 4-4-5 『この太陽第二篇』映画チラシ

写真 4-4-6 『この太陽第三篇』映画チラシ

この作品の脚本は監督村田実が兼ねている。三篇に分かれた映画の副題は新聞広告や雑誌広告に記載され、村田の脚本の特色が出ている可能性もある。

第一篇蘭子の巻結婚戦線（婚約）篇・第二篇多美枝の巻職業戦線（生活）篇・第三篇暁子の巻恋愛戦線（恋愛）篇に分かれている。

第一篇は、蘭子が元雄を暁子から奪って行ったところで終わっている。

第二篇は、杉山を思い続けている多美枝が突然の病によって亡くなった。暁子の心は次第に杉山に動いていったが、会う機会がなく、外交官高曽我部に嫁ぐことになったところまでである。

第三篇は、元雄は暁子が結婚することを知って自暴自棄になり、蘭子に恨みを抱き射殺、自ら死を選んだ。副題は映画とはあまり関係なく、原作との大きな相違点は"蘭子の射殺"と"元雄の自死"の二点である。

後年昭和29年（1954）、杉山を演じた小杉勇は東映の監督となって『この太陽』を再映画化した。この時、吟子は小杉に「蘭子の母親での出演要請」を受けたという。この映画は130分のモノクロであり、1月9日に公開されている。キャストは（山内暁子）島崎雪子、（杉山喬太郎）

写真 4-4-7　蘭子と暁子

若原雅夫、（中根元雄）船山汎、（皆川
多美枝）角梨枝子、（岸蘭子）村田知栄
子などであった。

写真 4-4-8　蘭子（峰吟子）

【映画データ】

監督	村田実
助監督	山下元、水江龍一
キャスト	山内暁子＝夏川静江、杉山喬太郎＝小杉勇、中根元雄＝島耕二、皆川多美枝＝入江たか子、岸蘭子＝峰吟子、中根譲介＝高木永二、犬丸老人＝三枡豊、中根孝子＝新井みき、皆川浩一郎＝竹久新、山内春樹＝磯川金之助、山内常子＝牧きみ子、高曽我部＝佐藤円治、白井＝村田宏寿、
脚本	村田実
原作	牧逸馬　　　撮影　青島順一郎　　　美術　榎本寅蔵
製作	太秦撮影所（1930）　配給　日活
公開	1930.09.12（第一篇）1930.09.19（第二篇）1930.09.26（第三篇）

モノクロ／スタンダードサイズ／ 10 巻／ 3206m ／ 117 分／無声（第一篇）
　　　　　　　　　　　　　　　／ 6 巻／ 1374m ／ 50 分／無声（第二篇）
　　　　　　　　　　　　　　　／ 10 巻／ 2423m ／ 88 分／無声（第三篇）

参考文献

『大衆文学夜話』岡田貞三郎、青蛙房、S.46.02
『大衆文芸地図　虚構の中にみる夢と真実』尾崎秀樹、桃源社、S.44.09
『毎日新聞七十年』毎日新聞社、S.27.02
『この太陽』牧逸馬、中央公論社、S.05.09
『キネマ旬報』375、キネマ旬報社、S.05.08
『キネマ旬報』379、キネマ旬報社、S.05.10
『キネマ旬報』381、キネマ旬報社、S.05.10

5　新東京行進曲

『新東京行進曲』は昭和4年（1929）5月に公開された『東京行進曲』
とは製作の趣旨などが大きく違っている。『東京行進曲』は当時の売
れっ子作家であった菊池寛が、雑誌『キング』に書き下ろした作品
（1928.06 ～ 1929.10）であり、『赤い白鳥』に続いて連載されたもので、
出版元である大日本雄弁会講談社は菊池に破格の原稿料を支払っていた。
『新東京行進曲』は小林正が原作・脚本を担当している。吟子が出演し
た『天国その日帰り』も小林が担当している。『新東京行進曲』の全容
は資料がないため不明であり、『キネマ旬報』、「神楽坂ニュース」や
「東京朝日新聞」の全文及び一部分を掲載して思いを馳せることとする。

　新劇では生きていけない女優美智子と舞台設計に興味を持っている建
築家須田健一が愛し合って、一緒に生活することから苦労が始まった。
そして二人が生きていくために、どういう道をとらねばならなかったか。
銀座、その大通り（写真 4-5-1）を囲んでいる幾筋かの裏通り、そこに
はネオンサインに彩られたバーとカフェーの軒続きである。
「この一つのバー "O・K"、大阪のさる商人の二号やす子が采配してい
るバー、そこの人気者ミチミ（峰吟子）、その女を取り巻く若い男の一
人相馬新三郎、彼は親父がこっそり開いているバーとは知らずに紙幣ビ
ラを切っている。其処へもう一人生きるために飛び込んできた美智子、
さて人物がそろってどうなったか」　　　　　　　　（『キネマ旬報』376）

「仮面、マスク、都会に住む人間は仮面づくりの名人である。仮面をかぶっていても人間には血が通っている。心臓が鼓動している。仮面をかぶるときは舞台で踊っている人形だが仮面をはいた容顔こそ憔悴した蒼白い顔である。仮面をかぶった人達はおどけた喜劇を演ずるけれども、仮面一重隔てた顔は自分たちの踊りを傍観して心から笑っていられるだろうか。ひん曲げられた笑顔。痛ましくも登場人物の顔の底にいつまでも陰影がつけられているんだ。……」（「日活神楽坂ニュース」S.05.10.10）

「……原作の天才的な若い建築家が“東京ホテル”（？）の設計の懸賞に当選して、生活苦のためにばらばらになりそうになった恋人との生活が、新しく立て直されるというありきたりの結末が劇の背後におしやられているところがいい。カフェーでの男女の入り乱れた関係も、フィルムの進展につれて巧みにほぐされてゆく。テンポ好調。俳優指導法も手に行っている。ただし最初のシーンは少し思わせぶりが鼻についてよくなかった。俳優はみないいが、ただ峰吟子と言う大根には弱った。まとまりのいい佳篇、監督者と共に脚色者撮影者の功も尠からず」

（『キネマ旬報』383）

　いつものように『キネマ旬報』は吟子に対して辛辣な批評をしている。北川冬彦が書いた批評であるが、本当にそうであるならば映画監督は吟子を出演させているだろうか。もう一つの批評と比べると面白い。『キネマ旬報』の批評は独り善がりであり、専門家ぶったところが大いにあ

写真 4-5-1　銀座大通り（街路樹として柳が植えられたころ）

写真 4-5-2 　『新東京行進曲』読売新聞（S.05.10.03）

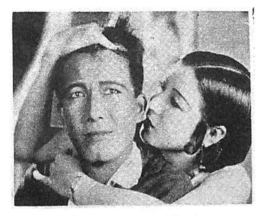

写真 4-5-3 　『新東京行進曲』 大日方傳と吟子

るように思えてならない。

「ノッケに雨の夜の窓辺が出る。むせび泣く浜口富士子の後ろ髪が現れる。カメラが後退して老人が視野に出てくる。"後で辛い別れをするよりは留守の間に出ていきますわ"と女が言う。"息の身の上ばかりを案じる田舎の頑固親父の気持ちに同情してくれ"と老人が言う。——『新東京行進曲』全篇を支配するものは実にこのスマートな調子である。前作"銀座セレナーデ"にさらされたテクニック過重論者としての監督長倉祐孝氏が鮮やかな転身をここに示したワケである。もちろん小林正の脚色そのものも優れてはいる。字幕文のシャレている事や省略の巧みな事は氏のものとしては別段の不思議はないかも知れぬが、一つのバーO・Kを中心にして前記の浜口の美枝子、朋輩ミチミ（吟子）、その恋人新三郎、その父三平、その"第二号"であると同時にバーの持ち主でもあるやす子等の数人を巧妙に、実に巧妙に組み合わせて躍らせる手腕は正に敬服ものだ。

とはいえ今度の長倉氏はどのみち褒めて差し支えはない。バーで峰吟子のミチミがメチャメチャに踊る場面などはちょっと壮観でさえある。

峰吟子と言えばこの人の持ち味は段々と濃厚になって来た。アクド過ぎるメイクアップを避けさえすれば大成の日は間近かろう。浜口富士子、

相良愛子（やす子）は平凡、一木禮二の新三郎の無気力さは大日方傳の
しぶさと面白い対照をなし、谷幹一（三平）があくまで洒脱な芸に終始
する。最後に酷いのはセットの依然たる（！）汚さ加減だ」

映画主題歌は『東京行進曲』と同じ作詞作曲者であり、四家文子が歌
う。

『新東京行進曲』西條八十（作詞）中山晋平（作曲）　1930.08

1．ネオンサインについ誘われて
　　今日も銀座のアスファルト
　　逢えば悩まし逢わねば悲し
　　恋と思案のカクテール

2．恋の東京幹線道路
　　会って別れる交差点
　　右が一号左が二号　通るあの妓もまた二号

3．名さえ賑わしあの神楽坂
　　今宵寅昆沙人の波

写真 4-5-4　『新東京行進曲』（「旬報グラフィック」から）
右から相良愛子　峰吟子　浜口富士子

写真 4-5-5
『新東京行進曲』　ハーモニカ楽譜

可愛い雛妓と袖すり交わしや

　　買った植木の花が散る

４．昨日チャンバラ今日エロレヴュー

　　モダン淺草ナンセンス

　　ジャズが渦巻くあの曲線美

　　投げるイットで日が暮れる

　大日方傳は『新東京行進曲』を須田健一役で売り出し、その後、『僕には恋人があります』（S.06.02 公開）を撮り終えてから間もなくしてスキー事故を起こし、再起不能と言われた。「大日方傳は一月中に左膝を挫いてから姿を消すこととなったが、……効なく今度膝の節の切断手術を受けたので左足はただブラブラになり俳優を断念することになったが、シナリオを書くか或いは専門の園芸方面に進むことになった」

（「読売新聞」S.06.02.18）

　新聞記事は大げさである。日活社内にスキー禁止令が出されたのは事実であるが、大日方はその後も活躍して大成している。

　大日方の相手役美智子を演じた浜口富士子は、その後吟子が出演した『新婚超特急』（1931）で島耕二と夫婦役で

写真 4-5-6　『新東京行進曲』

写真 4-5-7　『新東京行進曲』

右　大日方傳　　左　浜口富士子

出演し、華々しく活躍した女優である。昭和5年7月日活太秦に入社し、その後昭和10年（1935）7月26歳で結核に斃れた。

　撮影所内で42年間髪結いを務めた伊奈もとは、女優本人の性格やその後の辿った人生を『髪と女優』に書き著している。その中で、「悲惨な死　浜口富士子」として10ページにもおよぶ文章を書いている。よほどインパクトがあったのであろう。さらに『日本映画俳優全集』のなかで盛内政志も、浜口富士子を「佳人薄命を地でゆくような生涯であった」と述べている。

【映画データ】

監督　　　長倉祐孝

キャスト　須田健一＝大日方傳、須田美智子＝浜口富士子、ミチミ＝峰吟子、相馬三平＝谷幹一、相馬新三郎＝一木禮二、やす子＝相良愛子

脚本　　　小林正

原作　　　小林正　　　　　　撮影　　　気賀靖吾

製作　　　太秦撮影所（1930）　配給　　　日活

公開　　　1930.10.03

モノクロ／55分／スタンダードサイズ／8巻／1501m／サイレント

参考文献

『キネマ旬報』376、キネマ旬報社、S.05.09

「日活神楽坂ニュース」第5号、神楽坂日活館、S.05.10.10

『キネマ旬報』383、キネマ旬報社、S.05.11

「新映画評"新東京行進曲"」東京朝日新聞、S.05.10.05

「大日方傳俳優断念手術から左足駄目になる」読売新聞、S.06.02.18

『髪と女優』伊奈もと、日本週報社、S.36.01

『日本映画俳優全集 女優篇』キネマ旬報社、1980.12

6　続金色夜叉（前篇・後篇）

『金色夜叉』の原作者は尾崎紅葉。私は中学二年生の歴史で習っている。吟子が出演した映画『続金色夜叉』の原作者は長田幹彦。私も含めて長田幹彦の名前を知っている人はほとんどいないだろう。長田の作品は、言わば紅葉の続編であり、まず紅葉から入っていこう。

『金色夜叉』は明治30年（1897）1月元旦から「読売新聞」に掲載され、"前篇"は約2ケ月連載（2月23日から休載）。"後編"は9月5日から2ケ月連載するが、その後は途切れ途切れ。31年からは"続金色夜叉"を書くものの、2ケ月半でまた休載。32年は『続々金色夜叉』として3ケ月掲載。33年には8ケ月の間隔をおいて『続々金色夜叉』の続きが現れ、34年にわたって4ケ月連載。35年には『続々金色夜叉』続編を1ケ月連載するものの、紅葉が倒れて未完のまま掲載中止となる。

　紅葉の死後、未完の物語を収拾しようと現れた代表的な作家の一人が長田幹彦であった。他にも紅葉門下の小栗風葉が『金色夜叉終編』（写真4-6-1）を著している。

　この未完の物語については、今日でも文学者、研究者によって様々な研究がなされている。また、人気があったことにより、恋愛論などにまで派生している。

写真4-6-1　小栗『金色夜叉終編』函と挿絵（お宮）

　長田幹彦の『続金色夜叉』を語るには、物語の前提となる『金色夜叉』の大筋を理解する必要がある。以下にざっと紹介しよう。

　富山唯継は新年カルタ会に興じたわけでなく、嫁選びを目的にして宮を見染める。間貫一は身寄

りなく、鳴沢隆三の家に寄寓し、娘の宮と相思相愛であった。ある日、宮は熱海へ湯治に行き、宮の居ない間に、隆三から宮を他に嫁がせる代わりに貫一に家督を譲り、欧州へ留学させると言われる。ダイヤモンドをひけらかす富山銀行重平の子息唯継に心変わりしたのだ。貫一は宮の心を確かめようと会いに来て"婿に不足か、金持と縁を組みたいのか"と詰問し、「鳴、宮さんこうして二人が一緒にいるのも今夜ぎりだ。…一生を通して僕は今月今夜を忘れん。…一月の十七日だ。…僕の涙で必ず月は曇らして見せるから。…月が雲ったら、宮さん、貫一は何処かでお前を恨んで、今夜のように泣いていると思ってくれ」と言って宮を足蹴にする（写真4-6-2）。

　4年が過ぎた。貫一は鰐淵直行の許で手代となっていた。過ぎ去った年月は、同窓の荒尾譲介を愛知県参事官にしていた。寛一は"美人クリーム"と呼ばれた女高利貸赤樫満枝（続金色夜叉の峰吟子）と顔見知りで、満枝が交際を迫るものの一向に相手にしなかった（*美人クリーム　高利貸の意　〈高利貸〉と〈氷菓子〉をかけた隠語）。鰐淵の妻お峯は直行と満枝の仲を疑い、貫一に田鶴見子爵のところへ行って、確認するように頼む。富山唯継も田鶴見のところへ宮と一緒に来ていた。そして、貫一と宮は逢ってしまった。「宮なるよ！姦婦なるよ！…」と驚き、怒り、足早に立去った。同窓の遊佐良橘は鰐淵から三百円借りている。

減額するよう頼まれたが、貫一は譲らず、蒲田に抑え付けられてしぶしぶ退散する。赤樫邸で用談が終わり、貫一と満枝は一緒に歩き、満枝と別れて一人になった時、二人の暴漢に襲われた。

　貫一は大学医院に入院する。しかし、新聞は鰐

写真4-6-2　熱海の海岸　貫一お宮

淵直行が暴漢に襲われたと書き、それを見た鰐淵の息子学者の直道は家に帰り、父に高利貸を辞めるよう説得する。「阿父さん、度々言う事ですが、もう金貸は廃めて下さいな」しかし聞き入れない。この頃、宮は、「実に寛一に別れてより、初めて己の如何ばかり彼に恋せしかをしりけるなり」初児は男子であったが3ヶ月で死亡し、その後唯継の子は産まないと心に誓う。鴫沢夫婦は宮とは違い、貫一の失踪に余り罪の意識はなさそうであった。「…如何になんだって、余り寛一の仕打が憎いって、…」「寛一が余り身の程を知らな過るよ」入院中の貫一の許には赤樫満枝が寄り添おうとして言寄っても撥ねつける。病室に満枝がいる時、鴫沢がやってきたが、冷たいあしらいをしていた。ある強風の晩、気の狂った老女に鰐淵の家が放火され、直行と妻お峯は焼死する。知らせを聞き、貫一は旅行中であった直道と焼け跡に駆け付け、直道から父に関する財産一切を貫一に譲るといわれた。

　宮が乗った俥は、愛知県参事官になったはずの荒尾譲介と接触、こうして再会し、荒尾に私が悪かったことを謝りたいから間に入ってくれるように頼む。荒尾は恩人であった岐阜民主党大舘朔郎（おおだてさくろう）の選挙で失敗、高利を赤樫から借りていた。貫一は千葉へ所用に出かけるが、汽車に乗り遅れて駅前の休憩所に入る。そこで、隣室から聞こえる声は鰐淵の家に火を付けた老女の息子と連れの女であり、男は高利貸の罠に掛かり、無実の罪に落ちた飽浦（あくら）雅之であった。雅之は、二人の結婚は肩身を狭くするから辞めるという。しかし、女鈴は男と一緒に狭くなりたいと言い、貫一はこの会話を聞いて胸を熱くする。ある日、宮と満枝は鉢合わせする。満枝は貫一に纏わり付くのを咎められるものの、「自分の好いた方に惚れて騒ぐ分は、一向差支の無い独身も同じので御座います」と言う。「喉に刀を貫き、自害する宮。その後を追う寛一。来世で夫婦になる」貫一の夢であった。

　貫一は大口貸付の件で塩原温泉清琴楼に出向く。宿には貫一の他一名、その後、連れの女が来る。彼らが酒に毒を入れて心中しようとした時、それまで聞き耳を立てていた貫一は止めに入り、弁護士と称して話を聞

き、役に立ちたいと言う。二人は紙問屋幸菱の支配人狭山元輔と新橋柏屋の愛子（お静）であった。狭山は店の金を使い込み、主人に知れると、主人の家内の姪と結婚すれば使い込みは不問にすると。しかし、その気になれず、使い込みを弁償するか、それが不可であれば告訴すると言われている。お静は強欲な養母から富山唯継に身請けされよと、狭山とも縁切りするように言われていた。身請け話の原因の一端は宮にも在るらしい。「…あの人の言い分では、その妻君は、始終寝ているも同様の病人で、子供は無し、用には立たず、有っても無いも同然だから、その内に隠居でもさせて、私を内へ入れてやるからと…」二人に向かって寛一は「…今は死ぬところではない、死ぬには及びません、三千円や四千円の事なら、私が為して上げます」

　貫一は狭山とお静を東京に連れ帰り、一緒に住むことになる。お静の献身によって如何ばかりかの心の変化から、見ようとしなかった宮からの詫び状を開封する。貫一はお静に「一体男と女では、だね、どっちが情会が深い者だろうか」と問いかけ、お静は女と答え、さらに「…一概に女と云ったって、一つは齢に在るので御座いますね」「…女の惚れるには、見惚に、気惚に、底惚と、こう三様有って、…」と言う。宮の心変わりを齢のせいにするのか。ある日、宮から届いた手紙は日ごとに体調悪く、死を願った哀れなものであった。

　紅葉の『金色夜叉』（写真4-6-3）は未完のままここで終わっている。明治42年（1909）紅葉の死から6年後、門下の小栗風葉『金色夜叉終編』の内容も以下に挙げる。

　宮からの後悔を書き綴った手紙から推測すれば、死か、狂かである。貫一は狭山夫婦に紙商売の資金を出し、手代柏井を知る。この頃荒尾は高利貸を辞めよと言い、鰐淵も加わって説得する。貫一は辞める決意をして、商売の資金を鰐淵直道の地学協会奨学金にして、さらに岐阜へ行き、大舘を訪ねて赤樫に返済できるように手配した。宮は小石川脳病院に入れられ、富山から離縁される。貫一は病院で宮に会い、とうとう許す。宮が退院の日、満枝の夫権三郎の葬儀に出くわす。その後、荒尾は

欧州へ、飽浦雅之とお鈴は支那へ、赤樫満枝は荒尾に勧められフランスへ。貫一は鴫沢貫一となって、宮の療養に付き添うことになった……。

　さて、ここまでのことを把握して、吟子出演『続金色夜叉』に移る。

　富山銀行事業拡張も兼ねた富山邸新築披露大園遊会から物語は始まる。宮は病気のため、来客のもてなしがあまりできない。富山銀行の発展は貫一の同窓遊佐によるものであった。ある晩、貫一は狭山とお静に「宮との経緯」を一部始終告白した。赤樫満枝（峰吟子）は荒尾の債権を持っている。それを渡すようにと貫一は懇願するが、片思いの満枝は渡そうとしない。それどころか、荒尾が赤樫の番頭柴田を殴りつけ、新聞沙汰になる。警察の手を離れて送検され、満枝の計画にはまってしまった。その頃、赤樫権三郎は亡くなり、満枝は貫一を誘惑するが相変わらず思うようにならない。荒尾の事件は弁護士を使って解決し、この事件の経緯と満枝の執拗さをすべて荒尾に話す。荒尾は貫一の好意を受け入れる。ただし、高利貸を辞めることが条件であった。これまでの経緯を知る荒尾との話し合いの末、高利貸を投げ打つことにした。宮は富山と別居して熱海にいた。そこへ鰐淵直行（『金色夜叉』の鰐淵直道と同人）も来ていた。直行は貫一と宮の経緯を知っていた。両親を亡くした後、一切の財産を貫一に譲り、その後、消息がなかった。いろいろな事業に手を出して、いずれも失敗。身体も胸の病を得て熱海に静養。余命幾ばくもなかった。貫一が廃業する新聞広告を出し、熱海に所用で来ていた遊佐が宮や直行に知らせた。遊佐の所用とは、宮に貫一と交通しているのかの確認であった。貫一の作った財産は元はと言えば鰐淵のものであり、直行に引き継ぐよう説得に熱海に行くが、承知しない。辞めた後に何をするのかと逆に質問される。荒尾が北海道で農園経営、製材や水力発電の計画を立て

ていると明かす。貫一らの計画を聞いて、直行は取り合えず引き継ぎ、それをそっくり直行名義で北海道の計画に投資すれば良いと言う。この話の最中、宮は直行を訪ねてきた。富山が熱海の別邸へ芸者などを引き連れて来ていたが、宮は唯継から酷い目にあって逃げ出してきたのだ。そこで貫一と7年ぶりに再会する。"夕飯を済ませ、海岸を歩き、自分の悲しい運命を振り返っていた時、宮に呼び止められる。精一杯の感情をぶつけるものの宮は「殺してください」「今夜かぎりで貴方にお眼にかかることも御座いますまい」と言って泣くだけであった。貫一は宮に追い駆けられまいと離れた。その時、荒尾の声がして、そこに今別れたばかりの宮の死骸があった。荒尾が何度も呼び掛けても身動きしない。貫一は「宮さん、僕は誓って君の罪を許してやるぞ。僕は君の今迄の罪を今こそ許してやるのだ」と言ううちに、今まで堅く瞑っていた宮の眼はいつの間にか大きく開いて……"

　貫一の夢の中のことであった。貫一は荒尾からの電報で目覚めた。東京へ帰ると荒尾の知合いの網走支庁長が、二人の計画に協力すると言う。事業資金は鰐淵の病気療養に一部当て、それ以外はすべてを計画に投入する。この頃、荒尾は宮が富山から離縁されるらしいとの噂を聞いていた。貫一が高利貸を辞めることで、満枝も商売を辞めてもっと気楽な暮らしがしたいという。それを聞いた荒尾は満枝の堕落時代がやってくると言う。狭山夫妻は北海道へ一緒に連れて行くようにと頼み、貫一も承知し、貫一と荒尾が先に網走に発ち、その後、居所が決まり次第狭山夫婦が渡道する手筈を整えた。出発の晩、上野駅に満枝が現れ、動き出した列車を追いかけた。二人の北見上常呂の農場は、野付牛の町から七里ばかり山の方へ入ったところにあり、吉田という農学士を主任にして計画を進めた。最初の収穫は決して悪くはなく、来年の計画を企てている最中、網走支庁長が視察に訪れる。陸別付近の山林伐採は有利な事業と助言され、伐採用の機械やモーター購入のために上京する。機械類の買付けが終わり、熱海の直行を見舞おうと東京を出発するが、その列車の中に満枝がいた。満枝も高利貸しを辞め、その後は自堕落な生活を送っ

ていた。貫一は国府津で下車し、満枝と二人で食事だけのつもりであったが、箱根へ誘われて行き、抜け出したものの、熱海に着くのが一日遅れてしまった。この一日の違いが宮とのすれ違いを生じ、再会できなかった。直行と再会を果たし、貫一が「あなたのお言葉に従ってお宮を許します。きっと許します。…」と言い、その言葉を聞いて直行は息を引き取った。すれ違いで東京へ行った宮から電報が届き、新橋駅の自動車の中で待つとあった。暗い自動車の中で「…間貫一は今日かぎり宮さん、君の罪を許したのだ。…」と言う。宮は無言のままであった。宮ではなく満枝であり、熱海の仕返しであった。直行の遺骨は鰐淵家の菩提寺慶松寺に埋葬し、そこへ宮が現れ再会する。遊佐の監視の下で葬式に来ていた。富山家から外出が許されていない状況であったのだ。東京を去る時、宮には直行の遺言から昔の罪を許す気になったことを手紙で書き送り、無事興農園に帰り着いた。貫一のいない間に、製材所の工事は粗方できあがり、伐採人夫も集められていた。事業が順調に進むかに思われたが、人夫の康が狭山のお静に手を出そうとしていた。康は終身刑を受けて網走監獄に入り、そこを脱獄したとの噂であった。貫一や荒尾らの4人は、伐採木の様子を見に出かける。途中、吉田は康を首にしたことを伝え、数日後、農場へ帰ってみると康が戻って、狭山やお静に乱暴をはたらいていた。荒尾は捕まえてくると言って中に入るが、康の持っていた手斧で頭を一撃され倒れた。次に貫一に襲いかかろうとするが、背にしょった鉄砲を発射し、康は絶命した。翌日、荒尾と康の検視が終わり、埋葬式を行い、農場の裏山に墳墓を築いた。その後の農場は火が消えたようで、貫一が一番しっかりしなければいけないのであり、吉田に「いや、間さん。今あなたがそんな意気地のないことを云い出しちゃ駄目じゃありませんか。そりや婦女子の云う事です。仮にも雪の深い、未開の辺土を拓いていこうという勇ましい開拓者の口にすべきことじゃないと思うんです。…」と言われる。しかし、立ち直れず、猟銃で自殺しようとする。その時、吹雪の中を馬橇が農場に近づいてきた。凍死しそうになりながら仙蔵が宮を連れてきたのだ。20日ばかり前に、富山から離縁され、もう

一時間宮の到着が遅れていたら、貫一は引き金を引いていた。赤樫満枝はその後、富山と懇意になり、宮も苦労していた。さらに有り金は失われ、どこかへ消え去り、悲惨な末路を辿っていた。貫一は「昔のように楽しく、若々しく生きていこうじゃないか」と言い、宮はただ一声「寛一さん！」と叫んで、その胸へ顔を埋めてしまった。

　ここまでは初版（T.07.05）（写真4-6-4）の内容であり、荒尾は康によって絶命、検視を終えて埋葬式を行っている。ところが、14版（T.08.08）（写真4-6-5）では重傷を負ったとなっている。

　その後長田は『金色夜叉終篇』（T.09.07）（写真4-6-6）の冒頭部分で荒尾は回復したと書いている。紅葉から風葉そして幹彦と追いかけていったが齟齬があり、もう終篇に入らず、ここで私の作業は終わる。

　紅葉はバーサ・M・クレー『女より弱き者（Weaker Than a Woman）』（写真4-6-7）を下敷作品（種本）として展開し、『金色夜叉』も朝鮮では趙重植が『長恨夢』（1913）として発表、大き
な拡がりを辿ることになった。紅葉が
もっと長生きしていたら、どのように
なったであろうか。また、療養を兼ねて
『続々金色夜叉』に登場する栃木県那須塩
原畑下温泉にある清琴楼（写真4-6-8）で
執筆活動をしていた。

　熱海には大正8年（1919）、羽衣の松
に隣接して金色夜叉の碑（写真4-6-9）
が建てられ、松はその後、「お宮の松」
と言われるようになった。

　この物語の舞台には北海道置戸（おけと）が登場
する。北見から内陸へ向かって西南西に
30kmほど行ったところである。長田幹
彦は何度も渡道して道内を廻り、戦前ま
でに北海道を訪れた作家は長田の他には

上　写真4-6-4
『続金色夜叉』初版（T.07.05）
下　写真4-6-5
『続金色夜叉』14版（T.08.08）
（装幀竹久夢二）

写真 4-6-6 『金色夜叉終篇』(T.09.07)

写真 4-6-7 『女より弱き者』

写真 4-6-8 那須塩原清琴楼

見当たらないという。旅役者に同行したりして、野付牛町（現 北見市）にも訪れ、北海道を題材にした作品を多く著している。しかし、足取りの正確さを期すことは困難であるとも言われている。それで「置戸との関連は？」と問われても不明である。

　日活が製作した『金色夜叉』は大正7年（1918）が最初であり、5回製作されている。『続金色夜叉』も同じ年に公開されて三作品存在する。最後の作品となった『金色夜叉』（1933）は寛一、お宮に鈴木伝明、山田五十鈴、赤樫満枝には伊達里子が出演している。残念ながらこれ以降製作されていない。

『キネマ旬報』映画紹介欄で映画と原作を比較してもあまり違いはないように思える。鰐淵と間違えられて傷ついた貫一が熱海で静養するとしたことくらいであろう。映画の終わり方は初版に倣って、荒尾が亡くなったとしている。

映画批評は作品に対しても、吟子に対しても辛口だ。

「いくらネタがないからと言って、たとへ続にしろ”金色夜叉“を持ってくるとは時代錯誤も甚だしいというべきだ。それも、何かしら新しい解釈

写真 4-6-9　熱海金色夜叉の碑（移転前）

でもそこに現れているのなら我慢もするが、演出は全く驚くほど古くさく、これは映画の五、六年もの逆退を感ぜしめるものだ。その中でもいけないのは、赤樫という人物の取り扱いである。その人物をなお、いけなくしているのがフンする峰吟子である。このヴァンプ振りが、この映画の全体の古めかしい雰囲気をちぐはぐなへんなものに搔き乱し、ぶち壊している。——ともあれ、これは稀に見る愚かしき映画の一つである。

興行価値——地方には向くかもしれない」　　　　（『キネマ旬報』385）

『キネマ旬報』（387）には後篇の批評が書かれている。前篇同様に北川冬彦は厳しい言葉を使っている。

吟子が演じた赤樫満枝は、どのように書かれているのだろうか。小栗風葉は「…漆黒のその髪と瞳さえ見ずれば、色も白く肉付も豊かなるままに、をさをさ日本婦人と思われざるまで最と能く似合へるなり」、長田幹彦も「平常から美しいその目は男を悩殺しずには置かないような媚びを含んで、濃く化粧したその顔は咲き誇った牡丹のように輝いている」と表現は違うものの、意味合いは同様な描き方をしている。さらに、満枝が貫一を思う気持ちは「蛇のような執着、年増女の恐ろしい恋、それはもう相手の心身を焼け爛らかすまでは止まないような激しい恋であった」と長田は強烈な表現を使用し、満枝自らの行動も「私もうずっと昔からこの間さんを思っていたんです。自分に良人があるのも忘れて、道ならぬこととは思いながら私いままで一生懸命になって間さんの後ば

かり追駆けて歩いていたんですわ」と言っている。

*紅葉、風葉、幹彦と一連の流れの中で、登場人物の名前、肩書や物語の内容が異なり、頭を傾げたくなる部分が多分にある。これは今日とは違い、作品発表時は大らかな時代であったと解釈するべきなのであろう。

【映画データ】

監督　　　三枝源次郎

キャスト　間貫一＝広瀬恒美、宮＝山本絹江、赤樫満枝＝峰吟子、荒尾譲介＝三井泰三、富山唯継＝三枡豊、狭山元輔＝大崎史朗、その妻お静＝秋岡多影子、鰐淵直行＝中西清

脚本　　　畑本秋一

原作　　　長田幹彦　　　　　撮影　　　永塚一栄

製作　　　太秦撮影所（1930）配給　　　日活

公開　　　1930.11.14（前篇）　1930.11.21（後編）

モノクロ／スタンダードサイズ／7巻／2027m／74分／無声（前篇）
　　　　　　　　　　　　　　　／6巻／1567m／57分／無声（後編）

　この映画の前篇は鰐淵の家が放火され、燃え上がるところで終わり、"貫一と荒尾譲介の篇"とされて、後篇は"貫一とお宮の篇"と名付けられている。

参考文献

『読売新聞八十年史』読売新聞社、S.30.12
『北海道文学史　明治編』木原直彦、北海道新聞社、S.50.04
『北海道文学地図』北海道文学館、北海道新聞社、S.54.02
『北海道文学大事典』北海道文学館、北海道新聞社、S.60.10
『金色夜叉　終編』小栗風葉、新潮社、M.43.10
『金色夜叉（全五冊）春陽堂 復刻版』尾崎紅葉、日本近代文学館、S.49.06
『金色夜叉（新潮文庫）』尾崎紅葉、新潮社、H.29.05
『続金色夜叉』長田幹彦、春陽堂、T.07.05
『続金色夜叉』長田幹彦、春陽堂、T.08.08

『金色夜叉 終篇 上巻』長田幹彦、春陽堂、T.11.04
『女より弱きもの』バーサ・M・クレー（堀啓子訳）、南雲堂フェニックス、2002.12
『キネマ旬報』382、キネマ旬報社、S.05.11.01
『キネマ旬報』385、キネマ旬報社、S.05.12.01
『キネマ旬報』387、キネマ旬報社、S.06.01.01

写真 4-6-10　『続金色夜叉』スチール（2枚）

写真 4-6-11　赤樫満枝と貫一
常盤座ニュース 589（S.05.11.21）

写真 4-6-12　貫一とお宮（電気館）

7　新婚超特急

　この映画の手掛かりは『初めに喜劇あり』巻末の喜劇映画年表（主要作品）に掲載されている事柄のみであり、映画内容の詳細は不明である（ただし、私が探し出すことができなかった可能性も十分ある）。

　映画データは監督、キャスト、製作スタッフが明示されているが、

フィルムに関する製作事項は不明である。また、映画スチール（写真4-7-1 〜 4-7-2）が残っており、これらからも喜劇映画であることをうかがうことができる。

　映画に出演した吟子と浜口富士子が一枚の中に納まっている絵葉書（写真4-7-3）が日活から出されている。当時は吟子（S.05入社）、浜口富士子（S.04入社）の二人は人気が出ていた。浜口との共演はこれが最後となり、その後、浜口は結核に罹患し、5年後の昭和10年26歳で亡くなる。写真は健康そうな様子をみせている。

　映画の公開は12月24日であり、長倉祐孝監督の前作品『新東京行進曲』公開から約80日後のことだ。この間にも吟子は『続金色夜叉前・後篇』の製作を挟んでいる。

写真 4-7-1　新婚超特急　1

写真 4-7-3　日活絵葉書
（峰吟子、浜口富士子）

写真 4-7-2　新婚超特急　2

脚本は山崎謙太（本名山崎謙太郎）。明治40年（1907）三重県に生まれ、長倉祐孝の門をたたいて日活に脚本家として入社し、吟子が出演した『モダンマダム行状記』では小国英雄と共作している。

　昭和13年（1938）東宝へ移籍し、『ハワイ・マレー沖海戦』（S.17）、『加藤隼戦闘隊』（S.19）など戦争（国策）映画などの力作を発表している。戦後はあまり恵まれず、愛妻（恋女房章子）にも先立たれて、失意のうちに昭和27年に急逝、46年の生涯であった。数多くの脚本を書いた山崎は、原作を含めて約百作品を描き上げている。しかし、志半ばであったであろう。

【映画データ】

監督　　　長倉祐孝
キャスト　早川甲二＝島耕二、妻フミ子＝浜口富士子、気狂病院長・高峰リン子＝峰吟子、副院長＝見明凡太郎、グランドホテル支配人＝田村邦男、同ボーイ＝清水俊作
脚本　　　山崎謙太
原作　　　山崎謙太　　　　　　撮影　　　気賀靖吾
製作　　　太秦撮影所（1930）　配給　　　日活
公開　　　1930.12.24
モノクロ／スタンダードサイズ／無声

参考文献
『初めに喜劇ありき』石割平、ワイズ出版、H.17.06
『シナリオ』8（12）、シナリオ作家協会、S.27.12
『シナリオ』9（2）、シナリオ作家協会、S.28.02
『シナリオ講座　第三巻』シナリオ作家協会、三笠書房、1958.11

8 一九三一年日活オンパレード

"on parade" とは総出演、勢ぞろいを言う。昭和5年にパラマウント社が製作した『パラマウント・オン・パレード』（日本公開 1930.09.11）が引き金となり、他社が追随し、会社挙げて総出演映画のブームを作った。『パラマウント・オン・パレード』は日本語で上演内容を紹介する日本人が登場する場面を撮影し、それを挿入した外国映画である。北田理惠によれば、同様の映画は 1930 ～ 1931 に 3 本存在しているという。珍しい "日本人による解説付き外国映画" では松井翠聲が説明者になっている（写真 4-8-1）。

　日本では日活が『一九三一年日活オンパレード』を公開した後に、松竹は『松竹ビッグ・パレード』（1930.12.31 公開）（写真 4-8-2）、東亜キネマは『大大阪オン・パレード』（1931.05.06 公開）を製作している。
『一九三一年日活オンパレード』のフィルムは極めて短い時間ではあるが残っていた。京都壬生にある「おもちゃ映画ミュージアム」（写真 4-8-3）が蒐集している "玩具映画フィルム" の中に 1 分 20 秒ほどの吟

写真 4-8-1
パラマウントオンパレード広告

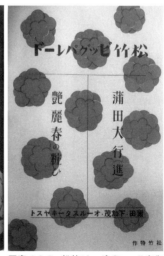

写真 4-8-2　松竹ビッグパレード広告

子の映し出された貴重な映像があった。実際に劇場で公開された無声映画の断片をコピーしたり、切り売りしたフィルムであり、東京愛和商会（商標名キング）が販売したものであった。

写真 4-8-3　おもちゃ映画ミュージアム

映画は日活太秦撮影所総動員で野球試合を行い、応援合戦を繰り広げている模様を描いたものである。詳細は不明であり、男性軍と女性軍に分かれて競ったものだ。大河内伝次郎は投手、吟子は捕手を務めている。「女性軍の投手伏見直江の投球は本塁ベースまで届か

写真　4-8-4　日活女性軍集合写真（左から4人目）

ない。体力のない女性では当然であろうが、仕方がないので助監督が中間にしゃがみ込んで中継するという爆笑試合になった」と吟子は回想している。

　写真 4-8-4 は女性軍の集合写真である。

『日活オンパレード』の評判はどのようであったのか。やはり、パラマウントの作品と比較されている。『パラマウント・オン・パレード』の評価は「興行価値─パ社のスター全部が登場すること、流行のレヴュー映画であること、日本語版であること、宣伝が効いていること等々で今秋の呼び物たる資格は充分」　　　　　　　　　　　　（『キネマ旬報』379）「"パラマウント・オン・パレード"を見た人々には全く貧弱で、こんなものはよした方がいいと思われるだろう。しかし、日活にはどんな俳優がいるか、それをずらりと知るには便宜な映画である。この点、この

映画の価値少なからずと云うべきだ」

「興行価値─これもお正月のためにこしらえたものであろうが、日活の
オールスターを見ることが出来るのだから、いつでも添え物として大い
によろしからん」　　　　　　　　　　　　　　　　（『キネマ旬報』389）

　映画の作品としての評価は、顔見世興行であり、カタログ的な見方が
されているために出演者、観客共に楽しくかかわった映画であった。

　大河内伝次郎の名前が日活データベースの中に入っていない。なぜな
のか『キネマ旬報』の「旬報グラフィック」の中では、「投手大河内伝
次郎、一塁手夏川静江」と紹介されている（写真4-8-5）。

　映画に合わせて"日活オンパレードの歌"が作られており、その中の
歌詞には"日活はキネマの王者"と歌われるところが随所に見受けられ
る。当時の日活は映画界最大手であり、その心意気を感じ取ることがで
きよう。

「おもちゃ映画ミュージアム」所蔵のフィルムの流れを見てみる。

　最初に玩具映画会社東京愛和商会のブランド名"キングフヰルム"
（写真4-8-6）が映し出されて、映画タイトル『一九三一年日活オンパ
レード』（写真4-8-7）が出てくる。

　写真4-8-8、4-8-9は、打者夏川静江に対して投手大河内伝次郎が投げ
ようと振りかざしたところ。

　写真4-8-10は、女性軍が三塁を廻って本
塁に突入する場面であるが、ネクストバッ
ターズサークルに二人の女優が立っている。
主審のすぐ左の大柄な女優が吟子である。
写真4-8-11は、山田五十鈴の打者姿。写真
4-8-12～4-8-13は、吟子の捕手姿である。
吟子は本巣高女時代、陸上選手であり、運
動能力を兼ね備えていた。

写真4-8-5　大河内伝次郎と夏川静江

写真 4-8-6　キングフヰルム

写真 4-8-7　映画タイトル

写真 4-8-8　夏川静江

写真 4-8-9　大河内伝次郎

写真 4-8-10
ネクストバッターズサークル
内の吟子

写真 4-8-11　山田五十鈴

写真 4-8-12　捕手峰吟子

写真 4-8-13
捕手峰吟子連続コマ
（上・下 5 枚）

【映画データ】

監督	阿部豊
キャスト	池永浩久、池田富保、伊藤大輔、辻吉朗、村田実、溝口健二、大河内伝次郎、片岡千恵蔵、沢田清海、江田譲二、酒井米子、伏見直江、桜井京子、山田五十鈴、春日寿々子、吉野朝子、小杉勇、大日方伝、島耕二、南部章三、神田俊二、夏川静江、入江たか子、滝花久子、浜口富士子、佐久間妙子、峰吟子 日活太秦撮影所総動員
脚本	日活脚本部
撮影	横田達之
製作	太秦撮影所（1930）　　配給　　日活
公開	1930.12.31

モノクロ／24分／スタンダードサイズ／3巻／670m／無声

＊国立映画アーカイブにも『日活オンパレード』の名称で上映時間1分のフィルムが所蔵されている。

参考文献

『映画研究』4号、日本映画学会、2009.12
『映像学』101、日本映像学会、2019.01
『キネマ旬報』371、キネマ旬報社、S.05.07
『キネマ旬報』379、キネマ旬報社、S.05.10
『キネマ旬報』387、キネマ旬報社、S.06.01
『キネマ旬報』389、キネマ旬報社、S.06.01
『月刊ぎふ』no.223、北白川書房、2003.07
「峰吟子の燃える半世紀2」岐阜日日新聞、S.55.01.25

9　ミスター・ニッポン（前篇・後篇）

　郡司次郎正は『ミス・ニッポン』（S.05.01）、『マダム・ニッポン』（S.05.07）、『ミスター・ニッポン』（S.05.10）の三部作を出版する。一年間で活動的に描き上げられた中の一冊（写真4-9-1）である。

この本の装幀が面白い。竹中栄太郎の装幀（写真4-9-2）であり、面白く描かれている。

この物語の主人公は池田子爵。貴族院議員、日独倶楽部理事、万葉生命保険社長を務め、自らを"ミスター・ニッポン"と呼び、半生を遊び通した浮名殿様であった。これ以降は彼を"御前"と呼ぶ。御前の夢は「大臣か、東京市長になること」であり、秀勇たちに向かって実現したら落籍するといつも言っている。秀勇は若く、賢く、華族の囲い者に成り上がり、贅沢三昧を目指していた。御前は全財産を遊びに使い、屋敷まで抵当に入れ、政治利権で家を立て直そうとしている。このため、なんとしても堀田侯爵の推薦が必要であった。御前の家は浅草公園裏一帯の目抜き通りにあった。震災後、花街となり、そこで育った彼は全財産を芸者に食われてしまった。

御前の娘逸子は珠玉である。没落を防ぐために夫人は「連れ子の麿彦を除籍して逸子に跡を取らせ、鶴井家の礼次郎を婿養子にして襲爵するように」と。鶴井家の出自は「アサリ売り」。御前の姉（妾腹）が鶴井家に嫁ぎ、二男が礼次郎である。逸子と礼次郎は従兄妹である。夫人は財閥出身の鶴井家の持参金で、借財をチャラにする考えであった。御前の考えは夫人とは違い、「逸子と堀田侯爵家と縁組すること」であった。

場面が変わり、お光のことになる。彼女は半玉であった。母危篤の電報を受け取り、家に戻ろうとするが、「東京の犬塚さんを頼って、姉のお鶴を探しなさい」の言葉を思い出し、死に水も上げずに名古屋から上京する。手掛かりは"万葉生命"と"犬塚"のみ。犬塚は御前のところで下働きをしているという。浅草の御前宅を訪ねる。しかし、女中は一見した姿から追い返そうとする。その時、自動車から降りる麿彦と逸子の計らいで、犬塚老人の家から丸ノ内の万

写真4-9-1
『ミスターニッポン』

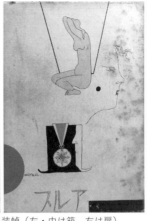

写真 4-9-2 『ミスターニッポン』装幀（左・中は箱、右は扉）

葉生命へ通う身となった。

　麿彦は痔疾であり、伊豆へ療養に出かける。その後、帰京した際に子爵夫人（麿彦の実母）から家の内情を聞く。もう破産寸前であり、夫から子爵の称号を奪うことに一刻の猶予もなかった。麿彦にとっては、堀田子爵の手づるでG・Mでのよい地位に就けそうであり、除籍されても犠牲とは思っていない。犠牲者は逸子である。鶴井家から持参金付き養子を取り、逸子が子爵夫人になる。この筋書きが上手くいくのか？

　浅草で市会議員が死亡し、御前は補欠選挙に立つことになった。大臣か東京市長への一歩前進と思っている。また、夫人の思いとは別に堀田侯爵の令息敬治に逸子を嫁にと約束をしてくる。敬治は流行のスペイン髭を携えた若い外交官であった。

　万葉生命の経営状況はどうであろうか。星印製薬、北海漁業、安藤肥料などへの不良貸出で内容はよくない。G・Mの支配人や浅成電車の伊藤らは御前を選挙に推薦しているが、彼を利用しようとする魂胆があった。自動車の役所への購入や延伸・乗り入れ問題である。

　子爵夫人は家庭事情でしばらく体調を崩していたために、病後の転地保養も兼ねて避暑に出かける。行先は常陸舞子の浜でお光も同行することになった。

御前は市会議員補欠選で当選し、その祝いで万葉生命社員共々舞子の浜へ乗り込んできた。麿彦も自動車で金波楼に乗り付けた。こうして当選祝賀会を兼ねた宴会が始まり、この中で隠し芸が行われる。るり子（峰吟子）は「道頓堀」、麿彦とお光は「お染久松」を踊る。この様子を見ていたるり子は、お光に嫉妬心が芽生える。真夏の日の一番長い時、夕食を済ました逸子とお光に麿彦が散歩に行こうと誘い、黄昏時に出かける。逸子は先に帰り、お光と麿彦は二人きりで灯台へと続く堤防へ行った。

　お光は母の形見の保険証書を携えて、漂然と御前の玄関に辿り着いた時の自分の哀れな姿を思い出すと、熱い涙が浮かんできた。優しい逸子や麿彦に救われ、その上、御前の会社に雇われ、皆には「可愛い娘だ、美しい娘だ」と騒がれ、しかも犬塚老人の一家に厄介になって、今は何の不自由もない身であった。しかし、逸子はお光の純情だけは、御前や麿彦やふざけ切った上流社会のかたわれに踏み込ませたくはなかった。「兄には気を付けろ！」と言いたかったのだ。しかし、お光の頭の中は麿彦のことで一杯であった。

写真 4-9-3　『ミスターニッポン』映画チラシ　I

麿彦が万葉生命を辞めてG・Mに行くことになったことは、お光にとって大きな悲しみであった。その上、御前からは麿彦との噂が立ったことで馘にされてしまう。すべて、るり子の差し金であった。さらにこの御前はお光に「芸者に戻るように手筈を整えてやる」と言い、彼の手で新橋鴨宮家から「光秀」の名前で芸者に戻った。お光と麿彦との寝物語でるり子の嫉妬を買い、万葉生命から追い出されたことを麿彦は知ることになる。

　29歳断髪姿の北村るり子（峰吟子）はどのような女性なのか。御前のお抱えタイピスト兼秘書であり、公然の妾。帝国ホテルを妾宅とし、噂ではベルリンか、上海辺りの魔窟で拾われたらしいと言われている。るり子のイメージはその横顔から「爛熟しきった女の知謀と愛欲」が見出されている。

　お光が芸者になっても人の絡みは複雑である。秀勇は御前の庇護を受けながら光秀に「私のイロ敬治さんを取るな」と言い、光秀は「自分の麿彦と姐さんは密会しながら、何の恨みや不足があって自分が売妓であることを羨むのか」と泣きたい気持であった。

写真4-9-4　『ミスターニッポン』映画チラシ　II

とうとう、御前の破産、すなわち万葉生命の倒産である。この状況の中でお光は死を選んだ。原因は麿彦にあった。いつかお光とうりふたつの姿を見つけて尋ねると姉であった。逸子は兄に報復しようと持ち掛けるが窘められる。

　これを境に人々がバラバラになっていく。秀勇は敬治と二人で生まれ故郷新潟へ帰る。いやな敬治と思いながら、爵位や金で自分の幸福を見出した賢い女である。神戸行の急行には、まずは上海へ行き、香港へ旅立とうとするるり子がいた。永遠の別れである。

　二組を見送った麿彦とナナ子は腕を組んで歩き、「御前の破産、万葉生命の没落」を暴露したのは自分だと告白し、今度は「面倒くさいから俺の階級を破産させるために、現代社会が没落するように、少し暴れてやろう」と打ち明けた。自分自身もG・Mの修繕部へ廻り、労働者となって生き甲斐を見つけ出そうとしていた。

写真4-9-5　お光、池田逸子、池田麿彦

『キネマ旬報』映画紹介欄と照合すれば、お光の姉が"大井とめ子"と"お久"の違いくらいで流れも内容も同じようであり、原作から逸脱していない。北川冬彦の映画批評は甘くも辛くもなく述べられ、肩肘を張っていない。

　新聞批評は大いに称賛している。「…もちろん役者は一同素晴らしい。小杉勇

写真4-9-6　るり子（峰吟子）、麿彦（小杉勇）

の麿彦、夏川静江の逸子は平凡だが村田宏寿の池田子爵の稚気満々たる風格、杉山昌三久の富豪の息の微笑ましき演技、高津愛子の芸者の洗練された美、そして最後に伏見信子のお光の記録的名技の連続等は十分賞賛すべく…」　　　　　　　　　　　　　　（「東京朝日新聞」S.06.03.19）

「…、十八巻の大半が待合や料亭であるにも拘らず、些^{いささか}のゆるみも感じさせない」「役者では原作の味を一番出しているのは峰吟子の女秘書（殊にホテルにおける彼女）かもしれないが、役者自身の持ち味で□□く□は年を取った」　　　　　　　　　　　　（「読売新聞」S.06.03.23）

『モダン都市東京』の中で、筆者は「小説（ミスターニッポン）の細部はほとんどモデルがあったものとみられる」と述べている。たしかに海野の言う通り、事実に沿った物事が描かれている。万葉生命（万寿生命）、浅成電鉄（京成電鉄）然りである。社会の映し出しから、池田子爵の没落や同様の階級社会が滅びゆく姿を描き出している。

　この映画の主題歌は、西條八十作詞「お光の唄」、「逸子の唄」（S.06.02）がよく知られている。映画公開4ケ月前には、郡司が作詞し小杉勇、入江たか子が歌うレコードが先行発売されている。

【映画データ】

監督　　　村田実
キャスト　池田麿彦＝小杉勇、池田子爵＝村田宏寿、池田逸子＝夏川静江、堀田侯爵＝三枡豊、堀田敬治＝一木禮二、横井礼次郎＝杉山昌三久、秀勇＝高津愛子、お光＝伏見信子、お光の姉お久＝伏見直江、る子＝峰吟子、喜久江＝北原夏江、池田夫人＝牧きみ子、桑島＝吉井康、牛島＝田村邦男、犬塚＝川越一平、鴨志田＝横山運平、鈴木＝大泉浩路
脚本　　　小林正
原作　　　郡司次郎正　　　　　撮影　　　青島順一郎
製作　　　太秦撮影所（1931）　配給　　　日活
公開　　　1931.03.20

モノクロ／スタンダードサイズ／10 巻（前篇）／2491m ／91 分／無声

　　　　　　　　／ 8 巻（後篇）／ 1816m ／ 66 分／無声

参考文献

『ミスター・ニッポン』郡司次郎正、アルス、S.05.10
『キネマ旬報』388、キネマ旬報社、S.06.01
『キネマ旬報』398、キネマ旬報社、S.06.04
「新映画評ミスター・ニッポン」東京朝日新聞、S.06.03.19
「“ミスターニッポン”是非」読売新聞、S.06.03.23
『モダン都市東京』海野弘、中央公論社、S.63.04

10　恋愛清算帳

　原作及び脚本は、田中栄三が手掛けている。このような場合、脚本はすなわち原作であり、映画製作用に創られたものであって、お互いのあらすじに差異がないものと解釈してもよいであろう。また、田中はこの映画の中で脚本家として登場するものの、他の作品においても監督、脚本家、俳優として活躍し、映画製作史の中で革新的な役割を果たした一人である。

　初期の日本映画の中で女優は存在しない。初期の映画産業を形作った人々は、“京都で時代劇を作り始めた歌舞伎畑”、“東京で現代劇を作り始めた新派畑”の人々の影響を強く受けている。この二派には女優は存在せず、映画は女優の出現を待った。これは「女形(おやま)」から「女優」への変遷であり、女優の出現による女形俳優の消滅であった。大正 11 年（1922）田中が監督した『京屋襟店』はこうした変遷期に創られた作品であり、女形が出演する最後の作品となった。『京町襟店』はこうした背景にもかかわらず、画期的な作品と評価されている。明治 32 年（1899）日本最初の映画が、東京歌舞伎座で公開されてから、帰山教正(かえりやま)監督『生の輝き』（1918）に主演した花柳はるみの登場まで、20 年近く映画出演者は男性のみであった。

田中は「革新映画」と呼ばれる作品を製作している。「クローズアップ」、「逆光線（人工光線）利用」、「カットバック」などの撮影技法、「字幕」、「タイトルクレジット」の使用や「ロケーション撮影」を行っている。

戦後、俳優として『青い山脈』（S.24）では武田校長、『女の一生』（S.24）源造、『雁』（S.28）お玉の父善吉などの役柄をこなした。出版物も多く、この映画を『キネマ旬報』で批評した北川冬彦も、映画界の大先輩であり、功績もある田中には辛口の批評はできず、好意的であり、微笑ましい。

写真 4-10-1　『映画時代』（S.06）

『映画時代』（S.06）（写真 4-10-1）の中に『恋愛清算帳』の脚本が掲載され、詳細に描かれている。吟子出演作品の中で入手した脚本はこの一点だけであり、『映画時代』を基にして物語を追うことにする。

山岸時雄（百貨店主兼社長）は、新橋から落籍した妻ふみ子が余りにも気が廻り過ぎて何事にも先の先へと手廻しする几帳面さにいささかウンザリしていた。そこで彼は毎夜天野賢太郎（百貨店宣伝部長）と連れ立ってカフェー、ダンスホール、待合へと渡り歩き、大勢の女給たちと公休日にドライブすることを約束していた。時雄は待ち合わせ場所に東京、上野、新橋、鶯谷などの駅を指定し、「女の名前」「日付けと待ち合わせ場所」を書いた日記（これが戀愛日記など）を作り、ふみ子に発見されないように賢太郎に預けていた。天野もブルジョア育ちの妻美奈子のだらしなさに悩まされていたが、日記からのメモを発見されてしまった。美奈子は賢太郎の不義を疑い、女探偵兵頭逸子に写真と日記から写し取ったメモを渡して素行調査を頼んだ。しかし、このメモは賢太郎から時雄に渡された虚偽のメモであった。

女探偵逸子は東京駅で張り込む。そこへ時雄が現れ、逸子は渡された賢太郎の写真と時雄を見比べる。お琴は現れず、その頃賢太郎と上野駅

で出会って嬉しそうに行く。翌日逸子が新橋駅で張り込むと、時雄が現れる。賢太郎は鶯谷駅でお雪と出会って嬉しそうに行く。その次の日逸子は品川駅で張り込むと、また時雄が現れる。しかし、律子は来ない。律子は田端駅で賢太郎と会い、嬉しそうに行く。さらに次の日逸子が張り込むが、またしても時雄が現れ、逸子にウィンクをし、もう逸子と時雄の二人は親しくなっていた。

あぶれどうしの時雄は逸子を食事に誘い、お互いの名刺を交換し、酌をしながら逸子の忠告を聞く。今後はカフェー絡みの女は止めることにする。

時雄は、宣伝雑誌「スタイル」で知り合った岡村絹代（峰吟子）のところへ賢太郎を使って荷物を届けた。そこで絹代は賢太郎に「旦那の来ない日はいつ来てもいいわよ」という。

美奈子は逸子の作成した賢太郎の調査報告書に安心し、礼金を渡す。

ドシャ降りの中時雄は絹代の家へ行き、帽子やグショグショになった羽織を脱ぐ。さらに、帯を解いて着物やサルマタまで脱いでしまった。濡れているために住み込みの婆やに頼んで、同等の新しい足袋やサルマタを買った。時雄が帰宅し、寝間着に着替え、脱ぎ捨てたものの中に、ふみ子の付けた目印がないものがあり、詰問されることになる。

ふみ子は君千代のところへ行き、「この足袋とサルマタを返すから私の方のを返してください」というが、お門違いであった。

自宅で「店主様御家庭用」とする物品買上表を見て、腑に落ちない個所を見つける。逸子が作成した報告書を見ていると、時雄のことが書かれており、さらに、美奈子は一枚のスチール写真（絹代）をふみ子に見せる。見せられたふみ子は頭に血が上るが、今夜時雄は大阪に発つことになっており、二人は絹代のところへ乗り込むことにした。

東京駅では、ふみ子、賢太郎、美奈子他4～5人が見送りに来ている。賢太郎は一寸用事があるからと言って、一足先に絹代のところへ向かう。時雄もふみ子に用事の都合で3～4日かかると話すが、品川駅で降りて絹代のところへ向かう。ふみ子と美奈子も絹代のところへ向かい、家の

前に着いた時、円タクが止まって時雄が降りてくるのを見て急いで隠れた。

　先に来ていた賢太郎がだらしなくソファに掛けていると、婆やは時雄が来たことを知らせる。絹代は賢太郎を押し入れに隠そうとするが、下段は荷物で一杯なので中段の布団の上に押し込んだ。時雄が入ってくると絹代は抱き付き、その影を外で見ていた二人は我慢できず、家の中へ入っていった。

　時雄は硬直状態に。ふみ子はヒステリックに「ここは大阪なんですか」と叫び、時雄を押し倒す。その時襖が外れて賢太郎が現れ、修羅場化する。

写真 4-10-2 『恋愛清算帳』 I

写真 4-10-3 『恋愛清算帳』 II

　冷静になった絹代がクスリと笑えば、ふみ子は「何がおかしいのです。笑いごっちゃありません」と食ってかかる。絹代も「帰れッ出ていけッ出ていかないとこうだぞッ」と女たち目掛けてレコードを投げつける。その一枚がふみ子に当たり、「何をするんです」と怒って三人の女の大乱闘に。

　ふみ子は「戀愛日記」、「戀愛仕訳帳」、「戀愛元帳」の帳簿類を発見し、時雄をめぐる三人の女はすべて清算した。しかし、時雄はこの時にもう1931年度用の「新戀愛日記帳」、「新戀愛仕訳帳」を作成していた。

　脚本を読む限り、映画はドタバタ喜劇のようであり、特に最後の乱闘部分は面白く、「三人の女は入り乱れて、裾もあらわに縺れ合う。あら

れもないエロ的光景が突如燦然と展開される」と書かれている。辛口である『キネマ旬報』の映画批評は、珍しく褒めている。「原作脚色が優れているのだろう。伊奈精一は実に楽々とすっきりした気の利いた映画をこしらえた。しかも、この映画の中の人たちは、なぜあんなにくだらない生活をしているのだろうという感想を僕は持つが、大変暇なのだろう。余裕がありすぎるのに違いない。俳優諸君、皆中々よく働いていた──北川冬彦」

（『キネマ旬報』398）

【映画データ】

監督　　伊奈精一

キャスト　山岸時雄＝島耕二、妻ふみ子＝浜口富士子、天野賢太郎＝見明凡太郎、妻美奈子＝佐久間妙子、田村絹代＝峰吟子、君千代＝浦辺粂子、矢頭逸子＝対島ルイ子、小時＝玉川みちみ、お琴＝唐松澤子、お雪＝花代かほる、律子＝北原夏江、ヒトミ＝巽久子、登美子＝西條和子、リリ子＝岡崎夏江

脚本　　田中栄三

原作　　田中栄三　　　　　撮影　　渡辺五郎

製作　　太秦撮影所（1931）　配給　　日活

公開　　1931.04.01

モノクロ／スタンダードサイズ／8巻／2336m／85分／無声

参考文献

『映画時代』第10巻第5号、映画時代社、S.06.05
『キネマ旬報』390、キネマ旬報社、S.06.02
『キネマ旬報』398、キネマ旬報社、S.06.04
『日本映画発達史Ⅰ 活動写真時代』田中純一郎、中央公論社、S.55.02
『日本映画史 上巻』飯島正、白水社、1955.09

11 レヴューの踊子

『レヴューの踊子』は、大正15年から始まったサンデー毎日懸賞募集第7回「大衆文藝」入選作であり、昭和5年10月19日発売誌上に、林唯一の挿絵と共に掲載されている。原作者市橋一宏は生まれも育ちも浅草で、作品発表当時も浅草に住み、「いつかは浅草を描いてみたいと思い続け、僕の善良な友である不良少年の姿を描きたいと思っていました」と語っている。発表作（原題）は『不良少年とレヴューの踊子』である（写真4-11-1）。

木々が色付き始めた公園で、東茂夫の友三吉が学校をサボった郁文中学の生徒から金を巻き上げるところから始まる。その後、二人は仲見世を雷門の方へと向かい、茂夫は人待ちの女性に近づき、再会の約束を取り付けて別れた。

その時、三吉からジャックの健次が茂夫に頼みごとがあると伝える。

ジャックの健次は乱暴で、仲間内でも評判が悪く、喧嘩に負けたことはなく、頭分であった。頼み事は嬶のお松と一晩共にしてくれというこ

写真4-11-1 『サンデー毎日』（S.05.10.19）

とであった。茂夫はしぶしぶジャックたちが借りている八百屋の二階へ
上がり、事に及ぼうとするが、お松は何事かを悟っていた。ジャックは
レヴューの踊子白川糸子（峰吟子）に夢中になっており、お松に難癖を
つけて追い出そうとの魂胆であることを。その晩、茂夫とお松は一晩共
にする。

　明朝、ぼんやりと歩いていると、奇麗な若い女に茂夫ではないかと声
かけられる。それは白川糸子（葉子）で、二人は幼馴染、7年前の震災か
らの再会であった。糸子は両国の老舗下駄屋会津屋の一人娘であり、今
の境遇は知られたくなかったが、茂夫に白川糸子を知らなきゃモグリだ
と言われ、楽屋に訪ねると言って別れた。

　茂夫と糸子の会話をジャックの健次が聞いていた。あの女お前の情人
か、俺に譲ってくれないかと言われるが、俺の大好きな幼馴染みだと切
り返す。それからは客席で茂夫の姿がよく見受けられるようになった。
レヴュー仲間から茂夫が有名な軟派の不良だと聞かされ、糸子はレ

写真 4-11-2 『サンデー毎日』 挿絵

ヴューの踊子なんかになっているものだから、会いに来てくれないのかと思っている。

茂夫は糸子への恋心が日増しに募るようになっていき、自分の過去を打ち明けて駄目であったら諦めようと決心し告白する。糸子はすべて承知の上で本気で探せば真面目な仕事もあるし、自分の家へ来てもよいと言って一緒に生活するようになる。

1ヶ月は夢のように瞬く間に過ぎ去った。道楽で取得していた自動車の免許を役立てようとしたが不景気から仕事にあり付けない。一人の生活さえ困難な糸子の乏しい収入では行き詰まりが見えている。ある晩、糸子は帰ってこなかった。体を売って金を作ったのであった。茂夫は別れようと言い出すが、糸子は許しを懇願している。その最中に三吉が仕事が見つかったと部屋に飛び込んできた。仕事さえあれば、足を洗って堅気になり生活の見込みもでき、二人は縁りを戻すことになった。

幾日が経過した日、ジャックの健次と4、5人の不良少年が待ち構えて茂夫を痛めつけにきた。さらにその一週間後円タクを流していると、健次が嫌がる糸子を無理やり自動車に乗せているのを目撃する。ものすごいスピードで追跡し、東照宮まで来た。健次の手にはナイフが光り、組み争い、茂夫の手にナイフが握られ殺ってしまっていた。

写真 4-11-3 『レヴューの踊子』

三吉は逃げようというが、茂夫は「俺は堅気だ。魂を鍛え直して来るんだ」と言って警察に行こうとする。

　映画では不良青年茂夫は一人の老人に救われ、下水の掃除人夫となって更生の道を辿っていた。ある日幼馴染みのレヴューのスター糸子に出会い、二人は一緒になった。茂夫は仕事のない日もあり、このため老人が落とした財布を返そうとしなかった。三吉は茂夫と別れるように頼み、糸子は身を売り、その金を茂夫に渡した。茂夫は怒ったが、老人に助けられて自動車運転手になることができた。糸子が男と同棲しているのを知り、その家に飛び込んでいったが、それは彼を救った老人の息子の家だった。

　茂夫はすべてを諦めて帰ろうとしたとき、昔の仲間健次が糸子を奪おうとしていた。彼らは争い、茂夫は健次を殺してしまった。しかし、彼には希望があった。刑期を終えて出てきた彼の上には、今こそ明るい更新された太陽と生活があるのだった。

　映画は原作を一回り捻っている。

　この映画の批評はよくない。特に吟子に対してである。

「レヴューの花形踊り子の純情を描いたもの。その純情な踊り子に扮するのが峰吟子なのでグロテスクな情景を展開している」「レヴューの花形を巡って色々経緯が演じられる。どちらかといえば地方向きの映画だ」
　　　　　　　　　　　　　　　　　　　　　　　　　　　（『キネマ旬報』405）

　映画の主題歌（写真4-11-4）は市橋一宏（作詞）、橋本国彦（作曲）で発売され、"糸子の唄"、"茂夫の唄"、"お松の唄"の三部から成っている。また、この曲は昭和40年（1965）に、東映『網走番外地』の主題歌として高倉健が新しく作詞された曲で歌い、再度陽が当たっている。

　写真4-11-5は映画公開当日（S.06.06.05）の新聞広告。

日活映画主題歌

レヴューの踊り子

市橋一宏作詩

糸子の唄
化粧して
頬に浮氣な
エロ賣ってる
踊り子も
惚れりゃや心に
嘘はない
眞紅い舞臺の
影でなく。

茂夫の唄
盛り場を
夜毎流して
人に知られた
やくざでも
惚れりゃや心に
嘘はない
過ぎしむかしを
なげくのみ。

お絞の唄
いたづらな
運命の糸に
あやつられ
あどる妾は
人形よ
いとし面影
胸に秘め
ゆるされぬ身を
なげくのみ。

糸子の唄
口紅さして
白粉つけて
眉ひいて
スポットライトに
身をさらす
姿やレヴューの
踊り子よ
戀するこの身が
はづかしい。

茂夫の唄
知らぬ間に
肩晋つけた
不良少年と
冷めたい世間の
うしろ指
俺は巷の
やくざ者
戀するこの身が
はづかしい。

二 茂夫唄
うちあけて
知ってしまへば
氣も輕い
たがひの胸の
火は燃えて
つらい浮世の
冬來よと
うれしい春を
待つばかり。

写真 4-11-4 『レヴューの踊り子』主題歌
表紙及び歌詞

写真 4-11-5 『レヴューの踊り子』広告(「東京朝日新聞」S.06.06.05)

195

【映画データ】

監督　　　木藤茂

キャスト　白川糸子＝峰吟子、お松＝相良愛子、東茂雄＝南部章三、三
　　　　　吉＝田村邦男、ジャックの健次＝三田寛、職業紹介所長＝土
　　　　　井平太郎

脚本　　　畑本秋一

原作　　　市橋一宏　　　　　撮影　　　渡辺孝

製作　　　太秦撮影所（1931）　配給　　　日活

公開　　　1931.06.05

モノクロ／スタンダードサイズ／ 71 分／ 8 巻・1943 m ／無声

参考文献
『サンデー毎日』第 9 年第 47 号、大阪毎日新聞社、S.05.10
『キネマ旬報』395、キネマ旬報社、S.06.03
『キネマ旬報』405、キネマ旬報社、S.06.07
『世界音楽全集 37 映画音楽集』田中豊明、春秋社、S.07.06

12　しかも彼等は行く（前篇・後篇）

　鈴木信太郎は昭和 6 年（1931）第 18 回二科展にアドバルーンの上
がった様子を描いた『東京の空（数寄屋橋付近）』を出品している（写真
4-12-1）。昭和 2 年（1927）3 月に旧社屋から数寄屋橋のたもと（千代田区
有楽町二丁目）に移転した東京朝日新聞社（写真 4-12-2）の 4 階応接室
でスケッチをしていたところ、突如眼前に巨大なアドバルーンが浮かび
上がったという。ぶら下げられた広告は吟子の出演映画『しかも彼等は
ゆく』であり、それは、日動画廊（S.03.06 創立）のある日動ビル（中央
区銀座 5-3-16）から揚げられたものであった（写真 4-12-3）。

　鈴木信太郎が興味を持ったアドバルーンは純正なる日本生まれの屋外
広告媒体である。

　広告（advertising）と気球（balloon）の二つを融合した言葉であり、大
正 2 年（1913）に最初の広告気球を上げたのが始まりである。昭和 5 年

写真 4-12-1
鈴木信太郎「東京の空（数寄屋橋付近）」1931（そごう美術館図録より）

写真 4-12-3
「東京の空」の中のアドバルーン広告拡大

写真 4-12-2
東京朝日新聞社（数寄屋橋たもと）

（1930）字幕が布から網になり、風が吹き抜け、文字も大きくなって、遠くからでも目立つようになり、急速に普及していった。それは、映画『しかも彼等は行く』の興行とアドバルーン広告の普及発展時期がちょ

うと同じころであり、幸運にもこの絵画は時代を浮かび上がらせること
のできる一枚となった。

　戦後、昭和22年（1947）横田基地の偵察機が数寄屋橋から銀座4丁
目にかけての写真撮影をしている（写真4-12-4）。泰明小学校は昭和4
年（1929）6月竣工、アール・デコ様式の鉄筋コンクリート3階建て建
物は今も現役である。

『しかも彼等は行く』原作者下村千秋はルンペン作家と言われ、傾向的
な作品を生み出すのであるが、この作品では何を言おうとしたのか、私
は正直なところあまり理解できていない。彼の作品の特徴は、当時の時
代を映し出し、時代の流れの中で漂う人々の生活をルポルタージュする
ことであり、そのような中から作品を作り出していった。

　下村千秋は明治26年（1893）9月4日、茨城県稲敷郡朝日村（阿見町）
に生まれる。下村家は当時の中流的な自作農で、千秋の父は小学校の教
員をしている。裕福とは言えないが恵まれていた方ではないか。八歳年
上の兄常雄は土浦中学校から高等師範学校を卒業して教員になり、当時
としては教育に対して他とは違った感覚を持つ家庭であったのだろう。

写真4-12-4　上空からの数寄屋橋付近（昭和22年）

千秋も常雄の援助で早
稲田大学英文科を大正
8年（1919）7月に卒業
している。

　下村の作品は『阿見
町史』の中で、描かれ
た時期を三期に分類さ
れている。「第一期」大
正時代の純文学の時代。
「第二期」昭和初頭から
戦争終結までの社会小
説や農民小説の時代。
「第三期」戦後は純文学
と大衆小説の間に位置
する中間小説の時代、
とされている。『しかも
彼等は行く』は第二期
に属すことになる。

　この時代には児童雑
誌への寄稿もしている。
戦前、航空機の利用は

写真 4-12-5　雑誌『赤い鳥』
　　上段左　　第 14 巻第 4 号（T.14.04）
　　上段右　　第 21 巻第 1 号（S.03.07）
　　下段左　　第 21 巻第 2 号（S.03.08）
　　下段右　　第 11 巻第 6 号（S.11.06）

一般庶民には縁がないものと思っていたが、童話雑誌『赤い鳥』「旅客
飛行機」（S.11.06）の中で、千秋は自身の体験から昭和6年の満州事変
での飛行機利用の様子を描き、フォッカー・ユニヴァーサル旅客機の機
体や飛行中の様子も描いている。

　千秋が『赤い鳥』に投稿を始めたのは「乞食のロレンゾー」（T.14.02）
から「旅客飛行機」（S.11.06）まで童話23作品を35回に亘って投稿し、
戦争の時代を超えて活動した彼の童話には「戦争否定」が表現されてい
る。また、「飛行将校と少年たち」（S.03.07 ～ S.03.08）は、第一次世界大

写真 4-12-6 『蟹工船』

戦のフランスを舞台にした物語で、ドイツ軍飛行将校ダントン中尉が不時着したことから始まり、少年達や村の人々の温かい交流から「戦争とは何か」を考えさせられる。

　私は小林多喜二の作品の中で『蟹工船』、『不在地主』を読んだに過ぎない。ここで多喜二に少しばかり登場してもらうことにする。下村千秋との対比をするためである。『蟹工船』の評価は、現代社会にも通じるところがある。しかし私なりに気になることがある。蟹工船に実際に乗船して書き上げた作品ではなく、どこからかはわからないが、入手した伝聞が中心となっているのであろう。実体験でない場合、果たしてどのように描き方に影響するのであろうか、物事が図式的に描かれているように思われてならない。

　多喜二の作品を読めば、誰もが社会に対する怒りがこみ上げ、私も影響を受ける一人となっている。文章は非常に攻撃的で、常に怒りを持ったように描かれている。実際に作者本人が体験してから作品を著せば、また、違った作品になっていたかもしれない。作品中で暴力によって支配する監督の浅川、彼もまた支配者側の底辺であり、その描き方も違ってくるかもしれない。

　千秋もルンペン物の作家であり、プロレタリア作家の中で二人はよく対比されることがあるが、土俵は違っている。千秋はルポライターとしての役割を冷静に発揮し、その文章からは当時の悲惨さを上手く描き出し私にもしっかりと感じ取ることができる。しかし、淡々としていて強い怒りがこみ上げるところまでは行かない。やはり通俗小説の域を出ないところがある。

　多喜二と千秋を同列に捉える人がいるが、彼らの生末を見れば明らか

な違いがある。時代が変われば価値観も変わってくる。吟子の生きた時代と現在と比較すれば当然とはいえ相当大きく変化している。「生活様式」「道徳観」「家族形態」「文化」など、この世のすべての価値観が時代の流れと共に大きく変化している。吟子の出演映画の原作の中には、道徳的・倫理的に今日では考えられないような作品もある。しかし、それは当時の時代背景が許容したものであって、今日の社会情勢との比較をすることで吟子の時代を浮かび上がらせることができるだろう。

『しかも彼等は行く』の原作は昭和4年（1929）4月から「都新聞」（後の「東京新聞」）に51回の連載物として発表。5月に完結している。物語は次の通りである。

　30歳になる木川順一は、結婚して一年半ほどの幸せな生活を妻の死によって奪われる。丸の内にある役所の翻訳課に勤めていたが、怠惰な生活を送っていたために馘首されてしまう。木川は翻訳ものを売って細々と生活していた。出入りしている出版社に死んだ妻に似たタイピスト兼事務員の篤子を知り、恋愛感情を持つ。9ヶ月が過ぎ、結婚の話をするようになった頃、無断で母を養うために「女」を売り兼ねないカフェーの女給になっていた。このカフェーでは赤マントのメリー（峰吟

写真4-12-7　『しかも彼等は行く』(S.22.05)　表紙及び扉（装幀中島章作）

子）も働いていた。

　5、6日過ぎたころ、友人の高村を誘ってカフェーに行く。そこで、篤子は隠し刀のステッキを持ったセーラーパンツの青年に連れ出されて、Sホテルに消えていった。それは木川を救う行動であった。その後、不良青年と諍いを起こして、木川は3日間の拘留、不良青年は市ヶ谷刑務所へ、篤子は淫売のかどで、29日間の体刑拘留となる。出所後、篤子は木川から金を借りて横浜の母親の許へ帰るが、木川も一緒に行く。母親の家は「待合（チャブ屋）」であった。篤子はそんな母親を捨てることはできないという。このような状況の中で、木川は一人東京へ帰ろうとする。その後、高村と伊勢佐木町で待ち合わせすることになる。

　メリーが「チャブ屋の女」になってしまったことを知ったのはこの時であった。「チャブ屋の女」になったわけは木川・篤子・不良モボの立廻りを危なっかしく思い、巻き添えを食わないように逃げたのが横浜のホテルであった。木川と高村の二人はその後マキ・ホテルに直行し、ホテル内のダンスホールでメリーに再会する。木川は一人麹町へ帰ることにした。

　しばらくして木川と篤子は再会する。しかし、また、問題が起きる。篤子の母親が高利貸しに借金があり、返済するか、娘（篤子）を差し出すか、と言われている。木川は「母親は敵」という。篤子は「母親をそうさせた世の中が敵」などと言い、ローザ・ルクセンブルグも持ち出して議論している。二人は結婚して問題を乗り越えようとするが、篤子は子供があることを話し始めた。

　震災後、鶴見の南條医院で世話になり、その時院長の子を妊娠し、生まれた子は南條に引き取られた。

　篤子は子供を引き取り、母親と暮らすと言い、4歳になった我が子を引き取ろうと南條に会う。子供は植木屋に預けてあると言う。早速、小石川へ行って会おうとするが、南條からの養育費は出てないため、東京でも代表的な貧民窟に住む植木屋の知人のところへ追いやられていた。

　子供を連れ帰るには金が要り、南條にその金を出させて横浜の母親の

ところに戻る。引き取ることはできないから出て行けと言われ、南條からさらに金を搾り取ろうとする母親と、それに対して度重なることに罪悪感を持つ篤子との根本的な違いがあった。

　自分たちの生活を支えるための金や、母親の借金の対処がまだわからない中、子供（弘）が引きつけを起こして疫痢で入院。幸い回復するが、入院費支払いのため篤子は母親の借金相手である杉田と温泉宿に行った。これを境に篤子は"肉体は立派な商品"として売ることにした。

　病院を出て伊勢佐木町を歩いているとメリーに出会う。ホテルで働く私娼のイメージが朗らかでのびのびしているメリーを見て変わり、収入も多く、篤子はメリーと同じ仕事をするようになり、本牧マキ・ホテルの女となっていた。

　木川はこのことを知り篤子に会いに行く。彼女のここに至った理由とその論理には驚かされる。1年半か2年ほど働いて、新しい商売ができる資本を貯め、ここを出て生活を立てていく。その時に篤子は木川の知識を借りに行き、「こうしたところから出ていった私とでも生涯の約束をして下さるならこれ以上の幸福はない」と言うのであった。

　映画では木川は小説家の設定であり、篤子はカフェーの女給になっている。また、『キネマ旬報』映画紹介欄から推測すれば、社会へのメッセージが原作者の意図していることよりも弱いように思える。ただし、映画の批評に関しては、比較的良い評価を受けている。

「線の太い映画——娘あつ子を育て上げるために男から男へと移る不幸な"母"と、母同様の冷たい運命にもてあそばれる"娘"との悲劇。男の世界の横暴、虚偽、カラクリを相当に手厳しく摘発した物語だ。…」

（「東京朝日新聞」S.06.06.12）

「今日の社会情勢は"ルンペン映画"出現の必然性をはらんでいる。これは力を込めて作られた力作である」　　　　　　（『キネマ旬報』405）

　出演俳優も篤子の母浦邉粂子、篤子梅村蓉子が良い評価を受けている。

　千秋は「大政翼賛会文化部」の一部門「翼賛出版協会」から幾冊か出版している。大政翼賛会のイメージは戦争協力に直結するものである。

写真 4-12-8 『しかも彼等は行く』

写真 4-12-9 『しかも彼等は行く』広告（キネマ旬報）

　しかし、彼は冷静さを保った文章を書いている。多喜二が正面から向かっていったのとは違い、彼の性格からくる上手い対処であろう。また、『ある私娼との経験』（S.05）などの一連の作品は、戦後になって発表された『りべらる』などの寄稿文の下地になっているのだろう。それらはエロ雑誌の様相を呈しており、千秋の性格と柔軟な姿勢をうかがい知ることができる。

【映画データ】

監督	溝口健二	助監督	坂根田鶴子

キャスト　篤子＝梅村蓉子、母＝浦辺粂子、武藤＝阪東巴左衛門、メ
　　　　　リー＝峰吟子、南條＝菅井一郎、木川順一＝一木礼二、伯爵
　　　　　の息子＝杉山昌三九、アンリ三郎＝大泉浩路、桂庵＝横山運
　　　　　平、銘酒屋年増女＝新井みき、植木屋の爺＝川越一平、高村
　　　　　＝見明凡太郎、いろは亭主＝田原清

脚本	畑本秋一		
原作	下村千秋	撮影	横田達之
製作	太秦撮影所（1931）	配給	日活
公開	1931.06.12		

モノクロ／スタンダードサイズ／8巻（前篇）／1921m（前篇）／無声
　　　　　　　　　　　　　　　／8巻（後編）／2012m（後編）／無声

＊キャストには原作に登場しない者が含まれている。

参考文献

『生誕120年 鈴木信太郎展 親密家のまなざし』そごう美術館、2015.10
『東京美術散歩』桑原住雄、角川書店、S.39.04
『絵とき 広告「文化誌」』宮野力哉、日本経済新聞出版社、2009.05
『朝日新聞社史 大正・昭和戦前編』 朝日新聞社、1991.10
『下村千秋・生涯と作品』平輪光三、崙書房、S.50.09
『阿見町史』阿見町、1983.03
『赤い鳥』第14巻第4号、赤い鳥社、T.14.04
『赤い鳥』第11巻第6号、赤い鳥社、S.11.06
『赤い鳥』第21巻第1,2号、赤い鳥社、S.03.07-08
『下村千秋の世界─その研究と検証』阿見町ふるさと文芸検討委員会、H.24
『小林多喜二 蟹工船』小林多喜二、金曜日、2008.07
『不在地主』小林多喜二、日本評論社、2018.05
『しかも彼等は行く』下村千秋、湊書房、S.22.05
『無医村を救ふ人々』下村千秋、翼賛出版協会、S.19.09
『ある私娼との経験』下村千秋、天人社、S.05.03
『りべらる』3巻11号、白羊書房、S.23.11
『りべらる』4巻2号、白羊書房、S.24.02
『キネマ旬報』396、キネマ旬報社、S.06.04
『キネマ旬報』405、キネマ旬報社、S.06.07

『キネマ旬報』401、キネマ旬報社、S.06.05
『キネマ旬報』403、キネマ旬報社、S.06.06

13　機関車

　吟子が出演した映画の中で、私が最も好きな作品は『機関車』である。映画そのものは見ることは叶わず、原作を読んだだけである。原作者は佐左木俊郎、なぜか彼に深入りしてしまうのであった。短編が多く、読みやすいのも一つの大きな要因なのかも知れない。『佐左木俊郎選集』、『熊の出る開墾地』の二冊を読み終えただけであるが、彼の作品の中で映画化されているのは『機関車』と『熊の出る開墾地（不二映画・S.07）』の二本である。

　『機関車』はそれを単なる大道具とみなした純愛小説であり、この時代（作品発表 S.05）の背景をうかがわせるような組合活動の様子も挿入している。

　「都会から来た女＝吟子」同様、当時の一部の女性たちは、貧困であるがために、生きていくのに、性を売り、身を削り、それを商売にしていた。こうした行為は合法とされていた。原作では、使われている言葉の中から彼女の表情が、寂しさ、悲しさなどが滲み出ている。

　佐左木が発表した原作の中で、吉田（主人公）には妻や子供はおらず、映画の中での吟子の描かれ方は不明である。大筋では物淋しい、憂いを持った女性を演じたものと思う。「ヴァンプ」女優として名を売っていた吟子であるが、一味も二味も違いを見せつけたに違いない。本来、フィルムや脚本が残っていれば明らかになり、大変残念である。

　佐左木は 10 代後半に北海道池田機関庫で機関夫になった経験があり、『機関車』のほかに小品『機関車乗務挿話——時速三百五十粁（S.05）』も著している。誰にも気兼ねすることもなく、人間関係や社会の制約を全く気にせず、滔々と描いている。

　佐左木の経歴を見ることにする。彼は明治 33 年（1900）宮城県玉造

写真 4-13-1　佐左木俊郎（S.05 頃）　　　写真 4-13-2　『熊の出る開墾地』（H.12）

郡一栗村（大崎市岩出山上野目）の生まれ。高等科を卒業後北海道に渡り、大正 4 年（1915）15 歳の秋、池田機関庫に就職、翌年 2 月機関夫となる。しかし、「母危篤」の虚報により郷里に呼び戻されることになり、5 月下旬に退職する。機関車と関わったのは半年余りである。

　帰郷後、貧しい中から作品を発表し、大正 13 年（1924）24 歳で新潮社の社員となる。昭和 4 年には浅原六朗を含むメンバー 13 人で「十三人倶楽部」を発足させ、『熊の出る開墾地』（S.07 映画化）を発表。昭和 5 年（1930）30 歳で『機関車』（S.06 映画化）を発表。昭和 8 年（1933）満 33 歳直前で若い頃に患った結核に加え、胃潰瘍、腹膜炎を併発して死去。

　他の作家に対しては辛辣にものを申す川端康成は、『文芸時評』の中で佐左木を取り上げ、故人になった彼を「農民小説の栄誉あらしめん…」と言わせた。

　『機関車』の原作は次のようになる。

　山裾の小さな温泉町に停車場はあった。そこは鉄道の始発であり、終点でもあったため、終列車を牽いた機関手は一晩泊り、翌朝の始発列車を牽いて帰った。若い機関手の吉田は、機関庫の宿直室からよく抜け出

し、散歩に出かけた。そこで、都会から来た女（峰吟子）と出会う。彼女は都会の場末で性を商売にしていたが、身体の保養のため、この温泉町に来ていた。健康な身体にかえり次第、今までの生活から足を洗おうとしていた。しかし、彼女の蓄えた金銭では長逗留は無理であった。生活費を稼ぐために、以前のような仕事をしながら体の回復に努めるのであるが、それは再び元の生活に戻るということを意味していた。

　吉田は終列車でこの温泉町に来るたびに、彼女のもとを訪れた。吉田が訪れる日は、ほかの客を避けて彼を待った。そうした状況の中、労働組合の設立に向けて動き始めていた。しかし、裏切りに遭い、吉田は馘首(くび)になる。

「結婚するから、もう逢えない」と嘘をつき、別れ際に会社から渡された金を置いて彼女の家を後にした。彼女は吉田の後ろ姿だけでも見送りたいと思い、線路の方に向かったが、機関車が非常汽笛を鳴らして停車した。彼女が轢かれたのだ。切断された胴体の手には「吉田機関手様」と書かれた封筒が握りしめられていた。

　轢いたのは青木、彼の裏切りによって4人が馘首を切られ、轢かれた彼女もその犠牲者として。吉田は青木を罵り、悲しみを背負いながらその場を離れるように客車に乗り込んでいった。

　私は『機関車』の冒頭が好きである。冒頭部分が有名な作品には、川端康成の『雪国』を第一に挙げることができる。ここで二つを比べることにする。

『雪国』＝「国境の長いトンネルを抜けると雪国であった。夜の底が白くなった。信号所に汽車が止まった」。この小説は川端康成が昭和10年（1935）から色々な雑誌に書き始め、長編小説として後年完成したものである。冒頭部分は、作品の内容をあまり知らなくても多くの人たちは知っている。舞台は新潟県湯沢温泉である。

『機関車』＝「その線は、山脈に突き当たって、そこで終わっていた。そしてそのまま貫通を急がなかった。山脈の裾には温泉宿の小さい町が白い煙を籠めていた。停車場は町端れの野原にあった」。江藤文夫は

『雪国』には主語がないことに着目し、表現の簡潔さはこの脱落によるものだと言う。その通りである。「国境」の読み方は「こっきょう」か「くにざかい」かの議論もあるが私にとってはどうでもよい。冒頭部分の説明方法が『機関車』と『雪国』のそれが類似しているのではないかと思うだけである。この原作は昭和5年5月に『週刊朝日』に発表されている。川端の作品発表より5年も前にだ。

　佐左木の頭の中に、どこかを舞台として思い浮かべ、創作したものと思うのだが、彼の関係する北海道、東北の地形や鉄道路線（廃線、過去の計画線も含む）を調べてもそこには辿りつくことはできなかった。残念である。さらに映画内容の調べを進めるうち、「読売新聞」、『キネマ旬報』を見て衝撃を受けた。原作と映画では、だいぶ内容が異なっているではないか。

「温泉町に通う私設鉄道機関手吉田には貞淑な妻と子があったが、或る日、都から若い女性が来た。吉田の幼馴染だった。かくて吉田の心は動揺したが、荒んだ女の気持ちと彼の妻の真心に動かされ、青木という男を殺し自分も死んだ（帝都座・神田麻布両日活館）」

（「読売新聞」S.06.08.26）

　さらに不可解なことに『キネマ旬報』の「日本映画紹介」は全く別な書き方をしている。

「長い逗留生活から倦怠しきった“都から来た女”は吉田に気まぐれな恋を持ちかけた。単純な田舎者である吉田は、その邪恋を信じ、泣きすがる妻を離別し、“都から来た女”のもとに去った。その時、吉田は同僚青木の嬌態を見て……三人の間に痴情の争いが渦巻き、殺人の罪を犯す。我に返った時、我が家に戻るが妻も子もいなかった」

（『キネマ旬報』389）

　原作から入った私にとって、この異なりようには、なぜか残念な気持ちが生まれてきた。昭和6年の映画公開時には、まだ佐左木は存命であり、原作と脚本との違いをどのように感じていたのだろうか。農民作家と言われる彼の多面的な才能の持ち合わせによってそれを許容したの

写真 4-13-3　機関手吉田と妻子

写真 4-13-4　吟子と吉田

かもしれない。映画脚本は誰が書いたのか不明となっている。

　ただ、この新聞記事からは大きなヒントをもらった。「はたして舞台はどこか」について、当初は不明と思われたが、「私設鉄道」というキーワードから、今では廃線になった十勝鉄道（私鉄）、文中の「山脈に突き当たって…」とは北海道の中央部から南の襟裳岬付近まで連なる日高山脈であり、「そのまま貫通を急がなかった」も開業に至らなかった予定線（根室本線・新冠〜根室本線・帯広）のことである。

帯広近郊には温泉もあり、佐左木は池田機関庫で働いていた体験から「日高山脈の東側、帯広近郊」を思い浮かべて舞台を設定したのではないか。物語の舞台を読者が想像するのも、原作を一層興味深く、面白いものにしてくれる。なお、『熊の出る開墾地』の舞台は十勝郡浦幌町である。

　写真 4-13-5 は「旬報グラフィック」の中の写真であり、三枝源次郎監督のコメントが書かれている。「一機関士の苦闘美談、鉄道省推薦請け合いの"機関車"の一場面、神田俊二と峰吟子」（「キネマ旬報」389）

写真 4-13-5
『機関車』吉田と吟子

【映画データ】

監督 　　　三枝源次郎

キャスト 　機関手・吉田＝神田俊二、その妻＝山本絹江、その子供＝江
　　　　　　田修、都から来た女＝峰吟子、機関庫主任・青木＝三井泰三、
　　　　　　機関手主任＝高木桝次郎、吉田の助手＝大崎史郎、お蝶＝八
　　　　　　島蝶子

脚本 　　　不明

原作 　　　佐左木俊郎 　　　撮影 　　永塚一栄

製作 　　　太秦撮影所（1930） 　配給 　　日活

公開 　　　1931.08.21

モノクロ／スタンダードサイズ／6巻／1392M／51分／無声

参考文献

『佐左木俊郎選集』佐左木俊郎、英宝社、S.59.04
『熊の出る開墾地』佐左木俊郎、英宝社、2000.05
『文芸時評』川端康成、講談社、H.15.07
『日本鉄道旅行地図帳 北海道』新潮社、H.20.05
『日本鉄道旅行地図帳 東北』新潮社、H.20.06
『北海道文学地図』北海道文学館編、北海道新聞社、S.55.01
『北海道文学史 大正・昭和戦前期編』木原直彦、北海道新聞社、S.53.03
『江藤文夫の仕事4 1983-2004』江藤文夫、影書房、2006.07

「新映画"機関車"」読売新聞、S.06.08.26
『キネマ旬報』389、キネマ旬報社、S.06.01

14　心の日月（月光篇・烈日篇）

　この映画は菊池寛の『キング』連載小説が原作である。舞台は岡山、東京の2ヶ所。菊地は香川高松の出身であり、四国に生まれた多くの人々は本州に憧れを抱き、出ようとする。彼もその一人であったであろう。高松から宇高連絡船に乗り対岸の岡山に着く。物語の中で岡山の地理など詳しく描かれているのは、やはり最も近い本州の街として認識していたのではないか。

　皆川麗子は旭東女学校の卒業生総代である。しかし、"卒業したくない"のであった。卒業するとすぐに結婚することになっていたからだ。相手は工藤良吉という青年で、継母の実子であるが、好きにはなれない。

　麗子には心の中に六高生磯村晃がいたのだ。一度会っただけで、その後東京の大学に行き離れ離れになる。夏休みが終わり大学へ戻るとき、岡山駅での見送りが短い時間の再会であった。

　麗子が卒業する1ヶ月前に結婚話のことで交通し、互いの心が通じ合うようになる。4月の結婚式が迫り、心の内を手紙にしたためて磯村に送る。その返事は「必ず責任を持ちます。僕を信じてどうぞ結婚を延ばしてください」と。

　麗子は置手紙をして上京する。途中、大阪から乗り込んだ渡辺洋子という女性に巡り合い、東京まで同席する。

　洋子と東京駅で別れ、タクシーで飯田橋駅に着き、公衆電話から磯村に連絡すると「すぐ行きます。今から十分くらいに行きます」。ここから行き違いが生じ、磯村は待てども来ず、遂に会うことはできなかった。飯田橋駅には二つの入り口があったのだ。岡山から磯村の寄宿舎に電報が入って舎監に監視されているため、麗子から電話があったが、何も言えずに切られてしまう。

麗子はとりあえず今夜の宿を何とかしなければならない。初対面であったにもかかわらず、車中で出会った渡辺洋子を頼ってバー・シロバラへ行く。その後、落ち着いてから職を探そうとするものの、東京の汚さの洗礼を受けることになる。

　1週間ばかり過ぎた頃、洋子から中田商事の工藤を紹介されて社長秘書になる。磯村の様子は麗子の家出と関連あるものとされて退寮になり、生活難に陥っていた。一方、麗子は順風な生活を送っていた。

　ある晩、洋子は熱を出し、彼女の代わりに麗子がバー・シロバラのカウンターに立った。それを見た洋子は病を押してすぐさま麗子と代わり、負担をかけさせまいとするその姿に、偶然出会っただけの関係であったにもかかわらず、麗子は感激の涙を流す。

　ある日、中田から宝塚歌劇の切符をもらい自動車で会場に行く時、磯村を見つけた。その様子は着物は汚れ、顔も青ざめていた。会場では社長夫人の律子（吟子）と妹の明美に出会う。磯村のことが気になり寄宿舎に電話する。そこで、退舎を命じられたことを知り、原因は彼が堕落したものと勝手に思い込み、今後は忘れようとする。社長夫人律子は滅茶苦茶焼餅焼きで、麗子が美人であり、社長から切符をもらったことで麗子を首にしようとする。しかし、自分から辞することになる。その後、中田は律子との結婚は失敗であったと後悔し、麗子に心寄せる思いがあることに気付く。

写真 4-14-1　『心の日月』（S.06.11）装幀田中良

写真 4-14-2 『心の日月』皆川麗子口絵

磯村は相変わらず窮地に陥っている。それを見た岡山選出の代議士古山は磯村の金銭援助を中田に求め、中田家の書生になった。書生になってからは中田の妹明美に気に入られ、勉学なども好転していった。明美はわがままな令嬢ではなく、磯村もだんだん魅かれるようになっていった。一方、中田は麗子を囲っているのではないかと律子に疑われ、ヒステリックな姿を見せられていた。

夏になると洋子が肺尖カタルになり、養生のため葉山に転地療養することになる。バー・シロバラは麗子が仕切ることになり、そこへ篠原が来て学費を出すから音楽学校へ入るように勧める。洋子には内密にするようにということであった。これが後に大きな問題を引き起こすことになる。洋子に見限られたのだ。その後、音楽学校の知り合いの所に泊まることになる。

磯村は避暑で軽井沢へ行ったとき、明美の恋愛論から自分に好意を持っていると気付く。さらにしつこい求愛へと変わっていき、麗子の心を確かめないうちはと思いながらも明美に惹きつけられていった。

麗子はMデパートに採用されることになり、一階ハンカチ売り場に配属される。そこで磯村と明美が香水売り場で親しげな様子でいるのを見かけ、飯田橋へ来なかった原因はこれだと勘違いする。中田はMデパートにいることを知ると、会うことなく遠くから見ていたが、そのうち頻繁にハンカチを買いに来るようになる。

篠原がデパートに現れ、音楽学校の件で麗子を恐喝する。中田に借りて返済する。しかし、篠原は嘘を言って二人の関係を壊そうとし、中田はそれを信じて麗子と会うのを止めるが、家庭でも律子と険悪な状況になっていた。

中田が来ない理由は麗子にはわからない。思い余って手紙を出す。「怒りを受ける覚えはないこと。いつまでも有楽橋で待っていること」。手紙を見てから2週間余り過ぎた雨の夜、有楽橋に行くと麗子がいた。経緯を聞いた中田は「貴女を愛してもいいでしょう」というが、麗子は「でも…」と答える。律子の存在以外に何か見えない障壁があるのを感じ取る中田であったが、家に帰ると珍しく律子の出迎えを受ける。しかし、中田に好きな人がいると感じており、この日を境に家を出ていった。

　磯村は外交官試験に合格した。明美の愛情には尊敬も加わり、どんなことがあっても離れないと決心する。磯村も愛がだんだん深くなっていくのを感じていた。

　年末の晩、Mデパートを退社し、銀座通りを歩いていると帝大生と令嬢に出会う。磯村とは飯田橋駅の出来事以来の再会である。麗子にはわだかまりがあり、この時はまだ解くことはできず、明美はその様子を兄中田に報告していた。すれ違いが磯村、中田、麗子、明美の四人は心の葛藤をそれぞれ生じることになる。

　中田はMデパートで麗子に話がしたいと紙片を渡した。待ち合わせ場所は因縁の「飯田橋駅」。またしても行き違いになるところであった。飯田橋駅には二つの入り口があることに初めて気付き、磯村に対する誤解が解けて、謝らなければと思うようになる。

　時の流れで人の心は少しずつ変わっていく。磯村は麗子に「僕はあなたを愛していました。将来も、もっといい心のお友達としてお付き合いしましょう」と今までの経緯から心の精算をしたのであった。

　麗子は中田との結婚までの間、音楽学校へ通うように言われ、従おうとするのであった。

　飯田橋駅には牛込見附側と飯田橋側の二つの入り口があり、互いの勘違いから生まれた物語である。映画ではバー・シロバラに働くみどりの働きにより病の洋子の誤解を解き、その後洋子が亡くなることは、原作では触れられていない。

「田坂は十月三十一日“心の日月”を封切した。これは菊池寛の原作も

よかったが、入江たか子、島耕二を配しての田坂の演出は俄然ヒットした」

（『日活四十年史』）

「公開二日目神田日活館の一階席が夥しい数の女性によって満たされて……」

（島田福三郎）

興行成績は『キング』連載の効果もあり、ブルジョアへの憧れ、純愛物で女性の心を掴み、すこぶる好調であり、田坂具隆監督や作品に対しても好意的な批評がされている。吟子が出演した映画の中では唯一、この『心の日月』が第8回キネマ旬報ベストテン（1931）第2位に入賞している。

この物語にはモデルが存在している。葉上 照 澄 師がその人である。彼は映画の中で磯村晃、後に結婚することになる女性は皆川麗子となっている。麗子役の名前は春子といい、大変な美人であり、山陽女学校時代には数えられないほどのラブレターを貰っていたという。残念なことに彼女は31歳で結核によって他界している。その後、照澄師は再婚せず、子供もなく、天涯孤独の身上となるものの、後進の指導などを行い、私はその姿がなぜかチップス先生と重なって見えてくる。

＊モデルとなった葉上夫妻の逸話（わが恋）は日経新聞に連載されている。映画では大きな脚色がされており、比較するのも参考となる。

上　写真 4-14-3　「東京朝日新聞」広告
左　写真 4-14-4　『キネマ旬報』415 広告

写真 4-14-5 『心の日月』

写真 4-14-6
『心の日月』玉木座週報

【映画データ】

監督　　　田坂具隆

キャスト　皆川麗子＝入江たか子、渡辺洋子＝浦辺粂子、中田慎一＝島
　　　　　耕二、篠原＝南部章三、みどり＝滝花久子、明美＝高津愛子、
　　　　　その友人＝如月玲子、磯村晃＝井染四郎、その友人＝八木宏、
　　　　　中田夫人律子＝峰吟子、麗子の母＝英静代

脚本　　　木村千疋男

原作　　　菊地寛　　　　　　撮影　　　伊佐山三郎

製作　　　太秦撮影所（1931）　配給　　　日活

公開　　　1931.10.30

モノクロ／スタンダードサイズ／6巻（月光篇）／1608m／59分／無声
　　　　　　　　　　　　　／10巻（烈日篇）／2727m／99分／無声

参考文献

『心の日月』菊地寛、大日本雄弁会講談社、S.06.11
『キネマ旬報』415、キネマ旬報社、S.06.10
『キネマ旬報』419、キネマ旬報社、S.06.11
『キネマ旬報』420、キネマ旬報社、S.06.12
「心の日月広告」東京朝日新聞、S.06.10.30
『日活四十年史』日活、S.27.09
「私の履歴書 比叡山長臈 葉上照澄氏 わが恋」日本経済新聞、1987.10.08

15 白い姉（前篇・後篇）

　この作品は昭和 6 年 3 月 26 日から 7 月 24 日まで、120 回にわたって「東京朝日新聞」に連載され（挿絵は熊岡美彦）、5 月には改造社から単行本が出版されている。今日では 2007 年 9 月に未知谷から発刊された単行本（写真 4-15-1）が流通するのみである。

　物語の出だしは、洋服店からである。中田佐保子と谷口雄二は夏服採寸のため洋服店にいた。そこで山の手のウイルソン夫人と寸法がそっくりであると言われる。店を出て佐保子の運転するクーペは、メーデーの労働者と遭遇しながら山下公園に着いた。後ろの桟橋では高田という青年の見送りをしていた。見送り仲間は久しぶりの再会であり、夕食を共にする。

　佐保子と雄二は、ニューグランド・ホテルで外国からの観光団を眺めながら食事をする。佐保子はまだ見ぬ妹のことが頭にあり、そのことで誰かと話してみたいと思っている。その誰かは谷口ではなく、昼間見かけた相川甲太郎であった。横浜元町にあるベラ・ドンナという酒場で佐保子は自動車を止め、相川を見つけようとしたがいなかった。酒場でしばらく過ごし出ようとした時、客となっていたメーデー参加者とトラブルになり、谷口はその場を抑えて、また佐保子の自動車に乗り込む。車内で「相川と婚約しているのか」、「好きなのか」と質問し、気持ちを探ろうとする。

保利良吉は今、留置場にいた。前晩相川や高等学校の仲間たちと銀座に出て夜をふかし、今日は南米へ発つ高田の見送りをしていれば、愉快な夜を過ごせたかも知れない。メーデーに参加して検束されたのである。

佐保子は兄の中田正夫と二人で誰にも束縛されない暢気な生活を送っていた。母はずっと前に亡くなり、父親は一昨年亡くなった。父親には昔の不行跡の結果として佐保子には洋子という妹があった。このことは人を入れずに父が自分で問題を解決していたらしい。

正夫は家に帰らず、モンテカルロ舞踏場の八雲カツコ（勝子）と一緒にいた。昼前、人に会う約束をしていたので先に出かけ、事務所へ向かう。その途中で小森定之助に出会い、洋子のことで話があるという。中田は弁護士の脇に話すようにと言って別れる。脇にも電話をするが、時を同じくして相川が留置されている保利のことで脇を訪ねて車坂警察へ行く。

相川は保利を留置場から貰い下げに行ったりしてテニスに参加できず、夕刻佐保子に会いに来た。佐保子がメーデーに遭遇した時の話をしてマルクス・ボーイの話になり、「彼らを流行物ではないか」という。相川は「流行であるが、相当の社会的根拠がある」と返す。そうするうちに正夫が帰宅し、三人の会話はウイルキンソン夫人のことになった。相川が帰宅した後、兄に向ってまだ見ぬ妹のことを問い詰める。名前は洋子、苗字は小森、齢は三つぐらい下、と聞き出すが、つまらない真似はするなと忠告される。

脇弁護士は後日小森老人に会いに行く。そこは崖下のすぐ下の古ぼけた二階建であった。小森を外へ連れ出し話をしようとする。中田家から教育費としてある程度の金が渡されていたが、洋子は女学校

写真 4-15-1
『白い姉』装幀竹久野生

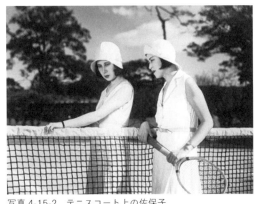
写真 4-15-2　テニスコート上の佐保子

を出てはいなかった。自分の境遇がわかってからクラスの中で孤独になり、やがて退学していた。小森の腹積りは小さな店を出すための金を中田から出させようとし、何も知らない洋子に手紙を持たせて中田の屋敷に伺うようにした。

　翌日、洋子は手紙を持って中田に会いに行き、横浜の小森は知らないと言われて追い返された。外では佐保子たちはテニスに興じており、参加者は皆佐保子の同窓であった。その中に婦人雑誌によく登場する藤岡町子（峰吟子）がおり、モダン・マダムとあだ名されていた。佐保子のテニスを見ていた相川は、いつもと違う彼女を見ていた（写真 4-15-2）。

　その後、帰宅した相川のところへ佐保子からレコードが届き、添えられた手紙には、心身の重苦しさから解放されるために持ち物を送るという。さらに相川に対して「あなたは優しすぎるからしばらく来てはいけない」と付け加えられていた。

　夏が来て暑さが汗を呼ぶようになった頃、脇弁護士は洋子が中田のところへ行ったことに対して、苦情を言いに来た。中田家と洋子は法律上何の関係もないと言う。これに対して小森老人は激怒し、新聞などの世論に訴えてでも堂々と戦って見せると言って追い返してしまう。将来のためにと思い、中田から死に物狂いで金銭を受け取って、洋子に渡そうと考えていたのだ。

　洋子がデパートの帰り道に花を買おうとした時、跡をつけてきた男が自分に買わせてくれという。その男は小説家の奥野二郎であった。ちょうどその場へ隣人のナオミが現れて洋子は帰り、奥野とナオミはビールを飲みに行こうとする。ナオミは東京から来たカツコと一緒になって酒

場へ入っていった。カツコはモンテカルロの No.1 ダンサー、大人し過ぎるくらいの性格であり、今日はナオミに相談したいことがあって横浜まで来たのであった。

　帰宅した洋子は早速花瓶に花を生け、それを見た小森は奇麗だと目を輝かせた。晩酌していた老人は、洋子の慎ましい姿を前に一層不仕合せな生立ちのことを思うが、洋子は今のままの境遇で満足であり、不足はなく、もっと困っている人が幾らでもいるからもったいないくらいだという。しかし、この考え方は小森には面白くなかった。洋子は薄々中田との関わりを感じ取り、異母兄弟の可能性を知り得ていた。さらに、今のままで中田家に対して何もしないのがよく、中田のしていることが彼ら自身引け目を感じているかも知れず、幸せのように見えても幸せでないかもしれないと。

　佐保子や藤岡夫人らは、谷口雄二のラグビー試合を見に来ていた。試合後夫人のところで食事をする。そこには小説家黒田瀧雄なども呼ばれ、ダンスに興じていた（写真 4-15-3）。その最中、夫人は谷口を誘ってドライブに出かけ、それを佐保子が追いかけたが、二人は雑木林に消えていった。

　翌朝ナオミが中田家を訪れる。中田は留守で、家には佐保子がいるだけであった。カツコの件で来たのだ。「人に子供をこしらえておいて、それと分かったら己の知らないことだと」、「不人情にも程がある」と言いに来たのだ。佐保子の脳裏には「兄が――父と同じことを繰り返している」と浮かんできた。この件は脇弁護士を入れて、金銭で解決した。

　相川は小岩井からの手紙で、彼がガソリンの店を出

写真 4-15-3　藤岡町子と谷口雄二

221

写真4-15-4　佐保子と雄二

すことを知る。保利が助手となって、すべて順調に事が運んでいるように思われた。しかし現実は厳しい。そこで美人のガソリンガールを置いて形勢を変えようとし、候補としてデパートで働く洋子を充てようとした。保利が見出してからし

ばらくして小岩井と共にデパートにやってきた。後日さらに相川を伴って三人連れでやってきた。相川は、洋子が中田の家を訪ねた娘であることに気付いた。洋子も気付いていた。

　この夏、佐保子は七里ヶ浜で保養し、泳いだり、ヨットを出して転覆などしていた。そうした中で手紙を書いていた。その中にはまだ見ぬ妹に宛てたものがあった。夕方になり、佐保子は白いドレスを着ていた。ウイルキンソン夫人が間もなくこのホテルに来た時、同じような洋装で驚かそうとしていた。中田が鍵を探して部屋を出ようとする前に佐保子は廊下に出る。そこにはカツコが立っており、拳銃を佐保子めがけて発射した。純白のドレスの胸には、花のような赤い血の跡が滲み出て、瞬く間に拡がっていった（写真4-15-5）。

　佐保子の絶望に近い危篤状態の中、洋子を連れて来るようにと言い、横

写真4-15-5　撃たれた佐保子（「東京朝日新聞」）　写真4-15-6　相川と洋子（「東京朝日新聞」）

浜を出発した。途中、相川は佐保子の手紙を取り出して、洋子に「あなたのお姉さんからです」と言って読むように差し出した（写真 4-15-6）。

写真 4-15-7
「佐保子の歌」「白い姉」歌詞

鎌倉の駅に着いた時、相川は谷口に「どう？」と尋ねたが、谷口は首を横に振り、脇を向いてむせび泣いた。

原作と映画の違いはあまりないように思われる。ただ、鎌倉の海でヨットを操っていた佐保子が転覆して、救助されたとなっているが、原作では通りかかった漁船に曳航されている。

映画批評は『キネマ旬報』で北川冬彦が原作を読まずして書いている。映画を観ていない私には、あまり理解できない。また、新聞に掲載されたものも存在する。しかし、評論・批評にはなっていない。
「"一本刀土俵入"と同時に封切る"白い姉"は少なくとも前篇だけから観たら文字通り可もなし不可もなし。後編を待つ必要がある」

（「東京朝日新聞」S.06.11.14）

この映画には「佐保子の歌」（西條八十作詞）、「白い姉」（青柳瑞穂作詞）の二曲が主題歌になっている（写真 4-15-7）。「佐保子の歌」一番を記す。

姿も知らず　名も知らず
ただ居るとだけ聞いたのみ
遠いかわいい妹よ
あなたは見えぬ夜の星
　　　　　逢えぬと知れど　ただ一目
　　　　　せめて逢いたや　妹よ

写真 4-15-8 「白い姉」新聞広告東京朝日新聞 S.06.11.13

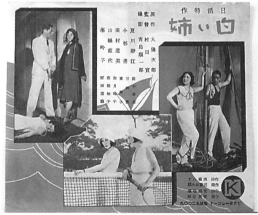

写真 4-15-9 「白い姉」映画チラシ

【映画データ】

監督　　　村田実

キャスト　谷口雄二＝小杉勇、相川甲太郎＝田中春男、中田正夫＝田村
　　　　　道美、中田佐保子＝夏川静江、小林老人＝三枡豊、小林洋子
　　　　　＝山縣直代、カツコ＝東輝子、ナオミ＝如月玲子、みどり＝
　　　　　西條和子、藤岡夫人＝峰吟子、脇弁護士＝村田宏寿

脚本　　　依田義賢

原作　　　大佛次郎　　　　　　撮影　青島順一郎

製作　　　太秦撮影所（1931）　配給　日活

公開　　　1931.11.13（前篇）　1931.11.20（後篇）

モノクロ／スタンダードサイズ／9巻（前篇）／1904m／無声
　　　　　　　　　　　　　　　／8巻（後篇）／1637m／無声

参考文献

『白い姉』大佛次郎、改造社、S.07.05
『白い姉』大佛次郎、未知谷、2007.09
『白い姉』119、東京朝日新聞、S.06.07.23
『白い姉』120、東京朝日新聞、S.06.07.24
『キネマ旬報』417、キネマ旬報社、S.06.11
『キネマ旬報』420、キネマ旬報社、S.06.12
『キネマ旬報』421、キネマ旬報社、S.06.12
「映画界ニュース」東京朝日新聞、S.06.11.14

16　海の横顔

　吟子と木藤茂監督（本名松本房雄）が関わるのは本作品と『レヴュー
の踊子』の二作品である。その彼の経歴が大変面白い。子役や女形で舞
台を踏み、映画俳優を演じ、脚本を書いたりして、その後、監督を務め、
多彩さに溢れている。映画俳優当時の姿は『ふるさとの歌』（1925・50
分）の中に主演者して映し出されている。その映画は現存する最古の溝
口作品である。

この映画の原作・脚本を書いた増田真二は、泉鏡花原作映画『瀧の白糸』（S.08）を東坊城ら4人と共同で脚本化している。
『海の横顔』の情報は極めて少なく、映画の流れは『週刊朝日』（S.06.12）（写真4-16-1）や『キネマ旬報』から拾いだす。

　松助は妻や子と別れてから幾多の年月が経ったのであろうか。若い頃、船乗りであった彼にとって、平和な家庭は何の魅力でもなかった。そうして放浪の果てに、今では港々に巣食う悪党の中に生きている彼であった。しかし、松助にはただ一つの悔恨があった。それは幼いころに別れた一人娘お絹（峰吟子）に対する限りなき愛慕の情であった。

　突然お絹が松助の前にその可憐な姿を現した時、かつて非情であった父は娘と二人して営む安穏な生活を夢見た。しかし、時はすでに遅かった。彼の仲間は悪事を働いていた。それはお絹を助けてくれた船員猛の船からの抜荷きである。無実の罪に苦しむ船長のために猛は憤然と立った。猛と松助一味の間に激しい闘争が展開された。

　お絹はいかに嘆き悲しんだであろう。彼女は恋人と老父との間に挟まれて苦しんだ。だが彼女は遂に決心した。お絹は父の仲間に恋人を売ったのだった。猛の生命は松助の手中に置かれた。突如、眠れる松助の心の裡に良心が初めて目覚めて猛を救った。しかし、仲間を裏切った松助は、その報復の手に斃れねばならなかった。「強く正しく歩め！」それは老いたる放浪児が死の瞬間に至ってはじめて把握した人生哲学であった。

　山上の松助の墓標に明るい秋の日差しが漂っている。そしてそこには猛とお絹との幸福な姿がある。……

　当時、『海の横顔』の中の海賊行為（荷抜き）は実際に多く起きていた。サンパンなどに襲われるが、船や艀を丸ごと強奪することはせず、積み荷のほんの一部をいただいていくという手口。なぜ一部だけなのか。その訳は被害額が全体の二割以下であれば海上保険が適用され、大事にならずに済んだからだ。

写真 4-16-1　『海の横顔』(『週刊朝日』)

＊サンパンの語源は中国語で「三枚の板(サンパン)を構造に持つ小振りな船」をさす。
　サンパンより大きな船が「ジャンク」である。戦時中、中国から入ってきた言葉と考え
　られる。横浜では通船のこともサンパンと呼んでいた。

【映画データ】

監督	木藤茂
キャスト	猛＝広瀬恒美、松助＝沖悦児、お絹＝峰吟子、波止場の鉄＝三田寛、富＝岸井明、輝＝大泉浩路、辰＝赤星黙、鉄の子分＝花光洋彦
脚本	増田真二

原作	増田真二	撮影	渡辺孝
製作	太秦撮影所(1932)	配給	日活

公開　　　1932.02.05

モノクロ／スタンダードサイズ／無声

参考文献

『キネマ旬報増刊　日本映画俳優全集　男優編』キネマ旬報社、S.54.10
『週刊朝日 12 月増大号』朝日新聞社、S.06.12
『キネマ旬報』421、キネマ旬報社、S.06.12
『消えた横浜娼婦たち―港のマリーの時代を巡って』檀原照和、データハウス、2009.06

17　霧のホテル

　映画原作者北村寿夫は数々の原作、脚本を執筆し、児童文学作家としても活躍している。若い時代には小山内薫に師事し、「歌舞伎でも新派でもない新しい日本の演劇＝新劇」を経験する。大正 13 年（1924）築地小劇場が開設された時、北村は 29 歳であり、活動内容はあまり詳しくわからないが、当時から児童文学にも傾倒していたように思われる。

　戦後、北村の活動は花開くことになる。私たちの世代に向けて『紅孔雀』や『笛吹童子』のラジオやテレビ放送があり、茶の間の人気を博して話題となっている。

　日活に提供した原作は『女給』（木藤茂監督 1930.10.17 公開）と『霧のホテル』の二本のみであり、この映画の基となるものは『舞台戯曲』（S.05）に掲載されている。ただし、映画の脚本は富岡捷が担当している。富岡の資料はあまり多くはなく、昭和 6 年（1931）ごろから原作・脚本を手掛け、昭和 13 年には監督に昇進、第一回目に現代劇『結婚の御註文』（1938.03.03 公開）を製作、昭和 14 年まで監督として日活に在籍している。

　『霧のホテル』の内容は『舞台戯曲』から辿っていく。

　横浜の市街を外れた海岸の小さいホテル、一階は酒場、二階はダンスホール、他には女たちにそれぞれ部屋があり、二人寝台を所有している。如何わしいホテルでの出来事である。

雪枝（峰吟子）はこの場所に相応しくない火夫で酔って寝てしまった客の下級船員をしきりに起こしている。そこへモウ（モーニング）さんが来る。彼の目的は雪枝の借金取り立てであった。借用証書を取り出し、百五十円の返済期限は今日であることを示すが、雪枝は二三日待ってくれるよう頼む。しかし、本当は返済できる当てはない。不景気で衣装や部屋の使用料を差し引かれると残らないと言い訳し、内心はもう少ししたら高級船員（？）となった兄が迎えに来てくれると期待している。

　現金がなければ、もう一度住替えをすることになる。ここは小港、ちょっと出世して本牧のチャブ屋へ行こうというが、雪枝はモウさんに向ってダニのような男で他にも五六人同様な女がいることを詰った。この時、モウさんは懐からピストルを取り出し磨いていた。雪枝もただのデモンストレーションであることはわかっている。一通りの会話が終わって、モウさんはダンスホールへ消えていった。

　火夫は雪枝に水を求めた。酔って寝ていたようであったが、二人の会話はすべてすっかり聞いていた。雪枝は兄の名前が山田鉦吉であると打ち明ける。火夫は眠いから雪枝の部屋へ行き、久しぶりにぐっすりと寝たいからと雪枝をダンスホールに追いやった。……………………第一幕

　ホテルのダンスホールで皆が踊っている。しばらくして"突然の停電"、この間に男の悲鳴が二度する。灯にスイッチ入れるとモウさんが横たわっている。ジャックナイフで刺されて死んでいた。………第二幕

　雪枝は自分の部屋へ戻るが、火夫はぐっすり寝ていて騒ぎを知らないという。さらに、火夫は犯人に心当たりがあり、雪枝の兄さんがダニを殺してすうっと行ってしまったのではないかという。雪枝も住替えしなくてもよいために晴々し、ホテル中の女も救われたが、火夫がやったのではないかと思うようになる。やはり火夫は犯人であると認め、兄妹かどうかは不明のまま窓を開けて、ひどい霧の中、追っ手を撒くように去っていった。……………………第三幕

　映画では火夫は自分の落ちぶれた姿によって山田征吉を名乗るわけにはいかなかった。それでも、雪枝を見てどうしても見過ごすことができ

写真 4-17-1　『霧のホテル』

写真 4-17-2　モウさんと雪枝

写真 4-17-3　雪枝役の吟子

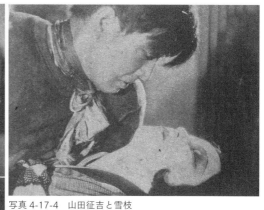

写真 4-17-4　山田征吉と雪枝

ず、事に至った。しかし、追っ手が迫った時兄妹であることを認め合っ
た。

「吟子！　ヤツをばらして来た」ドアを静かに閉める三井泰三だ。

「……」ギョッとして血走った男の眼をとらえる峰吟子だ。

　港街の霧深い夜である。———　　　　　　（『キネマ旬報』408、挿入文）

　当時の映画批評は吟子に対して「ああした原作の雰囲気を出すのに、
あのような俳優、ことに峰吟子は相応しくない。ただ真っ白に塗った顔
が無表情に動くのである」とかなり厳しい。

【映画データ】

監督　　　三枝源次郎

キャスト　本牧の女雪枝＝峰吟子、火夫山田征吉＝三井泰三、モーニン
　　　　　グさん＝三田寛、船長＝横山運平、火夫＝赤星黙、チャブ屋
　　　　　の女将＝坂東三江紫、チャブ屋の女＝八島蝶子

脚本　　　富岡捷

原作　　　北村寿夫　　　　　　撮影　　　永塚一栄

製作　　　太秦撮影所（1932）　配給　　　日活

公開　　　1932.03.25

モノクロ／スタンダードサイズ／44分／6巻／1197m／サイレント

参考文献

『舞台戯曲』舞台戯曲社、S.05.02
『キネマ旬報』408、キネマ旬報社、S.06.08
『キネマ旬報』409、キネマ旬報社、S.06.08
『キネマ旬報』432、キネマ旬報社、S07.04
『サンデー毎日』第10年36号、大阪毎日新聞社、S.06.08

18　細君解放記

「読売新聞」は、それまで朝刊発刊のみであったが、昭和6年11月25
日からは夕刊も発刊することになり、翌日の26日から三編の夕刊読物
が連載されるようになった。そのうちの一編がユーモア作家として世間
で知られていた寺尾幸夫の『細君解放記』であり、挿絵は湯浅千穂子が
担当し、翌昭和7年4月15日に至るまで113回に亙って連載された
（写真4-18-1）。「読売新聞」連載のほかには、単行本として昭和7年11
月に春陽堂から日本小説文庫の中で出版されている（写真4-18-2）。

　この物語は若い夫婦の他愛のない話から始まった。それは、新聞紙上
のMデパート年末バーゲンセール広告を見ながらの会話である。夫の
サラリーは安く、日東映画会社に勤める柴山勝光とその妻喜多子（21

歳）夫婦の楽しみは、会社で手に入る映画招待券の利用やトムサムゴルフ、ダンス場へ二人で行くことであった。ただ、ひとつ着物での外出が喜多子は嫌になっていた。Mデパートの広告は罪作りである。安サラリーであっても、ある知恵を出して錦紗の着物と帯を買ったのである。

・・・
ある知恵とは何か、それは大家（家主）にお歳暮を贈って家賃の延滞を申し入れ、その金で買物をすることであった。しかし、このようなことをしなければ着物一枚できないとは……情けないと悟る。

喜多子は働きに出ようと考え、柴山も喜多子が一度世間を見るのも面白いと思うようになる。早速、柴山は喜多子の旧姓（花岡）を使って美澤貞治に紹介状を書き、これ以降喜多子は独身を装う必要に迫られる。

翌日の夕刻喜多子は紹介状を持って丸ビルの雑誌社に勤める美澤を訪ねた。その帰り、二人はレストランに入り鹽山紗那子（吟子）、柳沢龍子や機械輸入商の息子中井鉄夫と出会う。四人は美澤のボーナスを当て込んで会食することになっており、喜多子を加えて5人となった。紗那子はフランス帰りの婦人服の大家、龍子はSデパート洋裁部のトップだった。食事中の会話で就職口の世話を尋ねると「和田平助」の名前が挙がった。その後、ダンスホールシュル・レアル倶楽部へ行き、小太り・小男で45歳の株屋山田金哲（和田平助）と出会い、喜多子は山田に雇われることになる。

この夜、柴山夫妻はスタード博士の説のように妻を解放し、いつまでも恋人同士でいられるように別居することになる。柴山は田端駅前の梅屋、喜多子は赤坂高樹町赤十字社の近所に下宿し、家財道具もそれぞれに分けて運び出した。

翌日、喜多子は山田の店（日本橋兜町モルタル洗い出し二階建て）へ出勤。あてがわれた仕事は、オフィスワイフ、つまり身のまわりの世話、お茶出し、書類の整理などであった。シュル倶楽部で出会った時、山田は喜多子に洋服を贈ることを約束し、それを果たすために早速紗那子を呼んで寸法取りをしてもらった。さらに紗那子は、喜多子との会話の中で山田商店にいる婆さんに心付けをするようにと助言する。

柴山が美澤を訪問すると、柴山に向かって「すごいシャンを紹介して
よこすではないか」と言い、更に「オレが何とかしちゃっていいか
イ?」と言い出す。それに対して柴山は自分の妻を知らない美澤に「女
房が出ていくとき、あなたなんか、花岡さんと夫婦になればいい」など
と作り話をして対抗した。

　喜多子は山田商店の支配人黒川に封筒の宛名書きや手数料計算などの
仕事が与えられ、それを見た山田は黒川を叱る。"仕事はしなくてもよ
い"と。

　ある朝柴山は電車の中で空いた席に座ろうとして、女性と重なってし
まった。女性は鳥料理「よね屋」の女中でおてると言い、柴山はその夜、
よね屋を訪れた。食事が終わり、おてると一緒にタクシーで下宿に帰り、
翌朝差し向かいで朝食を食べていると、美澤が訪ねてきたが、用件は
「喜多子を誘惑してもよいか」の確認であった。

　ある日、おてるから誘いの電話が入る。事務員の小川藤子が背後で聞
いており、母一人・子一人の家庭で婿養子を取ろうとしている藤子から
も誘われることになる。「自分は次男で、養子に行ってもよい」と冗談
を言ったことから、藤子の母に会うことになってしまう。柴山は悪性の
下の病気を持っていることや、その病気を
ある女性にうつして責任を感じ、問題を片
づける必要があるとまたも作り話をしてそ
の場を逃れようとするのであるが……

　クリスマス近くの夜、喜多子は中井から
靴を贈られ、シュル・レアル倶楽部で踊っ
た後、下宿まで自動車で送ってもらう。翌
朝紗那子が仕上がった洋服を届け、喜多子
はそれを着て山田商店に出勤する。

　この晩、美澤、紗那子と喜多子は柴山の
恋人と噂されているおてるに会う目的でよ
ね屋へ足を運んだ。その目的は柴山の行状

写真 4-18-1
「読売新聞」広告（S.06.11.24）

233

写真 4-18-2　細君解放記（S.22.11）表紙（装幀高岡徳太郎）及び扉

を喜多子に見せるためであった。

　翌日の日曜日、柴山の下宿へ行くと小川藤子がいた。喜多子と柴山の会話に辛抱しきれず、藤子は帰ろうとするが、帰り際に下の病気をうつした相手は喜多子ではないかと疑う。

　柴山はおてるや小川藤子に…、喜多子は山田、美澤や中井に…、それぞれが好感を持たれている。

　山田は喜多子に非常に気がある。芳町の茶屋で客の接待という事で喜多子を誘い、下心を実行しようとしたが、機転を利かせた柴山の電話で事なきを得た。翌朝、下宿への男出入りに下宿の主人津山（40歳位の銀行家の未亡人）から世間体のことを言われ、喜多子は難なく応対し、反対に味方にしてしまう。しかし、少し遅れて出勤すると、黒縮緬の羽織を着た芸妓が待ち構えていた。山田の抱えている琴龍であった。山田や喜多子に昨夜のことで悪態をつきに来たのであった。山田は喜多子に詫び、そのせいか、支払われた給料は高額であった。

　給料日、柴山と喜多子は東京駅の喫茶店で待ち合わせる。二人はお互いの給料を比べ、喜多子の高額な給料には驚く。喜多子はその給料を「芸妓買」に使おうとしており、津山は喜多子の叔母ということにして

引っ張り出した。場所は鳥料理「よね屋」、琴龍を呼んで昨夜の山田商店主との疑いを晴らし、津山も久しぶりのことで若返り、わだかまりが無くなり"みんなシャンシャンと手を打った"しかし柴山と喜多子が本当の夫婦だとはまだ誰も知らない。

ここまでは昭和22年11月に出版された『細君解放記』の内容である。「読売新聞」の連載とは少しばかり違う。新聞連載は「"満蒙興業"への株式投資話」で終わっている。

さらに、映画では原作とは違う終わり方をしている。

「長倉祐孝監督は"原作者に叱られるかもしれませんが、柴山夫婦はもう一度本当の結婚式をやり直すんです！"」　　（「読売新聞」S.07.02.29）

「…柴山は黒川に、喜多子は藤子にそれぞれ自分たちが夫婦であることを告げて解決をつけようとした。ところが黒川と藤子は自殺すると言って家出するが、偶然二人は線路で出会い、自殺をあきらめて二人仲良くなる。藤子の家で藤子の母と柴山夫婦がどうしたものかとおろおろしているところへ、黒川と藤子がオバケとなってオドカス」

（『キネマ旬報』436）

私も原作、新聞連載、映画と三様に変化があり、これだけ作品の内容が違っていることに対して、どのような解釈をしてよいのか非常に困る。映画の面白さはこのようなことかもしれないが、私の頭のなかは混乱している。

原作者寺尾幸夫の本名は玉虫孝五郎である。このペンネームは彼の妻（細君）の本名（旧姓）の末字「子」を「夫」にしただけのものである。彼の人物像はユーモア作家と言われているために、軟派と思われがちであるが、読売新聞社会部長を務めたことがあり、小説の作風とは違い幾多の武勇伝が残っている。「読売ではね、仕事上のことなら、なんぼ喧嘩したっていいんだ。殴り合いをやっても大丈夫だ。後は社長がちゃんと裁判してくれる」「なにッ！生意気なッ！表へ出ろ」と彼は怒鳴り、表へ出て行った。やがて何か物音がして二人は組み合ったまま階段を転げ落ちてきた。翌日玉虫社会部長がフテくされて休んだところを見ると、

社長は部長より部員に有利に裁判してくれていたらしい。

　昭和3年4月29日天長節（昭和天皇誕生日）の日、メーデーを二日後に控えて、本所公会堂で無産党主催の田中内閣打倒演説会が開催され、取材の記者に対して警察官が暴行を加えた事件があった。この時、「玉虫孝五郎社会部長らが駆け付けた」と書かれた本がある。詳細は「読売新聞」（S.03.04.30〜05.01）に記載されて、その行動はユーモア作家のイメージとは程遠い。

　しかし、小説を書く社会部長は映画公開から1年も経ずに昭和8年（1933）1月1日43歳の若さでこの世を去っている。

　大きな場面の変化もなく、キャッチボールのような人間模様を描き出し、細かくなり過ぎてしまった物語でありながら、「読売新聞」は自社連載作品であり、映画製作の過程を逐次報道している。その流れを見てみる。この中で特に注目したいのは、この映画がトーキー化されたかどうかということだ。

「寺尾は脚本に如月敏を指名し、寺尾の作詞した朗らかな主題歌を加えることになっているが、この時点ではパート・トーキーで作りたかったが断念している」　　　　　　　　　　　　　　　（長倉祐孝談　S.07.02.13）

「解放記の配役決まる──最近メキメキ売り出してきた市川春代、田村成美の孫道美、日活のエロ女優峰吟子…」　　　　　　　　　（S.07.02.18）

「…上京、直ちに白木屋食堂のロケーションから始めたが、…完成を急いでいる。一行は二十八日に帰洛直ちにセット撮影。封切りは四月上旬の予定」　　　　　　　　　　　　　　　　　　　　　　　（S.07.02.27）

「今日、読売新聞本社を訪れて本社屋上で一場面の撮影」　　（S.07.02.28）

「全発声物の大作に島替えへ原作の持つ会話の良さから日活さらに大奮急にオール・トーキー化と決定した」　　　　　　　　　　　（S.07.02.29）

　ここまでの新聞記事からは、誰もがオール・トーキーで製作したものと思い込む。その後、まったく違ったことを書いた記事に出会ってしまった。

「最初オール・トーキーの予定を製作半ばに至って無声に変更したため、

会話のやり取りに仍る興味が多い故、相当理解ある説明が必要」

（『キネマ旬報』436）

　最後の新聞記事掲載（S.07.02.29）からキネマ旬報発行（S.07.05.21）までの約3ヶ月の間に何があったのか。写真4-18-3の新聞記事広告（S.07.04.21）でもオール・トーキーとなっていない。

　吟子はこの時（『細君解放記』撮影の最中）、トーキーに対して不安を感じていたようだ。

「いよいよ日活でも本格的トーキーを製作することになりましたが、私は声の方に自信がないので困っております。ですからトーキー時代が来たら自分なんぞゼロだと思って潔く諦めています。…」（『日活』3〔6〕）

　吟子の不安は、おそらく自分の声を聴く機会がなかったのではないか。アナウンサーであった姉がいれば、心配は不要であっただろう。

　いずれにしてもトーキー化の決断が行ったり来たりした様は、傍から見ればドタバタを見ているようで面白い。

　『細君解放記』に登場する人物は、寺尾幸夫がまったくの架空で登場さ

写真 4-18-3　『細君解放記』新聞広告
「東京朝日新聞」（S.07.04.21）

写真 4-18-4　『細君解放記』広告
『キネマ旬報』429

せたわけではなく、誰か知り合いをモデルに想定したり、結婚や恋愛の生態を人から聞き出し、特に新聞社内では、部下に対して詰問口調で問いただしたりして作品にするという手法を採っていた。この作品ではモデルにした実際上の人物を読売新聞紙上（S.07.02.29）で明らかにしている。

柴山	（田村道美）	早大出の暢気者、現在丸ビルのある会社にいるという。
喜多子	（市川春代）	親戚の娘で三輪田高女出の朗らかなお跳ね。
紗那子	（峰吟子）	ラジオ放送で余りにも有名な婦人洋服デザイナー。
山田	（村田宏寿）	日本橋の秋田弁の或るドクトル、村田も秋田出身。

『細君解放記』は新聞連載や映画化だけではなく、浅草松竹座では水の江滝子（柴山）や小倉みね子（喜多子）によって3月31日から興行開催している。また、映画主題歌は『貴方次第で笑って泣いて』［寺尾（作詞）、松平信博（作曲）］及び『好いて好かれて』［寺尾（作詞）、町田嘉章（作曲）］の二曲が、昭和7年5月ビクターからレコード発売されている。

役者に対する批評家と称する者の評価はどのようになされたであろうか。

「俳優では、市川春代、谷幹一がいい出来だった。峰吟子はここでは、いつもほど酷くはなかった。田村道美、杉山昌三九の演技は、未だしものの感が深い」 　　　　　　　　　　　　　　　　　　　　（『キネマ旬報』436）

北川冬彦の批評はまたしても吟子にとっては厳しい。何故か吟子に対して満足する評価をあまり与えていない。新聞連載の原作を観ずして、知識の下拵えもなく、映画のみを見ただけで論じているようだ。本人もそのように書いている。現代の批評家、評論家と評される人々が、浅薄な知識で対応している姿を見かけることがある。これと同様な振る舞いである。

【映画データ】

監督　　　長倉祐孝

キャスト　柴山勝光＝田村道美、妻喜多子＝市川春代、鹽山紗那子＝峰
　　　　　吟子、山田商店主＝村田宏寿、小川藤子＝山縣直代、美澤貞
　　　　　治＝谷幹一、黒川＝杉山昌三九、芸妓・琴龍＝上村節子

脚本　　　如月敏

原作　　　寺尾幸夫　　　　　　撮影　　　渡辺孝

製作　　　太秦撮影所（1932）配給　　　日活

公開　　　1932.04.22

モノクロ／スタンダードサイズ／13巻／4073m／トーキー（？）

＊発声に関しては不明

参考文献

『細君解放記』寺尾幸夫、報知出版社、S.22.11
「モデルは誰原作者の姪や柳橋名妓も登場」読売新聞、S.07.02.29
「極端なる暴圧政治は遂に新聞社員数名を血に彩る」読売新聞、S.03.04.30
『新聞記者一代』高木健夫、講談社、S.37.02
『読売新聞風雲の紳士録』高木健夫、読売新聞社、S.49.12
『兵は凶器なり―戦争と新聞 1926-1935』前坂俊之、社会思想社、1989.08
「全発声物の大作に島替えへ」読売新聞、S.07.02.29
『読売新聞八十年史』読売新聞社、S.30.12
『キネマ旬報』429、キネマ旬報社、S.07.03
『キネマ旬報』436、キネマ旬報社、S.07.05
『日活』3（6）、豊国社、S.07.06

19　一九三二年の母

　この作品の原作者、武林文子は姓が四度変わっている（中平→近藤→
林→武林→宮田）。「中平文子」明治21年（1888）伊予松山に生まれ、京
都府立第一高等女学校（現在の鴨沂高校）を卒業。この高等女学校は、
前身の「女紅場」から日本最古の公立女学校として設立された。私のと
ころからしばらく北上したところに旧文殊村（本巣市文殊）があり、当

学校を明治29年（1896）に卒業した「戸田絹江」はこの村の出身である。彼女は地元へ戻り、寺（大亀寺）を継ぎながら村内の子女に作法、茶道などを教え、地域婦人会のリーダーとして活躍していた。戸田以外にも多くの女子が岐阜を離れて京都に学び、多方面で活躍している。こうした根源は先駆的な学校であり、彼女たちの向学心の意欲を受け入れ、岐阜の教育的不在を肩代わりしたものであった。昭和の時代に入って、学校間格差の解消を目的に総合選抜制度導入後は、女子名門校の立場は以前よりは目立たなくなっている。

　話を元に戻そう。文子は女学校卒業後、京大の医学生と駆け落ち未遂。その後、近藤という貿易商社員と結婚し、3児を得るが24歳で別れる。女優を目指し上京、島村抱月の芸術座に入る。大正5年、28歳で新聞社の女性記者となり社長の愛人となるものの退社。嵯峨野天竜寺に駆け込むも、そこでも眼付きの鋭い禅僧（林）を誘惑して二度目の結婚をする。目付きの鋭いのは気が変なせいだとわかって中国へ逃げ出す。

　武林夢想庵と出会ったのは大正9年（1920）32歳の時、これが三度目の結婚であり、その目的は「八分通りとはいいがたいが、十一分までは洋行にあった」と言っている。これで姓も四つ目に変わったことになる。このとき文子は妊娠に気づくが、夢想庵は「一体そりゃ俺の子か」と疑っていた。その後、大正10年（1921）に生まれたのが武林イヴォンヌ（五百子）である。その後、文子の行動は行く先々で注目を浴び、新聞記事の材料になる。その見出しで追うことにする。

「フランスの旅館で武林文子ピストルで殺される」「金のきれめが縁の
キレメ」　　　　　　　　　　　　　　　（「読売新聞」T.15.01.11）
「南仏の避寒地で武林文子射殺さる―ニースのホテルにて」「男から男
へ恋愛と放浪の旅」「散々絞られた湖月の主人川村」

　　　　　　　　　　　　　　　　　　（「東京朝日新聞」T.15.01.11）
「射殺さる」は誤報であった。頬を撃ち抜かれたが歯茎で弾丸が食い止められ、一命をとりとめた。数々の男を手玉に取った代償である。

　彼女の旺盛な行動力はその後も続く。「居酒屋」などを著したエミー

ル・ゾラの日本での版権を売り込みに、イヴォンヌをゾラの子女に預けて、一人シベリア経由で帰国している。

「武林文子が帰る。十年振りに、無暗に日本が恋しいと、シベリア経由で」
（「邦字紙"日米"」S.06.09.14）

その後、夢想庵とは昭和10年（1935）に離婚、宮田という後釜を事前に準備してのことである。「文子」を詳しく知るには森まゆみ（写真4-19-1）、や鹿島茂の著作を読めば、あらかた把握できる。森の著作に登場する42人の大正快女の中で、文子は断トツの女性であり、本のカバー絵（『金髪』蕗谷虹路）も髪形もオカッパであり、これもまた「文子」を表すものだと私は勝手に思い込んでいる。

このような彼女が書いたのが『一九三二年の母』である。映画公開は昭和7年10月6日であり、『サンデー毎日』の発売は公開の約1ヶ月前の8月末、『家の光』は映画公開の約1ヶ月後の11月初めである。これら二冊の雑誌は内容がほぼ同じであり、前者がより詳細に描かれている。また、この映画のために映画小説として発表されたことと、雑誌の発売時期が映画公開に前後していて近いことから、『サンデー毎日』が映画の内容をそのまま伝えていると思って差し支えないのではないか。

[1919年]　日夏通江（武林文子）は、インチキレヴューで客を呼んでいるクララ座のワンサガール（ワンサ：わんさかと一室に詰め込まれる下っ端の女優、大部屋女優）に飛び込んだ。有吉に捨てられ、紅子と共に生活の糧を求めるために。養育費にも窮しているので、同僚たちからも早く紅子を里子に出すように言われていた。そんな折、パトロンから商用でパリに行くので一緒に行かないかと誘われる。その条件として「子供がいなかった

写真 4-19-1 『断髪のモダンガール』

上　写真 4-19-2　『サンデー毎日』挿絵
左　写真 4-19-3　『サンデー毎日』（S.07.08）
　　　　　（武林文子と峰吟子）

写真 4-19-4　『家の光』（S.07.11）表紙　　写真 4-19-5　『家の光』目次

ら」と言われる。その後通江は一緒に洋行し、紅子は正直で親切そうな百姓に里子に出される。1919 年 7 月 20 日、いろいろな思いを持って、通江は神戸を出航した。

［1930 年］　紅子は田舎で、すみ子という娘と一緒に成長する。ある時、紅子の胸のロケットの取り合いから、13 歳まで育てられた田舎から家出する。

［1932 年］　一方、通江を捨てた百万の富を持つ有吉家では、一人息子（紅子の父）が突然亡くなって以来、執事の高瀬と運転手の石井が、相続人の紅子を探しているが見つけ出せずにいた。紅子は上野駅で、一人の不良少女に捕まった。せい子（峰吟子）である。不良団の団長だった。せい子の姿は断髪をチヂらせたモダンガールで、色にかけては隅におけない凄腕を持っていた。紅子は田舎時代、初江と呼ばれていたことから「ピン公」と名付けられる。せい子と紅子が青山でうろついているのを警官が見つけ、捉えようとしたとき、クララ劇場へ出かけようとしていた通江のロードスターのトランクに隠れ、そのまま劇場に着き、二人の娘が出現する。

通江と紅子の十数年ぶりの再会であっても、まだお互い母子と気づかない。その晩、通江は紅子を家に泊める。せい子は有吉家の子に成りすまそうとするが、田舎からすみ子を連れてきて確認しようとしているのを知り、せい子の情夫松村を使い、すみ子を連れ去ろうとする。有吉家にあった一枚の写真と紅子のロケットの写真から、ピン公が紅子であるとわかり、祖父と孫娘紅子、そしてその母通江は朗らかな笑いに包まれていった。

　＊「映画」、及び「家の光」ではせい子はせつ子になっている。

　……長くなってしまったが『一九三二年の母』は彼女が特別なことを描いたわけではなく、一般的な物語に仕上げている。とんでもなく飛んでいる彼女にとってはおとなしい、ありふれた物語である。

　文子が自由奔放であることはある程度は知っていたが、これほど羽ばたいていたとは思いもよらなかった。当時の社会では、いわゆる「社会

写真 4-19-6　通江（文子）とパトロン

写真 4-19-7　通江と紅子

写真 4-19-8　安田村の紅子とすみ子

通念」として全く認められることではなく、一般社会からは強い言い方
をすれば「身持ちの悪い女」として軽蔑され、面白おかしく新聞や雑誌
で取り上げられるだけの存在ではなかったか。それにしても、文子のよ
うな大正期の女性の活発な活動には頭が下がる次第であり、私にも一部
その活力を分けて欲しいものである。

　文子の行動は余りにも極端すぎて世間からかけ離れている。しかし、
彼女の内面は、本当のところ複雑なものを持ってはいるものの、行動が
先走りする女である。「先天性軽薄行動症」と勝手に名付けたい。しか

し、本当は瞬時にして物事の判断や計算のできる優れた女性であったに違いない。

　昭和41年（1966）、文子が77歳で亡くなる1ケ月前（S.41.05）に『わたしの白書　幸福な妖婦の告白』（写真4-19-13）が出版されている。副題からしても相変わらず飛んでいて、手前味噌のようで、話は五分から七分程度で読み取ればよいものだと思っている。しかし、娘のイヴォンヌに対しては、人の親らしい気持ちを吐露し、この本のカバー及び扉は、彼女の心の中を表現しているようである。「傘をさした鬼の目から涙が……」「目を閉じて思い耽る（傘を擬人化）」

　私はこのように感じ取ったものだが……。

　吟子（せい子）は不良団の団長である。当時の新聞には今日では見ら

写真 4-19-9　せつ子（峰吟子）と紅子

写真 4-19-10　通江と紅子

写真 4-19-11　有吉謹兵衛と通江

写真 4-19-12　文子と紅子

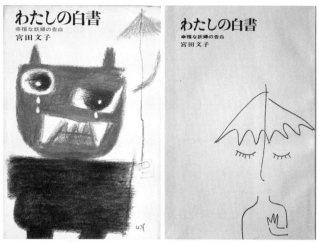

写真 4-19-13 『わたしの白書　幸福な妖婦の告白』装幀留河泰呂

れないような記事が掲載された。河童団検挙（S.06.07.25）、白狼団検挙
（S.06.07.28）、その後せい子を彷彿させる不良少女の記事に出会う。

　「浅草に“悪の花”最近エロ的に横行——浅草公園の暗に咲く悪ズベ公
のエロ詐欺専門の少女が最近同公園に著しく不良青年と結託して脅迫行
為が多くなったので象潟署では……取調べ中である。……彼女等の大部
分は毎夜自動車で堂々と公園に乗り付けていると」

（「東京朝日新聞」S.06.08.05）

　この映画封切の約2年前、川端康成は『浅草紅団』（S.05.12）（写真
4-19-14）を出版している。主人公の不良少女弓子は“紅団”の団長であ
る。弓子と関わることで、当時の浅草で生活する人々の様子から社会世
相を見た作品である。だが、読者の知りたい結末は不明であり、語り口
も気迫に欠けて、社会問題化していた不良団の本来の姿は描き切れてい
ない。「せい子」とダブらせようとすることは無理であり、あくまで文
学作品であった。

　不良少女団を調べるうちに今では考えられないようなことが起きてい
たことを知った。東京駅西（皇居側）に位置する丸の内ビルディング
（通称丸ビル）を根城にハート団の首領林きみ子は売春組織を動かして

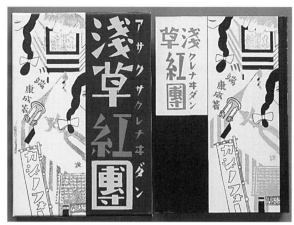

写真 4-19-14 『淺草紅團』

いたという。

「丸ビル一の美人警視庁に捕わるジャンヌダークのお君といわれ妖艶比類なき不良少女まず不良少女の魁」　　　　　　（「東京朝日新聞」T.13.12.10）

　丸ビルは大正 12 年（1923）2 月竣工（写真 4-19-15）、その年の 9 月に関東大震災が発生し、事件発生はその翌年であり、改修中の出来事である。三菱地所、とりわけ岩崎弥太郎もこの状況にはビックリするであろう。市川房江先生も少女たちの能動的な行為をどのように感じ、解釈するであろうか。

　映画自体の評価はいかなるものであったであろうか。『キネマ旬報』によればかなり厳しい批評となっている。

「一九三二年の母と称しながら一向に新しくない母性愛を扱った映画」「伴奏音楽は絶えず何かなしに奏されているが、それが別段どうという効果を考えてのことではな

写真 4-19-15　丸ノ内ビル（通称丸ビル）

写真 4-19-16 『一九三二年の母』広告

いので邪魔になるばかりである」「主演者武林文子の感じの悪さ」

（『キネマ旬報』452）

と和田山滋は書いている。物語を読んだ私もそのように感じる。ただし初期のオールサウンド版のため伴奏音楽挿入には不慣れな点があったのも事実であろう。

写真 4-19-16 はオールサウンド版と書かれた『キネマ旬報』の広告である。

【映画データ】

監督　　　村田実

キャスト　日夏通江＝武林文子、紅子＝市川春代、せつ子＝峰吟子、すみ子＝黒木しのぶ、有吉謹兵衛＝三桝豊、有吉＝田村邦男、松村＝宇留木浩、高瀬＝村田宏寿、石井＝田中春男

脚本　　　村田実

原作　　　武林文子　　　撮影　　　碧川道夫

製作　　　太秦撮影所（1932）　配給　　　日活

公開　　　1932.10.06

モノクロ／スタンダードサイズ／10 巻／2595M ／95 分／無声

参考文献

『学び舎：教職課程研究』（岐阜県における女子中等教育事情の一考察）西脇明美、愛知淑徳大学、2013.03

『断髪のモダンガール—42 人の大正快女伝』森まゆみ、文藝春秋、2008.04

『わたしの白書　幸福な妖婦の告白』宮田文子、講談社、S.41.05

『パリの日本人』鹿島茂、新潮社、2009.10

『サンデー毎日』第 11 年 40 号、大阪毎日新聞社、S.07.08

『家の光』8 巻 12 号、産業組合中央会、S.07.11

『淺草紅團』（先進社 S.05.12）川端康成、日本近代文学館（復刻）、S.54.04

『明治大正昭和不良少女伝—莫連女と少女ギャング団』平山亜佐子、河出書房新社、
　2009.11
『キネマ旬報』448、キネマ旬報社。S.07.09
『キネマ旬報』450、キネマ旬報社、S.07.10
『キネマ旬報』452、キネマ旬報社、S.07.11

20　細君新戦術

　昭和製菓製造部長45歳になる柴口は、昨夜酔っぱらって80円落と
したのであった。妻の千代子（峰吟子）（42歳）は落としたことによっ
て80円の損だけではなく「落とした金＋会社から借りる金＋返す金＝
80円×3＝240円」の損だと思い込んでいる。この理屈はどのように
考えても、誰が考えてもおかしい。

　この夫婦の間には二男三女の子供があり、250円足らずの給料で苦し
い家計をやり繰りしている。長男（一衛）は慶応大、長女（勝子）は高
等女学校卒業後専門学校、二女（衛子）は高女、三女と二男は小学校と
大変である。

　出勤の身支度を始めた時、昨夜の寺見のことを思い出して実印をポ
ケットに入れたが、千代子に見つかる。軟菓課長寺見の保証人になるた
めに必要な実印であった。柴口は断ることができず、代わりに千代子が
寺見に会って断るようにす
るために、銀座松屋の食堂
で待ち合わせることにした。
この席で昨夜のお茶屋・秀(ひで)
の屋での詳細な情報、自動
車代3円、お茶屋82円、
サービスの良い芸者・玉蝶
の存在などの情報を得る。
さらに、千代子が印を持参
しなかったので、寺見は保

写真4-20-1　柴口と寺見

証人の件を諦めた。

　帰りのバスの中で千代子は"何かしら考えついた"これこそが「細君新戦術」である。長女勝子（映画では柴口の妹となっている）の髪を島田に結ったりして芸者のように仕立て上げ、お茶屋の再現をすることで「パパ教育」をしようとするのであった。自宅の二階で宴を開き、芸者姿の勝子が柴口の相手をして食事をする。その後、階下へ降りて戻ってきた勝子の書き付けが面白い。

記

金	三円	御酒代	金	十円	御席料
金	七円	御肴	金二十円		芸者玉祝儀

但し、神楽坂玉蝶代理・柴口勝子

金　二円　　女中祝儀
　　　計金　四十二円也

右（上）之通りに候也　　　　　　　秀の家本店　柴口家

　　　パパ様へ

　翌日、柴口は寺見に仔細を話し、保証の印を付く代わりに、秀の家の件は兵隊勘定（割り勘）にしてもらい、料金の払い戻しを受ける。

　これに懲りて茶屋へは行かないようになるものの、その代わりカフェー出入りが始まるようになった。

『細君新戦術』は、非凡閣から昭和7年10月に出版された『結婚適齢期』（写真4-20-3、4-20-4）の八つの短編の中のひとつである。

　映画は原作に手が加わり、さらに面白く作られている。俳優経験を積んだ山本嘉次郎が脚本部から監督部へ転じた第一回作品である。

　柴口の肩書は日本製菓製作部と立派である。芸妓玉蝶にうつつを抜かしての毎夜の待合通い。千代子（吟子）は亭主の心を取り戻そうと断髪モガに姿を変えた。これを見た柴口の同僚寺見は千代子を見初め、柴口の妻とは知らずに跡をつける。このことを知るや千代子は寺見を利用し、

柴口と玉蝶の仲睦ましいところへ案内させてギャフンと言わせたが、今度はカフェー・タンゴに入り浸るようになる。おさまらない千代子は自宅をカフェーに改造し、女給ひとみを買収。千代子の罠に、その道の強者はどのように出るであろうか。『キネマ旬報』の紹介はここで終わっている。

　映画の中では待合での芸妓の裸踊り、千代子が深夜の街をフラフラと歩いたり、看板を外したり、自転車を倒したり、敢えて暴行する場面がある。

　俳優の評価は「谷幹一、星ひかるだけが宜しい。峰吟子にはまだ灰汁の抜けないところがあり、伏見信子は近代的な明朗さに欠け……」

写真 4-20-2　千代子（吟子）と勝子（伏見信子）

写真 4-20-3
『結婚適齢期』挿絵

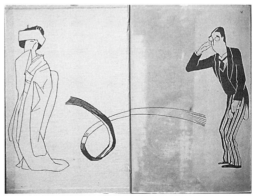

写真 4-20-4　結婚適齢期（S.07.10）表紙及び見返し（裏）

（和田山滋）

　と女優たちにとっては厳しい評価である。さらに日活の喜劇映画としても評価は低く「愚劣」の言葉さえ頂戴している。やはり『キネマ旬報』の評価は厳しく、素直さはない。

【映画データ】

監督　　　山本嘉次郎

キャスト　柴口健太郎＝谷幹一、妻千代子＝峰吟子、妹・勝子＝伏見信子、寺見＝星ひかる、芸妓玉蝶＝五月潤子、女給・ひとみ＝北原夏江、美容院主＝新井みき

脚本　　　高柳春雄

原作　　　寺尾幸夫　　　　　　撮影　　　松沢又男

製作　　　太秦撮影所（1932）　配給　　　日活

公開　　　1932.12.01

モノクロ／スタンダードサイズ／8巻／1591M／58分／無声

参考文献

『結婚適齢期』寺尾幸夫、非凡閣、S.07.10
『キネマ旬報』453、キネマ旬報社、S.07.11
『キネマ旬報』456、キネマ旬報社、S.07.12

21　モダンマダム行状記

「てるてる坊主てる坊主
　　　あした天気にしておくれ
　　　　　いつかの夢の空のよに
　　　　　　　晴れたら金の鈴あげよ」

　上記の歌詞は国内では誰もが知っている童謡である。作詞浅原 鏡 村^{きょうそん}

（六朗）、作曲中山晋平、大正 10 年に発表された「てるてる坊主の歌」である。作詞者浅原六朗の名前を知っている人は世間では稀な存在であり、私も全く知らなかった。発表時歌詞は 4 番まであった。大正 12 年楽譜出版時（現在の歌になる）に「てるてる坊主」と改題し、3 番までの歌詞で現在に至っている。私は 1 番の歌詞のみを知るだけで、他の歌詞は頭に残っていない。それだけ「てるてる坊主」1 番は印象の深い童謡であったということだ。

　浅原六朗の業績を記念して出身地（生誕地）の長野県北安曇郡池田町には役場に隣接して「てるてる坊主の館浅原六朗文学記念館」が設立されており（令和元年 5 月時点）、雨粒をイメージした可愛いオブジェが出迎えてくれる。

　ここで、浅原六朗の経歴を見ることにする。

明治 28 年（1895）2 月 22 日、長野県北安曇郡池田町、酒造業「飯田
　　　　　　屋」の四男として生まれる。
明治 33 年　5 歳の時、事業失敗、一家は上京、六朗は八坂村の叔母
　　　　　　に預けられる。
明治 41 年　13 歳、福島県平町で牧師をしていた父の許へ、そこで
　　　　　　ミッションスクールに入学。
大正 5 年（1916）早稲田大学文学部英文学科入学、21 歳。
大正 8 年　大学卒業、24 歳。

　これ以降浅原の活動は、大正 8 年大学卒業後、実業之日本社に入社し、「少女の友」の主筆となり、牧野信一らと同人誌「十三人」創刊、この年童謡「てるてる坊主」を作詞（発表は大正 10 年「少女の友」に鏡村のペンネームで発表）。大正 14 年中村武羅夫が発刊した「不同調」の同人となり、昭和 2 年『ある自殺階級者』を雑誌「新潮」に発表、これが出世作となる。昭和 6 年（1931）から昭和 7 年にかけて『モダン夫人行状記』を「講談雑誌」に掲載し。昭和 7 年「新社会派文学」を

写真 4-21-1
てるてる坊主の館　浅原六朗文学記念館

提唱し、昭和 8 年『混血児ジョオジ』を発表する。

　その後は日本大学芸術学部の教授となり、俳句の世界へ入ることとなる。昭和 52 年 10 月 22 日、軽井沢にて 82 歳で急逝（記念館リーフレット参考）

　私が浅原六朗の作品を読んだのは、峰吟子の出演映画の原作であったからであり、他意はなかった。読んでいくに従って何となく『ある自殺階級者』、『混血児ジョオジ』と吟子出演作品原作以外にも手が出てしまった。プロレタリア文学とは一味違う新興芸術派の一人の作品として頭の片隅に入れて読み進めれば、浅原が政治的には偏ったものではなく、比較的ニュートラルな立場を取って描いていたのがよくわかる。

　当時の文壇を語る資格も資質もない。しかし、やさしく解説されているものを読めば何となくわかるような気がする。ここで井口紀子と川端康成の解説を引用しておく。昭和初頭の文学の葛藤や、プロレタリア文学→新感覚派→新興芸術派への変遷を感じ取ることができるかもしれない。

「文壇における浅原六朗」　井口紀子

　大正から昭和にかけて六朗は、新興芸術派の代表的作家として当時の文壇に新風を巻き起こしたとして紹介されています。しかし、その後、六朗らが中心となって「新社会派文学」が提唱され、芸術至上主義傾向の派と分裂していきます。「新社会派文学」とは、人物の思想・性格・心理が社会環境の中でどのように影響を受けたか、社会組織の中での位

置・経済生活を描く文学です。「今までの文学上の人物は、社会と切り離された単独個人が多く、社会の情相が、階級が、生活がどうであろうと関係なく、科学的考察でなく作品の主人公は作者の意のままに行動し、その人間が社会の組織の中でどんな位置にいたか、どんな経済生活を持っていたかを考察描写されることが少なかった。……

　過去の文学は、ごく一般的に言って、人間性に重きがおかれ、社会性に重きはおかれなかった。しかもその人間性は、いわゆる単独個人であって、環境個人即ち社会個人ではなかったのである」と浅原自身「新社会文学の主要点」として、雑誌「新潮」に提唱しています。以後、浅原は新社会派文学の理論をまとめる形で創作活動をしていきます。しかし、浅原作品は、私小説論（小林秀雄）や純文学にして通俗小説（横光利一）程に発展せず、徹底したものにはなりませんでした。

　頑固で無駄がなく、自分をコントロールできる超現実主義の浅原は、作品の上でも、潤いや面白みが少なく魅力に欠けると評されたこともありますが、生まれながらに鋭敏な感受性の持ち主で、多難な人生経験を経てきたロマンチストの一面を持つ浅原には、作家として異色の魅力に惹かれます。

　六朗は「信州池田町」の文中で「今考えてみるとずいぶん乱暴な方法で叔母の家にわたられたものだと思う。現在自分の子供のことを考えてそれを思うのである。このためか自分自身の性情には、悲しみの心が人よりも多いような気がし、また寂しがりやの性質が根強く残されている」と書いている。しかし、その後の浅原の作品を通して感じられることは、決してあきらめや投げやりの文学ではなく、実に芯の強い計算された人生から生まれた文学です。……

「今日の文体」　川端康成

　…それぞれの文体の特色を説明している暇はないが、少し例を引こう。…浅原六朗氏なぞの文体の近代的衣装も、いかんせん身につかない。…

これは川端康成『文芸時評』の一節ではある。彼の言おうとすること
は私にはわからない。

浅原六朗の原作『モダンマダム行状記』（春陽堂、S.08.01）からストー
リーを読み取ってみよう。

物語は「カフェ・ルル」から始まる。ここでは、女給の秋子ともう一
人の少女の二人がサービスをしているのみである。深見は、ルルの常連
で秋子に好意を持ち、恋し続け、あこがれている男であった。秋子の容
姿を見てみよう。白冷たい皮膚・丹朱の唇・熟れた葡萄のような眼・林
のように長いまつ毛を持ち、多くの男たちを引き付け、総じて雨の中の
麒麟草のような印象を与えている。ある雨の晩、「カフェ・ルル」へ深
見一人のところへ女が入ってきた。ガルボである。

こうして深見、秋子、ガルボは顔見知りとなり、そののちマダムK（文
中は山野かん子、峰吟子である）や岡もお互い知ることになる。美人のマ
ダムKの容姿を紹介するとヴァンプ（下ぶくれした顔・二重顎・白い皮
膚）・27歳・十六貫五百（61.9KG）・五尺二寸（158CM）である。ある深
夜、秋子が裸足のまま深見を訪ねてきた。岡から逃げてきたのである。そ
の夜は追手の岡を追い返し、また、ガル
ボやマダムKも来たが、居留守を使い三
人とも深見の家から立ち去っていた。翌
日午後、ガルボから深見に電話が入り「マ
ダムが会いたいと言っている」と伝える。
しぶしぶ会いに行ったことで秋子を一人
にし、その間に岡が偽手紙と自動車を用
意して秋子を連れ出してしまった。秋子
は怪しい影を感じさせる岡のPQ拳闘倶
楽部に監禁されるようになる。彼女を見
張るように言われた男岩村（偽名）本名
は吉川道雄、偶然にも秋子と幼なじみで、
その頃お互いに好意を持っていた。一歳

写真 4-21-2　浅原六朗（昭和4年頃）

年上の青年で兄妹のように仲が良かった。しかし、秋子一家の事業失敗で離ればなれになってしまっていた。お互いが気付き、吉川は岡を打ちのめし、秋子と共に逃走して浅草の人目に付かない宿に。その後、二人の生活はアパートの一室で始まり、吉川も職を得た。

写真 4-21-3
『モダンマダム行状記』

　ある日、二人は手袋を買いに銀座へ散歩に出かけ、マダムＫとガルボに見つけられる。このとき深見が病であることを知り、秋子はマダムＫのところで正装し見舞いに行こうとして、再度、岡に見つかってしまった。この場はマダムＫが岡を横浜へ連れ出して納まる。ホテルニューグランドへ着き、屋上庭園で一人椅子に腰かけようとしたとき、謎のイタリア人（カルロ）に遇うが、彼は一つの部屋を眺めていた。そこには不義の日本人の男（マダムＫの夫清田雄太郎）と外国の女（イタリア人の妻）が寝ている。彼らが毒入りの水か酒を飲んで死に至るはずであるが、マダムＫの叫びで難を逃れる。これ以降マダムＫにイタリア人の影が付きまとう。彼の正体は殺人団秘密結社のボスであった。

　一方、秋子が病院を訪ねたのは深見の死の直前であり、彼の死後、秋子は一生独身でいるという。さらに貧しい人のために働きたい。隣保事業のようなものに身を入れたいという。これを聞いたマダムＫは隣保事業の後援者になってもよいと言い、マダムＫの発案で秋子・ガルボ・吉川・マダムＫの四名はアメリカやイギリスへ隣保事業の視察に行くことになる。

　乗船出発する少し前、岡はカルロのためにロスアンゼルスで手酷い目に遭っていたことから、彼を射殺し、自らも捕捉された。視察の旅に出た４人は、この事件を知らずに太平洋の大海原へ出ていった。

　ところで、この映画にイタリア人は登場しない。『キネマ旬報』“日本

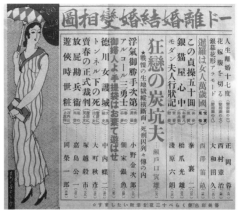

写真 4-21-4 『講談雑誌』モダン夫人行状記　完結篇　S.07.06

映画紹介 "の内容は、原作と全く別物と言っても差し支えない。

　清田清子（吟子）は当初貞淑な妻であった。夫清田雄太郎は父から引き継いだ会社と、美しい妻清子や愛児に恵まれた腕利きの青年実業家である。

　ある日、清子と支配人深見（清子と従兄）の間の噂話が社内で広がり、これを知った清田は不信感が生じ、それが増殖していき、放蕩が始まり、子供が病に倒れた時も不在にしていた。こうしたことは清子の我慢の限界を超え、夫への復讐や亡くなった子供への思いを断ち切るため "マダム K" の名前に隠れてダンスホール、ゴルフ、酒場、拳闘場にとゴシップを撒き散らし、世間を驚嘆させた。

　拳闘ゴロ岡に付きまとわれた清子であった。一線を守ろうとした時、果敢にも岡に飛び掛かったのは雄太郎であり、ホテルの一室での乱闘となり清田は危険だった。その時清子の手中のピストルが鳴った。——こうして有閑階級の醜態暴露と非難は清子に浴びせられ、試練を経た清田夫妻には深い愛情が取り戻されていった。

　映画の評価はあまりよろしくない。吟子が相変わらず良くない評価だ。「モダンと銘打ちながら、ここに潜む精神は甚だモダンではない。土臭い、灰汁の抜けないモダン味——我々はそこに邪劇趣味をさえ感ずる。

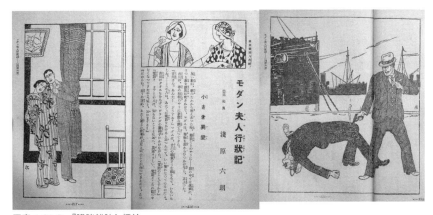

写真 4-21-5 『講談雑誌』挿絵
左　横浜ホテルニューグランドのマダムkと岡　　右　横浜埠頭の岡（右）とイタリア人カルロ（左）

写真 4-21-6 『モダンマダム行状記』1

写真 4-21-7 『モダンマダム行状記』チラシ

太秦の竹藪の中から、新しい呼吸を感じることの難しさはいよいよ確証
されてきた」「峰吟子のモダン・マダムは近代性を持たない。近代性の
ないモダン・マダムをこの作者は狙ったのであろうか。……」

（『キネマ旬報』459）

　"映画批評とは一体何か"新聞などは比較的通俗的に一般向けに書い
ている。『キネマ旬報』はどこから言葉を拾ってくるのか、辛辣さに溢
れている。この毒舌は果たして「何に対して」、「何を基準にして」の比
較対象が曖昧や不明であり、論理の展開が不十分である。言葉を換えれ
ば「自己満足を発信」しているのみである。

写真 4-21-8 『モダンマダム行状記』 2

写真 4-21-9 『モダンマダム行状記』（『キネマ旬報』）

【映画データ】

監督　　　　伊奈精一

キャスト　　清田雄太郎＝一木礼二、清田清子＝峰吟子、深見俊夫＝岡田
　　　　　　寿夫、女給・秋子＝近松里子、ガルボ＝黒木しのぶ、吉川＝
　　　　　　星ひかる、岡＝菊池良一、イタリア人＝不明

脚本　　　　小国英雄　　山崎謙太

原作　　　　浅原六朗　　　　　　撮影　　　渡辺五郎

製作　　　　太秦撮影所（1933）　配給　　　日活

公開　　　　1933.01.05

モノクロ／スタンダードサイズ／8巻／2344M／85分／無声

参考文献

『文芸時評』川端康成、講談社、2003.09
『講談雑誌』第 18 巻第 6 号、博文館、S.07.06

『モダンマダム行状記』浅原六朗、春陽堂、S.08.01
『キネマ旬報』454、キネマ旬報社、S.07.11
『キネマ旬報』455、キネマ旬報社、S.07.11
『キネマ旬報』459、キネマ旬報社、S.08.01

22　長脇差風景

　この作品は、吟子が昭和8年、日活現代劇部から時代劇部に移籍して最初に撮った作品であり、犬塚稔監督が自ら原作、脚本を書いている。原作、脚本、フィルムの三点すべて残っていないため、映画の筋書きは主に『キネマ旬報』から転用する。

　上州舘林で羽生の次郎蔵と川股金次郎は、縄張り争いが絶えなかった。映画冒頭部雪の日に、卑怯な次郎蔵は、羽生一家の馬力の藤兵衛を懐柔して殴り込みをかけて金次郎を殺し、その縄張りを奪ってしまった。清水次郎長の乾分で、藤兵衛とは幼馴染の十夜の半次郎は、清水港から久しぶりにこの故郷に帰ってきて、男らしくない藤兵衛の仕打ちを聞き、次郎蔵を討って詫びろと意見した。しかし、藤兵衛は情婦お鹿（峰吟子）が半次郎に秋波を送っていることを知り、もともと半次郎の帰ってきたことを喜ばなかったので、半次郎の隣家に住む六郎兵衛を殺してその罪を半次郎に着せた。無実の罪に4年の星霜が過ぎたある日、牢屋の失火から切放しの行われた時、半次郎は知り合った蛇形の伝七と江戸に出た。当時、藤兵衛もお鹿と共に江戸に出て御用聞きとなっていた。また、六郎兵衛の遺児お賤は料亭の女中に、その弟弥之吉は鋳掛屋の職人となっていた。半次郎は偶然お鹿に出逢って藤兵衛の家に連れて来られ、人相書の廻っていること、お賤姉弟が江戸に来ていることを聞かされた。そこへ藤兵衛が帰って来て半次郎に嫌味を言ううち、お鹿との痴話喧嘩となり、六郎兵衛を殺したのは藤兵衛であることがばれてしまった。証拠のあがった以上は黙っていられない。半次郎はお賤弥之吉に親の仇を討たせて、自分の潔白を示す決心をした。かくして探す姉弟を浅草料亭みやこで発見した半次郎は、蛇形の伝七が江戸への路金を作るために仇討と

写真 4-22-1 『長脇差風景』ポスター

写真 4-22-2 新聞広告
（「東京朝日新聞」S.08.02.15）

称して強盗に押し入り、怒りを向けて絶縁していたが、彼の手を借りて
藤兵衛を見事打ち取ったのである。

　吟子はなぜ時代劇部へ移籍したのだろうか。これには、昭和9年3
月より現代劇部が京都太秦から多摩川撮影所へ順次移転を開始したこと
と関係するのではないか。日活はトーキー時代の流れに乗るため、新た
なトーキースタジオで映画製作を開始することになる。一方、吟子の生
活拠点は大阪であり、田中亮平もパラマウント大阪支社長である。吟子
は時代劇部に移籍して京都太秦に残ることを選択したのではないか。し
かし、このことは、映画の勝手も違い多少の戸惑いを見せている。

「峰吟子大河内伝次郎の『長脇差風景』で初の時代劇出演をやるので今
や懸命に妖婦演出に苦心最中"現代物なら馴れてますけど…"と言い
分」　　　　　　　　　　　　　　　　　　　　　（「読売新聞」S.08.01.18）

『長脇差風景』の興行は残念なことに成績は振るわなかったが、製作者
や出演者には特別な作品である。犬塚稔監督にとっては松竹下加茂から
日活に転籍してからの第一回作品である。後年、特殊撮影で名前を残し
ている円谷英二は撮影を担当している（口絵写真）。また六郎兵衛の息

写真 4-22-3　長脇差風景Ⅰ

写真 4-22-4　長脇差風景Ⅱ

写真 4-22-5　長脇差風景Ⅲ

写真 4-22-6
長脇差風景（大河内傳次郎と峰吟子）
右　『映画と演芸』
左　『キネマ旬報』

子弥之助は、シベリヤ抑留後、ソ連に留まって現地でアナウンサーとなり、その後、岡田嘉子と結婚した滝口新太郎が演じている。

映画の批評はかなり厳しいものになっている。

「…円谷英二のキャメラは立回りになると乱雑になる。峰吟子は修業中という程度。助演者に高木永二、山路ふみ子があり、大河内は伊藤大輔を離れたのを機会にマンネリズムを破る事を希望する」

（「東京朝日新聞」S.08.02.18）

キネマ旬報もあまり良い評価をしていない。

「…脚本が嘘っぱちなのもいけない。…傳次郎は股旅者の淡いセンチメントを盛り得なかった。山路ふみ子ひとり光る。他の助演者はいずれも凡々。封切館では三本立てでタッタ三十銭の料金にした。三十銭にしたことは客を呼んだが、そのことは『長脇差風景』の興行価値の低くなってきた一つの証左と見ることが出来よう」　　　（和田山滋〔岸松雄〕）

傳次郎との共演で気になるのは身長差である。傳次郎は公称五尺三寸（約160cm）、吟子は五尺二寸八分でほぼ大差はない。いままで傳次郎の立回りを見ても身長の低さは感じられず、速さと切れ味のある殺陣によって大きく見えていたのであろう。吟子も大きく映し出されたのは間違いのないことであり、この視点で『長脇差風景』を観たかった。

「長脇差」の名称を使った映画は二、三、見受けることができる。吟子が「『磯の源太抱寝の長脇差』（昭和７年上映、監督山中貞雄、主演嵐寛寿郎）に出演」と書かれた複数の書籍があるが、その作品と吟子は全く無関係であり、『長脇差風景』に出演したのみである。

【映画データ】

監督　　　犬塚稔

キャスト　十夜半兵衛＝大河内傳次郎、馬力の藤兵衛＝高木永二、情婦お鹿＝峰吟子、六郎兵衛＝磯川勝彦、その娘お賤＝山路ふみ子、その息弥之吉＝滝口新太郎、川股金次郎＝実川延一郎、羽生の次郎蔵＝高勢実乗、馬方駿州＝新妻四郎、蛇形の伝七

　　　　　　　＝鳥羽陽之助

脚本　　　犬塚稔

原作　　　犬塚稔　　　　　　　撮影　　　円谷英二

製作　　　太秦撮影所（1933）　配給　　　日活

公開　　　1933.02.15

モノクロ／スタンダード・サイズ／73分／8巻／1998m

参考文献

『日本映画俳優全史　女優編』猪俣勝人・田山力哉、社会思想社、1977.09

『日本映画名作全集　戦前編』猪俣勝人、社会思想社、S.46.01

「豆鉛筆」読売新聞、S.08.01.18

「新映画評長脇差風景」東京朝日新聞、S.08.02.18

『写真集　特技監督円谷英二』竹内博、朝日ソノラマ、1993.09

『映画と演芸』10（3）、朝日新聞社、S.08.03

『キネマ旬報』461、キネマ旬報社、S.08.02

『キネマ旬報』463、キネマ旬報社、S.08.03

『キネマ週報』12、キネマ週報社、S.05.05

23　蒼穹の門

　この映画は長谷川海太郎が牧逸馬のペンネームで書き上げた作品であり、昭和7年（1932）1月から『朝日』（写真4-23-1）に連載され、映画公開後の昭和8年9月には『新選大衆小説全集　第三巻　牧逸馬篇』（写真4-23-2）が出版されている。ここでは映画写真がないため、全集本の挿絵（寺本忠雄画）を利用する。

　戸川朝美は警察官の兄夫婦とその三人の小さな甥や姪と暮らしていた。朝美と兄の健太郎は医院を営んでいた家庭で育ち、健太郎は外国語学校でスペイン語を学んでいた。しかし、関東大震災はその家庭の幸せを一瞬にして壊してしまった。父母は亡くなり、健太郎は中退し、安月給の巡査になった。兄のおかげで朝美は女学校を終えることができた。

　ある日、些細なことから兄嫁の幹子とけんかして、本降りの雨の中を

写真 4-23-1　左『朝日』表紙 S.07.01、中『朝日』目次、右　挿絵大久保作次郎

飛び出してしまった（写真 4-23-3）。
苦しい家計からくる感情や、女学校
を出ていないひがみからであった。

　横殴りの雨の中、交番勤務の兄に
は会えず、東京駅の待合室に着いた。
そこには二時間も待ちぼうけを食わ

写真 4-23-2　『新選大衆小説全集　第三
巻　牧逸馬篇』S.08.09

された関篤夫がいた。峰尾葉留子（峰吟子）と待ち合わせをしていたの
であった。しかし、葉留子は来なかった。

　篤夫は同じ背格好の朝美の後ろから声をかけるが、間違いであった。
しかし、朝美はなぜか自分の名前もはる子であると言う。朝美の困って
いる様子を感じ取り、クーペに乗せて麹町の自宅に連れて帰ることにし
た。

　葉留子は篤夫の婚約者であり、篤夫の父関凡茂はイタリア大使、母雅
子は三菱の出で、若い頃から婦人雑誌の口絵で紹介され、今は慈善家と
して活躍している。葉留子の峰尾家は白粉「峰の雪」本舗である。父嘉
兵衛から兄基一郎に実権が移っている。

　葉留子は東京駅での待合せをすっぽかして、基一郎と二人で篤夫の家
に来ていた。そこへ朝美と篤夫が帰ってきた。朝美を見た葉留子は、失

礼な言葉を並べ立てて侮
辱したのであった（写真
4-23-4）。朝美は当分の
間、小間使いとして関家
で働くことになった。

葉留子の実家峰尾商店
では、輸入部で桜井恭二
が働いている。関凡茂と
同郷であり、桜井家の衰
退から援助を受け、商大

写真 4-23-3　朝美の家出　　　写真 4-23-4　朝美、峰尾兄妹

を出て峰尾商店に入った。篤夫とは兄弟のような無二の親友であった。
東京駅でのすっぽかしの件以来、篤夫からは何も連絡がなく、しびれを
切らした葉留子は峰尾商店（峰の雪本舗）で会おうと電話をかける。篤
夫は朝美と一緒やって来るが、葉留子に嫉妬心を持たせるためであった。
この時、桜井は初めて朝美と出会うことになる。

篤夫と朝美が二人きりになるのを関夫人がいぶかしげるようになり、
さらに、二人が隠れるように会っている姿を見た葉留子の怒りから、朝
美は暇を出されて、関夫人の共愛ホームへ行くことになった。このこと
は篤夫には知らされていなかった。朝美の兄戸川健太郎が関邸にお礼
方々あいさつに出向くものの、冷たい対応であり、何かがあったと感じ
取る。

社会事業共愛会の実態は理想と懸け離れたものであり、関夫人や上流
婦人らが有益な事業をしているとの思い込みや、満足感を満たすだけの
ものであった。そこは、単なる派出婦たちの寄宿舎であった。ここへ戸
川健太郎が訪ねてきたが朝美に会うことはできなかった。

ある日朝美を指名した申し込みが共愛ホームにあり、芝公園の丹野栄
子のところへ行く。栄子は葉留子の兄基一郎が妾として囲っている元芸
妓であった。

この頃篤夫の父関凡茂は日本外交の活躍者として渡欧していたが、帰

国してこれを機に篤夫と葉留子の結婚を一日も早く実現したいという。

　峰尾基一郎はこの日関西へ旅行。今夜丹野栄子は歌舞伎座へ行き、朝美は一人で留守番をしているはずであった。しかし、基一郎は予定を変更して帰宅した。そこには魂胆があり、朝美を襲おうとしたのであった。その最中に桜井恭二が現れた。桜井は仕事関係の連絡のため、栄子の存在やこの妾宅のことも知り、よく訪れていた。しかし、基一郎の品性を知り、峰尾商店を辞することになる。朝美は飛び出して、またもや行方知れずになる。

　篤夫は心中では朝美を愛していた。しかし、葉留子との結婚式が済んだ後に、落ち着いてからゆっくりと朝美を探せばよいとの考えであった。

　結婚式当日、朝美から今晩東京駅でもう一度会ってくれるようにと、手紙が届く。その晩は篤夫と葉留子が新婚旅行に出発することになっていた（写真4-23-5）。篤夫は大勢の人ごみの中から朝美を見つけ出そうとし、それらしき姿を見つけ出していた。しかし、すぐさま雑踏に紛れ込み去っていった。

　共愛ホームを出た朝美、峰尾商店を辞した恭二、この二人はそれぞれ失業という苦難の道に入り込み、職業紹介所に通うことになる。しかし、2ヶ月近く経っても状況は変わらなかった。一方、戸川健太郎は努力の甲斐あって弁護士試験に合格。巡査を辞して医者であった父の友人厨川（くりやがわ）の弁護士事務所に勤めることになった。東京外語を卒業間近まで行っていたが、朝美に教育を付けるために退学して巡査になっていた。

　関大使はヨーロッパで知り合った仏人から東京でのホテル開業の相談を持ち掛けられ、彼自らホテル使用人の雇入れに立会っている。また、社会問題化している失業にも大きな関心を寄せ、公務の合間を利用して関与していた。そこへ戸川朝美は新聞広告を見て応募してきた。

写真4-23-5　新婚旅行

桜井兄妹は、失業によって少しばかりの蓄えが見る間に無くなり、恭二は藁緒も掴む思いで浜松屋なる人事周旋所に飛び込んだ。そこはインチキ周旋所であり、支配人格の浦部の嘘に振り回されることになる。その嘘の周旋の中に厨川法律事務所の事務員の口があり、そこで桜井は、戸川が朝美の兄とは知らず、初めて会うことになる。

　その頃、篤夫と葉留子の結婚生活は、表面上は何もなくても篤夫の心の中に何があるか葉留子は知っていた。今となっては完全な失敗であった。

　関大使はホテルの使用人雇入れで、清楚な感じの良い娘をエレベーター係に採用したことを篤夫に話す。しかし、朝美だとは誰も気付いていない。

　朝美は職を得たことで、兄が住んでいるはずの小石川へ手土産を持って訪ねる。しかし、すでにどこかへ転居した後であった。ホテル設立事務所はビルの7階、同じビルの8階に厨川法律事務所があり、兄と妹はすれ違っていた。

　ある日、朝美が操作するエレベーターに葉留子と連れの男が乗り込み、二人は男同士のような荒っぽい会話をしていた。屋上へ到着した時、葉留子は朝美に気付き、口論の末、関大使を使って首にするという（写真4-23-6）。首になる前に辞めようと決心し、辞職に至った経緯を書いた手紙を関大使に送り、関家の人々は状況を掴むことができた。

　そして、三島の伯母野口の許へ行こうと東京駅に着いた時、浜松屋の浦部に声を掛けられる（写真4-23-7）。

　浦部は峰尾基一郎の妾丹野栄子の妹分お兼のところへ朝美を売り飛ばし、多くの水揚げ料を取るため、基一郎を客にしようとする。しかし、裸足で駆け出して逃げ、大通りへ出た。ちょうどそこは大森警察署の前であり、こうして私娼窟から脱出することができた。

　朝美は浦部を桜井だと思い込んでいる。その頃、桜井は浦部を介してインチキな今福商会に勤めていた。今福商会は桜井が関大使と関係があることを知り、大使から身元保証金を取ろうと画策し、手紙を出してい

た。警察は彼女の供述から桜井の住所へ訪れ、更に、今福商会にも来て、恭二を婦女誘拐の容疑で大森署まで連行していった。このことは厨川法律事務所の戸川にも連絡された。

関大使は恭二が警察へ引っ張られた後、しばらくしてから今福商会を訪れ、状況を知るとすぐさま大森署に向かった。こうして大森署では桜井恭二、戸川健太郎、関凡茂の三人が揃い、桜井の朝美に対する気持ちや今までの経緯を話し合った。

事件の夜朝美は保護されていたが、いつになっても警察に戻ってこない。今度こそは三島の伯母の許へ行こうと東京駅に居たのだ（写真4-23-8）。

こうして健太郎たちの新しい高円寺の家へ迎えられて、その後桜井恭二の許へ嫁ぐことになった。

原作の末尾はあまりにもあっけなく終わっている。牧逸馬の葉留子像（峰吟子）は“グレタ・ガルボのような広い額と、冷たい眼と小さな可愛い鼻、勇敢にまで口紅を引いたいつも皮肉な微笑みをたたえている口許”とある。

この映画も原作と違ったものになっている。『キネマ旬報』（写真

写真 4-23-6
朝美と葉留子の口論

写真 4-23-7　浦部と朝美

写真 4-23-8　東京駅の朝美

4-23-10)や「公園館週報」（写真4-23-9）の中では"篤夫と葉留子の縁談は政略結婚であり、朝美は篤夫、葉留子は恭二をそれぞれ想っている。しかし、葉留子は恭二が朝美を愛し、自分を受け入れてくれないことを怒って報復的に篤夫との結婚を承諾したのであった。"となっている。

　なお、「東京朝日新聞」の映画批評は抽象的な事柄を述べるにとどまり、さっぱり意味が通じない。当時の人々はこのような論じ方であっても許容していたのだろうか。

左、右　写真4-23-9　「公園館週報26号」（S.8.03）

写真4-23-10　『キネマ旬報』463
左上　峰吟子　　左下　夏川静江

写真4-23-11　『蒼穹の門』「東京朝日新聞」
（S.08.03.08）

【映画データ】

監督　　　山本嘉次郎

キャスト　朝美＝夏川静江、葉留子＝峰吟子、恭二＝中田弘二、篤夫＝
　　　　　杉、山昌三久、基一郎＝秋田伸一、種介＝南部章三、女中頭
　　　　　＝村松高子、妾お栄＝北原夏江

脚本　　　小林正・毛利三郎

原作　　　牧逸馬　　　　　　　　撮影　　　渡辺孝

製作　　　太秦撮影所（1933）　配給　　　日活

公開　　　1933.03.08

モノクロ／スタンダードサイズ／10 巻／2270m ／83 分／無声

参考文献

『新選大衆小説全集　第三巻　牧逸馬篇』牧逸馬、非凡閣、S.08.09
『朝日』4（1）、博文館、S.07.01
「新映画批評更生か夏川静江」東京朝日新聞、S.08.03.13
『キネマ旬報』463、キネマ旬報社、S.08.03

24　フランスお政

『ふらんすお政』（写真 4-24-1）の原作者村松梢風は、東京朝日新聞連
載にあたってお政を「…幕末時代の或る意味でトップを切った尖端ガー
ルだったことは確かだ。…昭和のモダンガール諸嬢に比べても、ちっと
も古くないというところにこの小説のミソがある」としている。連載は
河野通勢の挿絵（写真 4-24-2）で、昭和 7 年 11 月から始まっている。

　映画の主人公の名前は "お政（おまさ）" である。「京城日報」の記事
（S.08.08.02）の中で、わざわざ "おせい" とルビが打ってあり、しばらく
の間その名前が正しいと思い込んでいた。主演の吟子は "おまさ" と言っ
ていたと、子息からの指摘により、よく調べてみれば、確かに原作本（村
松梢風）には "おまさ" になっている。指摘を受けなければ恥をかくと
ころであり、読み方で少し回り道をした。なぜ、そのような間違いが起

きたか疑問は残る。

幕府大目付千五百石旗本土岐丹波守のお部屋様（妾）お政（吟子）は、山谷堀の船宿で役者稼業沢村田之助と逢っている。お政の歳は二十六、大柄で五尺二寸位ある。お政が田之助に送った艶書はなぜか丹波守の手に渡り、怒りに触れて手打ちにされるところであった。しかし、うまく屋敷を抜け出す。

写真 4-24-1 「ふらんすお政」S.30.04

裸足で歩いていると、お政が田之助と密会した後に屋敷に戻る途中で目にした異人殺しの下手人武州浪人間宮一に出会い、間宮の知

写真 4-24-2 新聞連載挿絵（お政とモンブラン）

人である盗賊秩父八左衛門のもとにしばらく逗留することになる。しかし、ここも危なくなってきたために八左衛門とお政は鎌倉へ行き、当分そこで隠れようとするが、八左衛門は川崎宿で金五百両などを強奪していった。

雨が降り出し、鶴見川の支流に差し掛かり、地蔵堂で雨宿りをしていた時、捕り手に囲まれて、この期を最後にお政と八左衛門は別れることになる。その後お政は当てもなく歩くことになり、神奈川から横浜の方へ来る人が沢山あるので、その人たちの後について横浜へ来てしまった。ボンヤリしていると偶然麻布の屋敷によく出入りしていた大丸の手代久七に出会い、これまでの経緯を話したことから、太田町の甲州屋という旅籠へ連れて行ってくれた。お政はここでブラブラと退屈な日々を過ご

写真 4-24-3　間宮一とお政

している。この様子を見ていた口利き稼業
蓬莱屋の主人から"ラシャメンにならぬ
か"との話を切り出された。自分の境遇を
考えた時、ラシャメンにでもなるより仕方
がないと悟り、その相手はモンブランで
あった。

　モンブランは37、8歳の痩せ型の男で、
居留地の館を借り受けていた。ナポレオン
三世の紹介状を所持していたことで、メル
モッチ僧正、レオン・ロセス総領事から信
用されて、一般にはナポレオン三世の密使
と信じられていた。また、彼は日本女性に
対して大いに興味を持ち、口利き屋に女性を紹介するように頼んでいた。
第一に教養ある婦人、第二に美人、第三に健康な婦人であることを要求
していた。高望みであったために困っていた。しかし、蓬莱屋は、お政
が条件に当てはまるものと見込んでいた。

　お政は異人屋敷のある居留地へ連れられ、モンブランに逢ってこの日
から奉公することになる。少しの日本語は話せたが、フランス南部に領
地と城を持ち、将来はフランスへ帰るより永久に日本で暮らしたい希望
を持ち、妻帯者でないと語り、彼の持っている情熱からお政は不思議な
誘惑を感じた。このようなことからラシャメンになることは、女として
非常に不幸であるかのような思いは打ち消されていき、日増しに愛情が
高まっていった。金に不自由はないため、大丸の久七を呼んで好きな衣
装を拵えたりし、お政の天性華やかな素質や思い切った風俗を見て"フ
ランスお政"と誰となく言われ始めた。

　お政がモンブランと一緒に暮らすようになった頃、勤王の志士落合源
一郎は横浜に。間宮は甲州黒駒村の勝蔵のところで世話になっていた。
　モンブランは幕府とフランスの同盟を結び、フランスの援助で幕府の
陸海軍の増強を図ろうと、まずは製鉄所建設を進めていた。そうなれば

尊王攘夷運動は下火になり、幕
府は安泰となる。外国奉行池田
筑後守、フランスはメルモッチ
僧正、レオン・ロセス総領事ら
が交渉するものの、モンブラン
はフランス側の一番の適任者で
あった。

写真4-24-4　モンブランとお政

　本牧御殿と言われる屋敷でモ
ンブランは客を招待し、お政は
貴婦人たる姿で客を迎えた。参加者は「陸軍大尉ガシノフとお愛」「通
訳ブレキマンとお浪」「製鉄所技師ウェルニーとお浅」「砲兵中尉クレ
ソーとお染」「砲兵少佐ブレアンとお倉」「レオン・ロセス総領事とおと
み」「メルモッチ僧正」と主賓の池田筑後守であった。会食が始まる前、
一人の使いが間宮の手紙を持ってお政を訪ね、返事をもらうようにと言
われていた。しかし、お政は明日自分の方から出向く、と言って使いを
返す。食事時の話題はフランスの郡県制度、イギリスと津島の関係、生
麦事件の顛末などであった。

　宴が終わった頃、お浅はお政に相談があるという。ウェルニーとの間
で妊娠したことであった。その時は、ウェルニーは喜んでいたという。

　翌日、保土ヶ谷で間宮に会い、尊王志士の手先となって働くようにと
言われる。しかし、頑として承知しなかった。言うことを聞かねば切ら
れるところであったが、僧侶上がりの大東のおかげで放免されて命拾い
をする。

　その晩、生麦事件の賠償金をイギリス領事館へ運び入れることを知っ
た秩父八左衛門は、奪い取ろうと画策していた。この計画は失敗に終わ
り、姿を隠すことになる。時を同じくして、ラシャメンを周旋している
万蔵も殺された。

　幕府が使節団を海外に派遣するのは三回目であり、今回のフランス行
きは池田筑後守一行が行くことになった。使節団の成果はモンブランに

とっては重要ではなく、製鉄所に関わる納品一切の権利保障が目当てであった。

　ウェルニーの妊娠しているお浅に対する身勝手さ、フランスへ旅立つブレキマンとお浪の関係、この二つはお政とモンブランの心を曇らせ、特にお浅の身の上がひどく気にかかるようになる。ラシャメンと外国人の関係は、正式な給料制度の雇用関係で、正式な証文を入れるのが通常であり、「女が妊娠した場合、男のその身柄に対する責任は負わない」とする項目が入るのが一般的であった。お浅の父は、堕胎して幸せになれという。ラシャメンになることさえ憚られ、その上、混血児を産み落とした日には途方に暮れるより他ない。

　ある朝、お政はお浅が身投げしたと聞き、駆け付け、通夜をして埋葬した。

　モンブランとメルモッチのフランスへの送別会で、ウェルニーはお政にダンスを申し込み、断わられる。お浅の一件で、ウェルニーはかなりの罵声を浴びてモンブランと敵対することになる。渡仏したモンブランの手紙には、以前と違い待遇がまるで変って、邪魔者扱いされ始めたことが書かれていた。理由が不明なため、日本の事情を調べて報告するようにとあった。お政は中居屋重兵衛からウェルニーの仕業だと聞かされる。

　江の島弁財天祭礼で、英人バルドウィン少佐、バード中尉の二人は、奉行所が外人の遊歩区域外である江の島、鎌倉で乱暴な行動に出ていた。鶴ヶ丘八幡宮では土足で社殿に上がり込んだ。これを見ていた間宮は二人を斬殺。この様子を大東が見ていた。しばらくすると大勢の捕手がやってきて、間宮と大東の二人を追う。二人はいつまでも逃げ切れるものではなく、弱っていたところへ秩父八左衛門の出現によって逃れることになった。

　間宮は、自分の運命が今夜限りだと思いつつも、横浜近くまで逃げることができ、一軒の異人館に興味を持って入る。そこにはお政と六人の赤子がおり、皆お政の子だという。お浅の一件から混血児を引き取るこ

とにしていた。一晩のみ世話になり船で海上へ漕ぎだした。

　モンブランは、大山師だという評判が日本でもフランスでも立てられ、幕府との関係は絶たれることになるが、暫くして薩摩と関係を持つようになる。薩摩の目的は幕仏同盟の妨害である。その後、モンブランは何事もなかったかのように日本に帰り、本牧御殿は再び明るい灯火と笑い声に満ちた。

　フランス砲兵大佐ブレアンは、幕府軍のために薩長討伐作戦地図と戦略書を描き上げた。これを八左衛門が盗み出してお政に差し出し、さらに、モンブランに渡り、薩摩の隠密に渡されることになる。

　フランス総領事ロセスが公使へ昇進し、それを祝う夜会が暴風の中開かれた。その時を狙って攘夷志士が岩亀楼に火を放ち、居留地へ延焼させ、混乱を起こそうとし、これに乗じて百人程の志士が襲撃してきた。

　お政とモンブランは難を逃れたかに見えたが、教会の門の傍に斃れている人間を見つけた。傍に寄って引き起こせばウェルニーであった。大した傷ではないと言って抱き寄せようとしたその時、モンブランはウェルニーに撃たれて絶命した。間宮も英国兵によって命を落とした。

　明治の世になり、本牧にささやかな孤児院があり、混血児でも日本人でも引き取って世話をしていた。院長はお政と呼ばれたラシャメンであったが、今ではそのことを知るものは少ない。お政は根岸の禅寺に"モンブラン"と"間宮一"の墓を建てていた。ある時墓へ行くと、新しい花と線香がたてられており、寺男に尋ねれば、顔に傷がある男であったという。

　秩父八左衛門は生きていたのであった。

　吟子はこの『フランスお政』を撮り終えてから読売新聞の取材に応じている。本人にとって時代劇部に移籍してから二作目である。これが女優最後の作品になると思っていたであろうか。

　取材（新聞）記事の内容は吟子が偶然にも女優生活を総括したような事柄が含まれ、今まで歩んできた道に対して本音を語っている。

「日活に入ってから、ずいぶんいろいろの写映に出演して居りますけれ

と、これと言って気に入った、つまり得意の作品はありませんでした。本読みの時"これならピッタリ行けそうだ"と思う役柄でも、いざキャメラの前に立って劇中の人物になると、何かしら身にそぐわないものがあるのです」　　　　　　　　　　　　　　　（「読売新聞」S.08.05.22）

　日活や観客はエロやヴァンプの吟子を期待している。本人は決してそのことに対して満足や得意としていたわけではないことを振り返っている。

「今度主演して居ります『フランスお政』は一切がピッタリときて、私のこれまでの女優生活中、ただ一つの会心の作が出来そうです。こう申しますと生意気だと言われるかも知れませんが、本当のところ性に合うとでも言うのでしょうか」　　　　　　　　　（「読売新聞」S.08.05.22）

　しかし、吟子の思いと違い、手厳しい批評を受けている。

「フランスお政に扮するのが峰吟子であってみれば、自由のない国に住む不幸な女の絶望的な淋しさは消え去って、多淫な感情のみがのたうち廻っているのだ。…男欲しさの閨房的本能のために、自由を求めているのであり、…峰吟子はミスキャストぶりを露呈している」（『キネマ旬報』473）

　ただし、原作者村松梢風は、お政の姿を「美貌と張り切った健康的で好色の眼を注がれる身体」と称しており、映画は原作者の想定通りに製作されたと解釈してよいであろう。

「実は入社する前、神戸で働いていた頃は、よく外人に接する機会があったので、普通の女優さんたちよりは幾らかでもあちらの人たちの気持ちなり、日常生活なりを知っているつもりです。……」

（「読売新聞」S.08.05.22）

「峰吟子や伊達里子は時代劇にも出ている。この体格のいい女優たちが、どちらかと言えば小男の大河内伝次郎に絡むのであるから、監督はさぞ苦労した事であろう」　　　　　　　　　　　　　　（『日本映画女優史』）

　大河内伝次郎も沢田清も小さい。それに比べて、映画の中での吟子はスカートの裾を引きながら貴婦人として振舞い、華麗さを発揮していた

であろうことは容易に感じ取れる。

『ふらんすお政』のような歴史小説は、大筋では、ある程度史実に近い流れで物語を進めている。ただし、細部を見る限り多くは創作である。『キネマ句報』紹介欄を見ても原作とあまり差異は感じられず、映画は原作に近く製作され、脚本によって大筋はあまり変えられていないように思われる。

　また、歴史小説や映画は読者や鑑賞者に対して、あくまで創作ものとしてとらえられる必要があるにもかかわらず、それらを史実ととらえる多くの人々がいるのが現実である。

　村松梢風は中里機庵の著書を基に『フランスお政』を描いている。史実はどうであったのかはわからない。果たしてフランスお政は本当に存在していたであろうか。中里は「モンブランがフランスから帰国できず、慶応3年夏、上海に現れた。お政は彼に会うために密航し、横浜から日本の娘を呼び集め、女郎屋のような稼業を始めた」としている。しかし、モンブランは慶応3年（1867）11月鹿児島（薩摩）に上陸している。さらに明治2年（1869）12月横浜からフランスへ帰国、これ以降日本へは戻っていない。帰国後明治3年5月からフランス在日本総領事に就任。明治27年（1894）1月パリにて死去。

　モンブランの足取りは明らかになっている。ではお政はどうであろうか。残念ながら口伝だけである。

　ラシャメンとは一体何であったのか。事始めは、外国人への伝染病（性病）予防が大きな目的であったとされる。性病のその時代の社会的感染程度は大まかではあるが、古病理学者鈴木は、遺骨から見て「江戸時代において、娼婦の八割が梅毒であり、想像を超える流行」としている。さらに大正期大阪府駆黴院（娼妓の花柳病の検査、治療を行うため遊郭所在地に設けられた病院）長を務めた上村は著書の中で「…結局娼妓の七割が反覆罹病するのである」と著している。

　昭和の時代に入っても、戦前期内地の新聞や満州で発行される新聞には、梅毒や淋病診療を標榜する医院の広告がいかに多く載っていたか。

現在と違って大きな社会問題化していた。

【映画データ】

監督　　　渡辺邦男

キャスト　モンブラン＝山本嘉一、お政＝峰吟子、志士間宮一＝沢田清、
　　　　　義賊秩父八左衛門＝山本礼三郎、ウェルニー＝尾上栄次郎、
　　　　　伊牟田尚平＝賀川清、英国公使＝中村紅果、沢村田之助＝片
　　　　　岡左近、忠僕万造＝尾上桃華、大目付土岐丹波守＝高勢実乗、
　　　　　奉行小栗上野介＝市川小文治、

脚本　　　八尋諒

原作　　　村松梢風　　　　　　撮影　　　竹井和雄

製作　　　京都撮影所（1933）　配給　　　日活

公開　　　1933.05.25

モノクロ／スタンダードサイズ／11 巻／2566m ／無声

参考文献

「ふらんすお政明夕刊から連載…」東京朝日新聞、S.07.11.07
「外人生活を…知りぬいたわたし」読売新聞、S.08.05.22
『日本映画女優史』佐藤忠男・吉田智恵男、芳賀書店、S.50.04
『大衆文学代表作全集 10　村松梢風集』村松梢風、河出書房、S.30.04
『キネマ旬報』470、キネマ旬報社、S.08.05
『キネマ旬報』473、キネマ旬報社、S.08.06
『骨から見た日本人古病理学が語る歴史』鈴木隆雄、講談社、1998.10
『公娼研究　売られ行く女』上村行彰、大鐙閣、T.07.09
『幕末開港綿羊娘情史 5 版』中里機庵、赤炉閣書房、S.06.02
『横浜ふらんす物語』富田仁、白水社、1991.11
『社会志林 47（2）—ベルギー貴族モンブラン伯と日本人』法政大学社会学部、2000.12

追補　映画主題歌

　大正中期以降、映画主題歌から生まれたレコードが人気を呼び、吟子が登場する昭和5年（1930）頃からは流行歌が主題歌として先に発表され、映画は後から付いてくるような形態になっていった。特にビクターは昭和3年『波浮の港』が大ヒットとなり、日活と組んで数々のヒットを生み出し、作曲は中山晋平、佐々紅華、足利龍之介、作詞は西條八十らを擁して独走していく。

　吟子が出演した映画の主題歌は下記に挙げる。不明な部分があり、欠落したところもあると思われるので注意していただきたい（「なし」とした映画主題歌も見つけ出すことができなかった可能性が大いにある）。

　SPレコードの発売時期は不明な点も多く、ここでは国立国会図書館「歴史的音源」を基として利用し、『SPレコード60,000曲総目録』や他の資料も付け加えることにした。

見果てぬ夢
1	西岡水朗（詞）大村能章（曲編）井上ケイ子	Ⓛ
2	大木惇夫（詞）長津義司（曲編）小林千代子　日本ポリドールオーケストラ	Ⓟ

天国その日帰り　　　　　　　なし

銀座セレナーデ
1	西條八十（詞）佐々紅華（曲）二村定一（編）日本ビクタージャズバンド	S.05.04 Ⓥ
2	西條八十（詞）佐々紅華（曲）藤本二三吉（編）小静・秀葉	S.05.05 Ⓥ

この太陽
1	西條八十（詞）中山晋平（曲）藤本二三吉（編）小静・秀葉	S.05.05 Ⓥ
2	西條八十（詞）中山晋平（曲）佐藤千夜子　日本ビクター管弦楽団	S.05.06 Ⓥ
3	この太陽（日活映画プロローグ）夏川静江　小杉勇　入江たか子（独唱）	S.05.06 Ⓥ
4	西條八十（詞）中山晋平（曲）長谷川瀨洋　日本ビクター管弦楽団	S.05.10 Ⓥ
5	西條八十（詞）中山晋平（曲）四家文子　日本ビクター管弦楽団	S.06.05 Ⓥ
6	左京無来（詞）中山晋平（曲）四家文子　日本ビクター管弦楽団	S.06.05 Ⓥ

新東京行進曲
1	西條八十（詞）中山晋平（曲）四家文子　日本ビクター管弦楽団	S.05.08 Ⓥ
2	西條八十（詞）中山晋平（曲）藤本二三吉（編）小静・秀葉（三味線替歌）	S.05.09 Ⓥ

3 西條八十（詞）中山晋平（曲）長谷川瀲洋　日活富士管弦楽団　　　　S.05.12 ❤

続金色夜叉
1 長田幹彦（詞）中山晋平（曲）四家文子　日本ビクター管弦楽団　　　　S.05.08 ❤
2 長田幹彦（詞）中山晋平（曲）藤本二三吉　日本ビクター管弦楽団　　　S.05.10 Ⓥ

新婚超特急　　　　　　　　　なし
一九三一年日活オン・パレード
1 柴山晴美（詞）足利龍之介（曲編）浜村陽子　日本ビクター管弦楽団　　S.05.12 ❤
2 柴山晴美（詞）足利龍之介（曲編）徳山璉　日本ビクター管弦楽団　　　S.05.12 ❤

ミスター・ニッポン
1 西條八十（詞）山崎裕康（曲編）新橋千鶴子（お光の唄）日本 V.O.　　S.06.02 Ⓥ
2 郡司次郎正（詞）小杉勇入江たか子　日活アクターズジャズバンド　　S.05.11 Ⓟ
3 西條八十（詞）足利竜之介（曲）四家文子（逸子の唄）日本ビクター管弦楽団　　　Ⓥ

恋愛清算帖
1 室田新（詞）佐藤清吉（曲）中村慶子　阿部徳次　日本 P.D.O.　　　　S.06.03 Ⓟ
2 室田新（詞）杵屋正日八郎（曲）福助内福々　東都和洋合奏団　桐家光江　S.06.03 Ⓟ
3 田中栄三（詞）島耕二　明見凡太郎　浜口富士子　日活管弦楽団　　　パーロ

レヴューの踊子（「糸子の唄」「茂夫の唄」「お松の唄」）
1 市橋一宏（詞）足利之介（曲）羽衣歌子　田谷力三　桜井京　日本 V.O.　S.06.07 Ⓥ
2 市橋一宏（詞）足利之介（曲）羽衣歌子　田谷力三　日本 V.O.　　　　S.06.07 Ⓥ
3 市橋一宏（詞）近藤政二郎（曲）阿部徳次　パーロフォンジャズバンド　　パーロ

しかも彼等は行く（「篤子の唄」）
1 伊藤和夫（詞）中山晋平（曲）藤本二三吉　小静・秀葉・勝目（三味線替歌）S.06.05 ❤
2 伊藤和夫（詞）松平信博（曲編）四家文子　日本ビクター管弦楽団　　　S.06.05 ❤

機関車　　　　　　　　　　　なし

心の日月
1 入江たか子　竹上八重子　竹上とも子　日本ビクター管弦楽団　　　　S.06.08 ❤
2 菊地寛（詞）ポリドール文芸部（曲）小芳　日本ポリドール和洋合奏団　S.06.09 Ⓟ
3 菊地寛（詞）ポリドール文芸部（曲）小杉鶴子　日本 P.Y.B.　　　　　S.06.09 Ⓟ

白い姉（「佐保子の唄」）
1 青柳瑞穂（詞）菅原明朗（曲編）羽衣歌子　日本ビクター管弦楽団　　　S.06.11 ❤
2 西條八十（詞）近藤柏次郎（曲）四家文子　日本ビクター管弦楽団　　　S.06.11 Ⓥ
3 夏川静江　谷幹一（白い姉上・下）日活管弦楽団　　　　　　　　　　S.07 Ⓟ

海の横顔　　　　　　　　　　なし

霧のホテル　　　　　　　　なし

細君解放記　　　　　　　　なし

一九三二年の母
1　伊藤和夫（詞）松平信博（曲）羽衣歌子（哀しき孤児の唄）　　　　　　S.07.09 Ⓥ
2　伊藤和夫（詞）松平信博（曲）徳山璉（希望の唄）　　　　　　　　　　S.07.09 Ⓥ

細君新戦術　　　　　　　　なし

モダンマダム行状記　　　　なし

長脇差風景　　　　　　　　なし

蒼穹の門（「女心」「恋しい蒼空」）
1　菊田一夫（詞）佐々紅華（曲）奥山定吉（編）淡谷のり子　コロンビア O.　S.07.08©
2　菊田一夫（詞）佐々紅華（曲）奥山定吉（編）中野忠晴　コロンビア O.　S.07.08©

フランスお政　　　　　　　なし

＊「楽団名称」日本 P.D.O. ＝日本ポリドールダンスオーケストラ、日本 V.O. ＝日本ビク
　ター管弦楽団、日本 P.Y.B. ＝日本ポリドールヤングボーイズ、コロンビア O. ＝コロンビ
　アオーケストラ―――「レーベル名」Ⓥ＝ビクター、Ⓟ＝ポリドール、©＝コロンビア、
　Ⓛ＝リーガル、　パーロ ＝パーロフォン（イリス商会）
＊レーベルの白抜き文字は国会図書館所蔵の音源（ただし発売月の誤差に注意）
＊『細君解放記』封切前日の新聞は「主題歌：ビクターレコード吹込」とあるが不明

歌から昭和初期を見れば「エロ・グロ・ナンセンス」が
議論の中心になり、時代を反映し、浮ついていて足の着
いたものでないことは多くの人が感じることである。
一冊の本がある（写真 4- 補 -1）。当時の SP 盤や出版物
から音楽（モダン歌謡）と世相を見たものである。歌詞
に使われる言葉が直接的（露骨）であり、オブラートに
包まれないために力強さ（？）を感じ、本音の言葉のお
もしろさも強く表れている。

参考文献

『SP レコード 60,000 曲総目録』昭和館、アテネ書房、
　2003.04
『ニッポンエロ・グロ・ナンセンス―昭和モダン歌謡の
　光と影』毛利眞人、講談社、2016.10

写真 4- 補 -1
『ニッポンエロ・グロ・ナンセンス』

第5章
商品広告や雑誌の活動

1　商品広告

　吟子は映画に出演するだけではなく、商品広告の顔になったり、雑誌の対談などに出て活躍の場を拡げている。当時の女優たちは化粧品や薬の広告に多く駆り出されている。

　吟子が胃腸薬を飲んでいる。星製薬の主力商品である通称「赤カン」、『ホシ胃腸薬』である（写真5-1）。絵葉書裏面の下部には、［日活のスター峰吟子嬢胃腸薬中の王様　ホシ胃腸薬］と記載されている。

　しかし、この写真にはいわく付きの物語がある。吟子が写った反対側（表宛名書面）を見ると［大阪株式会社星製薬所発行］となっている。『ホシ胃腸薬』は、星製薬（創業時は星製薬所）創業当初、売り上げの半分以上占めていたようで、現在でもデザインはほとんど変わらず、息の長い定番商品である。

　星製薬株式会社は昭和7年（1932）4月破産、翌8年9月強制和議によって復活する。しかし、株式会社星製薬所側は資金難に陥った際に商標権を担保に取ったと称して類似品を製造販売していた。

　この商標権訴訟は昭和6年1月に始まり、星製薬側の勝訴となり、吟子は敗訴側の広告塔になっていた

写真5-1　峰吟子とホシ胃腸薬

写真 5-2 「帝都座週報」NO.47（S.07.03）

のである。星製薬を貶めた管財人の一人は他の事件で弁護士資格を失うが、当然の報いであると言われる。なお、この写真は昭和5～6年頃のものと思われる。

"吟子が微笑んでいる"。「帝都座週報」裏表紙（写真5-2）、吟子は「クラブ白粉」、「クラブ歯磨」の広告の顔になっている。この写真はどこかで見たことがあった。『朝日―峰吟子の秘恋』（S.07.03）にも使用されている写真であった。

写真 5-3～6 は化粧品の広告写真である。化粧品メーカーはどこか、化粧品容器（ガラス瓶など）から特定できないものか。

吟子が活躍した昭和初期、大手化粧品メーカーは、平尾賛平商店と中山太陽堂が挙げられる。「東のレート、西のクラブ」と言われ、東西の横綱として君臨していた。この当時、「クラブ白粉」、「クラブ歯磨」の広告はあちらこちらで見かけ、中山太陽堂のベストセラーであったことが伺われる。

吟子の活動場所は京都・関西が中心であり、西のクラブ中山太陽堂に関するものである可能性を託してクラブコスメチックスに確認してみた。残念なことにクラブでないことが判明する。当時の新聞広告からは大手以外の企業も多くあったことがわかり、どこの化粧品の写真スチールかは不明である。

戦後中山太陽堂は経営に行き詰まり、この時、最も深刻な影響を受けたのは電通であったという。いかにこの業界にとって広告が重要であるかを示している。昭和初期、吟子もその一端を担っていた。

写真 5-3　化粧品広告写真 I

写真 5-4　化粧品広告写真 II

写真 5-5　化粧品広告写真 III

写真 5-6　化粧品広告写真 IV

参考文献

「『二つの星胃腸薬』商標権を繞る争い」大阪朝日新聞、S.06.04.21
「商標権事件大勝堅牢ホシの組織大発展の途を進軍」大阪毎日新聞、S.11.09.30
『クラブコスメチックス80年史』クラブコスメチックス、S.58.08
『大手化粧品メーカーの経営史的研究』井田泰人、晃洋書房、2012.03

2 雑誌での活躍

　吟子は女優として活躍した昭和5年（1930）から昭和8年の間に、何度も雑誌に登場している。

　写真5-7は『モダンマダム行状記』（S.08.01.05封切）で清田清子（マダムK）を演じ、写真5-8は『長脇差風景』（S.08.02.15封切）で藤兵衛の情婦お鹿をそれぞれ演じたときのものである。また、写真5-9は「旬報グラフィック」に掲載されたフランスお政に扮した吟子であり、この写真は後年（昭和50年代初頭）『週刊朝日芸能』に「女優とエロティシズム―グラマー女優のはしり―峰吟子」と紹介されている。

　写真5-10～写真5-12は『この太陽』撮影時に撮られた一連の写真であり、この時の様子を新聞が取材している。

写真5-7　『映画情報』（S.08.01）　　写真5-8　『日活』（S.08.05）

写真 5-9 『フランスお政』

写真 5-10　鎌倉海水浴場の吟子 1

写真 5-11　鎌倉海水浴場の吟子 2

写真 5-12　鎌倉海水浴場の吟子 3

「…監督以下大挙上京、…鎌倉における海水浴場シーンには日活として
は未曽有のスター連の裸体行列を撮って煽り立てる筈」

　数多くとられた写真（夏のエロティシズム）の中の吟子である。

『映画之友』には昭和6年5月、「今日のお休みは…お仕事です」。9月
には「新しきエロとサムライ」に記事がでている。

　記事の内容で吟子の取り上げ方がわかる。

（写真5-13）「（概略）掃除洗濯料理といろいろな仕事をしていると、
休みが消えてしまう」

（写真5-14）「沢田清と申す若く美しき侍日活にありき。と或る日。…
エロ修行に出かけるが、カフェの前にて客引きをしつつある峰吟子とい
う女給に…しかれど新しき断髪エロに未経験の沢田清はいかにすべしや
と、しばし、まどいぬ」

左　写真5-13　"今日のお休みは…"
下　写真5-14　"新しきエロとサムライ"

写真 5-16
『相思樹』月江に扮する吟子

写真 5-15 「喜びの顔」

写真 5-17
『日活』掲載写真（1931）

昭和6年（1931）8月『婦人倶楽部』で「夏の姿夏の化粧打ち明け座談会」、昭和7年1月には『主婦之友』で「美人となる秘訣の発表会」と人気女優らが集まって、化粧法などを語り合っている。

『この太陽』撮影が忙しい合間に写された写真5-15と『相思樹』（原作牧逸馬 S.06『主婦之友』連載）の月江に扮した写真5-16が二枚ともに『主婦之友』に掲載されている。

　昭和7年2月吟子は一つの雑誌の中で二つの記事に関係している。「スキー場の思い出」として、伊達里子・大日方傳と共に「雪とお嬢さんの死」と題した一文を載せている。

　粉雪の舞う季節、五色温泉（山形）での出来事。吟子はスキーに来た大学生と肺を病んだその恋人と知り合う。彼らは暫くして服毒自殺を遂げるが、その時の心の内を描いている。

　もう一つは内田吐夢によって「エロ・グロ・ナンセンス8人噺─エロテイクな鯉（峰吟子のエピソード）」と題して描かれている。「"この太陽"のあのベッドの上で、上半身の裸身をのたうちまわるシーンは日本中のファンの、ひとり一人の網膜の中に飛び込んで焼き付いて、ある人間などは、遂に××したというすさまじきものがあった。…」、「僕が若しジャーナリストであったならば、彼女が神戸の百貨店の売り場にいた頃、彼女の煽情的な肉体に魅惑され、遂に彼女を裸体にして見たい欲望を感じ、つけまとった揚句、失敗に終わって、デパートの屋根から飛び降りて自殺してしまった若い画家の話など、面白おかしく脚色して書き立てるのだが、僕はジャーナリストでもなんでもなく、又その事が実際の事かどうかも知らないから、ここに書くことは止すが、若い画家でなくとも彼女の妖しい魚のごとく肉体の前には、死にたい男はワンサといるであろうと考えるのだ」

　吟子は内田吐夢の作品には、出演第二作目『天国その日帰り』で関わったのみであっても、やはり『この太陽』は強い印象を与えていたのであろう。また、小生夢坊や南部僑一郎などと同様、書き留めた内容の情報は、また聞きの情報であって、いい加減さが感じ取られる。

これら二つの記事は対照的なものである。しかし、吟子が雑誌に取り上げられるのは、映画関連であってもヴァンプ絡みや化粧・美容に関することが主である。

参考文献

『映画情報』6（1）、国際情報社、S.08.01
『日活』4（5）豊国社、S.08.05
『週刊朝日芸能』31（51）、徳間書店、S.51.12
「日活鎌倉でエロシーン撮影」読売新聞、S.05.07.23
『キネマ旬報』472、キネマ旬報社、S.08.06
『キネマ旬報』370、キネマ旬報社、S.05.07
『映画之友』9（5）、映画世界社、S.06.05
『映画之友』9（9）、映画世界社、S.06.09
『婦人倶楽部』12（8）、講談社、S.06.08
『主婦之友』16（1）、主婦之友社、S.07.01
『主婦之友』14（8）、主婦之友社、S.05.08
『主婦之友』15（9）、主婦之友社、S.06.09
『日活』2（5）、豊国社、S.06.05
『映画之友』10（2）、映画世界社、S.07.02

第6章
満州国

1　建国の理念

我	很	愛	這	五	色	國	旗
我	決	心	始	終	擁	護
這	鮮	明	的	五	色	國	旗
大	家	都	來	擁	護
這	五	色	國	旗	吧！

私は、五色国旗をとても愛しています。
私は、ずっとそれを護ると決めました。
このきれいな五色国旗、
みんなで守りましょう。
この五色国旗を！

五色国旗（1912 ～ 1928）

　黄　満州族
　赤　漢族
　青　モンゴル族　……の五族共和
　白　ウイグル族
　黒　チベット族

　満州国ポスター（我很愛這五色国旗）（図6-1）は昭和6年9月18日に勃発した満州事変からしばらく経った昭和7年（1932）7月25日に結成された満州国協和会が、社会教化のために宣伝印刷物として発行したものである。

　『満州国協和会之概要（1933）』の中に"協和会とは何ぞや"の項目が

図 6-1　満州国ポスター（我很愛這五色国旗）（拓殖大学図書館）

ある。「政党ではない、ファッショではない、教化団体ではない、社会
事業団体でもない」、「王道国家を標榜する満州国において、その王道政
治に適応して必然的にすぐき特質を有するもの」と書かれているが、明
らかに教化活動や宣撫工作の一翼を担っていた。なお、溥儀が名誉総裁
を務めている。

　ポスター内に書かれている中国語を理解するため、PC の自動翻訳を
試みるものの、機械的でぎこちないものになってしまう。そこで中国

（中華人民共和国）からの留学生に文章のみを書き出した紙を手渡し、翻訳してもらうようにした。このことに私の中には少しばかり不安があった。

　中国の若い世代の人々は、当然のように反日教育を受けているはずであり、満州国に関しては、その国名すらなかったかのように「偽満州国」と言われ、また、中国から日本に来た留学生が満州国に関する論文発表するのを見ていても、やはり「偽満州国」である。図のような教化活動ポスター（イラストと文章が一体になったもの）を見たとき、果たして彼は何を思うのか、心の内を聞いてみたいものであった。しかし、訳された文章を見たとき私は少しばかり安堵感を持った。機械翻訳よりも滑らかであり、書かれている文字も上手とは言えないものの、誰が見てもはっきりとわかる日本語でかえってきたからである。さらには親切にも五色国旗に関してのメモが添えられていた。やはり、満州国の国旗とともに書かれた一文であっても、彼はあまり神経質に考えていなかったようだ。

　満州国の国旗は中華民国の五色国旗を基本とし、色使いはそれを利用している。『満州国仮節日』には“満州国の国旗”と題してその意義を説いている（下記の分数は国旗内の面積割合を示す）。

3/4　黄　中央の土にして万物化育、四方統制王者の仁徳、融和・博愛・大同・親善を意味する。

1/4　赤　火と南方、誠実真摯・情熱等の諸徳を表す。

　　　青　木と東方、青春・神聖等を表す。

　　　白　金と西方、平和・純真・公義を表す。

　　　黒　水と北方、堅忍・不抜の諸徳を表す。

　私は満州に関してはあまり知識を持っていない。親戚・身内などで満州国に関わりを持ったものは、父の従兄がただ一人いるのみであり、我が家は満州国とは無関係であったといってもよい。従兄は内地の銀行を辞して奉天の銀行に転職し、戦後帰国したという。

参考文献（1、2）

『満州国協和会之概要』満州国協和会、大同、02.06（1933）
『満州国仮節日』満州国国務院総務庁情報処、康徳、02.06（1935）
『郡上の満洲開拓団—未来を夢見た開拓ものがたり』郡上市、2017.06

2　農村の教化活動ポスターと悲劇

　吟子の生活の場は、大連、新京と大きな都市ばかりであり、満州国の大半の面積を占める農村部での生活の経験はない。

　満州国協和会が発行したポスターである図 6-2　満州国ポスター（満州国是一個）、図 6-3　（満州国／軍閥時代）、図 6-4　（大同二年之春）は、それぞれ農村部を描いている。

　農村部（開拓団）のことも満州を知るうえで非常に大切なことであり、終戦前後には各地で大きな悲劇が起きた。やはり、このことも記憶にとどめておく必要がある。

　岐阜の山間地からも満州開拓に参加している。私の知るところでは郡上高鷲村（現在郡上市）には『たかす開拓記念館』があり、当時の様々な様子を伝えている。そこで、郡上高鷲村という地域に絞って振り返ることにする。

1931（S.06.09.18）	満州事変勃発	**満州開拓移民計画（関東軍の発案）**
1932（S.07.03.01）	満州国建国	**目的・農村の二男・三男対策**
（S.07.07.25）	満州国協和会結成	**・日本軍の食糧対策**
1937（S.12）	高鷲村更生計画村に指定	**・軍事的防備**
	（当時村の戸数 700 戸に対して 200 戸移住計画）	
1940（S.15.04.10）	琿春県純義村に「琿春高鷲開拓団」入植	
1945（S.20.08.09）	ソ連対日参戦　避難命令により図們へ出発	
（S.20.08.11）	全員、間島に到着	
（S.20.08.15）	大東亜戦争終戦	

↓……（避難所、逃避行、難民、収容所）

1946（S.21.10.23）高鷲へ到着（帰国）

送り出し人員　約640名　（100%）

犠牲者　約170名　（27%）

残留者　約30名　（5%）

↓

引揚者　約440名　（68%）

図6-2　満州国ポスター（満州国是一個）（拓殖大学図書館）

図6-3　満州国ポスター（満州国／軍閥時代）（拓殖大学図書館）

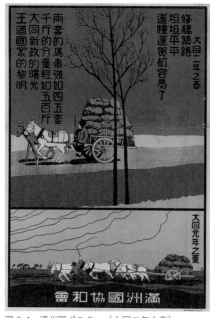

大同二年之春
修橋築路
坦坦平平
運糧運貨都容易了
兩套的馬車強如四五套
千斤的分量輕如五百斤
大同新政的曙光
王道國家的黎明
大同元年之夏
滿洲國協和會

図 6-4　満州国ポスター（大同二年之春）
（拓殖大学図書館）

郡上の満州開拓団
―未来を夢見た開拓ものがたり―
大陸郡上村開拓團
興亜凌霜

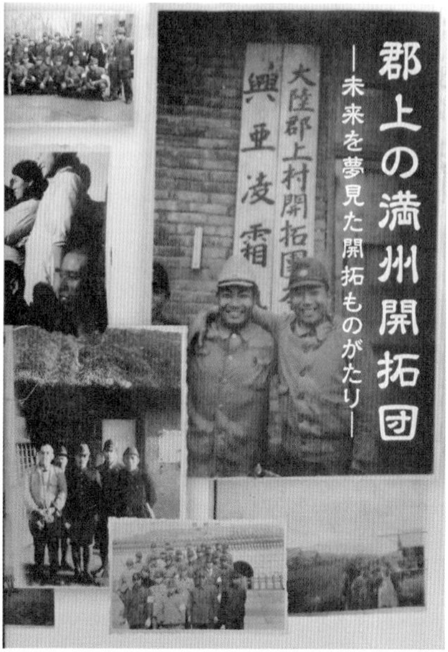

写真 6-1　『郡上の満州開拓団』表紙

3　都市部の様子

私が学校教育の場で、歴史をどのような形で教えられたかを振り返ってみてもあまり思い出せない。ただ、近・現代に関しては手が付けられなかったように記憶している。満州国の歴史などは、当然のように記憶にない。もし、満州国を授業で行うとすれば、それに伴って必ず戦争の話題が入ってくる。思想、信条、など考え方の違う人々は、解釈の方法もまたそれぞれ違い、大きな問題が発生する可能性がある。学校教育、特に歴史については一般解を求めようとしても、非常に難しく、そのため、無視したような形であったのだろう。

都市部で当時の我々日本人はどのように暮らしていたのだろうか。先に、農村部の悲劇を取り上げたが、満州国全体からみれば、開拓団や青少年義勇軍などの人口は約 18% 程度（劉建輝）であった。多くの住民

は、満鉄沿線に住む都市部の住民であり、彼らの様子を見ることにする。『奉天三十年』の著者クリスティがいっていた。「若し日露戦争後に満州へやって来た日本人が、もっと善良で優秀で質のいいものばかりだったら、おそらく満州事変は起こらなかっただろう」このことの詮議はさておき、過去の在満日本人がどんな醜態を演じていたかを今から想像しても、今日の在満日本人はもっと自重してもいいのではあるまいか。日本にいるのではない。我々が今踏んでいる土は異国である。という自覚がもっともっと徹底されなければならぬのではないだろうか」

（横山敏男）

上記のクリスティーは明治16年（1883）伝導医師として満州奉天に渡り、大正11年（1922）イギリスに帰国する。奉天在住30年に達した時に執筆している。

彼の言葉をもっと詳細（矢内原忠雄訳）に挙げれば、

「この前の戦争の時に於ける日本軍の正義と仁慈が謳歌され、凡ての放埒は忘れ去られていた。戦勝者が満州の農民と永久的友誼を結ぶべき一大機会は今であった。度々戦乱に悩まされたこれらの農民たちは、日本人をば兄弟なみに救い主として熱心に歓迎したのである。かくしてこの国土の永久的領有の道は容易に拓けたであろう。而して多くの者がそれを望んだのであった。然るに日本の指導者と高官の目指した所は何であるにもせよ、普通の日本兵士並びに満州に来た一般人民はその地位を認識する能力がなかった。“一大国民を打ち負かした、日本は優秀最高だ、支那は無視すべし”こういう頭で、彼等は救い主としてではなく勝利者として来り、支那人をば被征服人として軽侮の念を以て取扱った。平和になると共に、日本国民中の最も低級な、最も望ましくない部分の群衆が入ってきた。支那人は引き続いて前通り苦しみ、失望は彼等の憤懣をますます強からしめた。戦争が終わった今、居残った低級な普通民から、引き続き不正と搾取を受ける理由を彼らは解しなかった」

クリスティーの原文（訳）は横山とは多少ニュアンスが違っている。その上、さらに横山は付け加えている。

「奉天にある日本人だけを収容する監獄は満員で収用し切れない位だそうであるし、どこの花柳病（淋病）医者も忙しくてやり切れないそうである。ここは永住する土地ではない、金がたまったら故国へ帰るんだという肚があると、つい他人のものを横領したり詐欺したり、女を買って性病に罹ったりしても、所詮旅の恥として書き捨てられるものかどうか。そこに深い問題があるようだ。日本に居たって犯罪はあるのだし花柳病は多いのだから、特別満洲に多いかどうか量のことは問題外として、そうした人たちの気持ちの中に「満洲にいるんだから」という気持ちが少しでも混ざっていたら、我々はどうしても寛容にはなれない。満州にいるんだからこそ、益々身を慎むべきで、内地では許されないことが満州では許されると考えるのは、あまり人の好い我ままではあるまいか、それこそ出稼人根性である」

（横山敏男）

　都市部での出来事の一例を挙げてみる。

　新京日本橋通にあった「金泰洋行」（写真6-2）は和洋百貨を扱う百貨店であった。当時の評判は「金泰は大衆的な百貨店で値段も他の百貨店（宝山、三中井）より安かったので在京の日本人の間では評判が良かった」

（『新京の地図長春回想記』）

　金泰洋行は、愛知県稲沢出身の石黒仙治郎が明治39年に創業する。

An approach to Yoshino-cho, Hsinking　　新京銀座の野吉るた町野玄関　（新　京）

写真6-2　新京の銀座たる吉野町の玄関（金泰洋行　右）

『平和の礎―思い出は赫陽の彼方へ』の執筆者石黒正弘は仙治郎の養子である。

正弘は終戦間近の昭和20年4月に新京医大に入学するものの、新京からの疎開が始まることになる。朝鮮仁川を経由して佐世保への帰還までの1年余、見るも無残な有様、飢餓に苦しみながらの困難を乗り越えたが、幼い妹の一人は死亡する。文中には帰還までの道のりが詳しく描かれている。仙治郎が一代で築き上げた金泰洋行は、無に帰してしまった。

こうした事例は数限りなく存在したであろう。金泰洋行の場合はその中の一例である。

先に「満洲における日本人は、農村部の比率が約18％程度で、多くは都市部に住む」と書いた。これだけ見てどのように解釈するのか。さらに次の文を見れば、また、その解釈も変わるはずである。

「戦後現地で死亡した開拓団関係者は民間人犠牲者の40％に及んだ。……」　（山本有造）

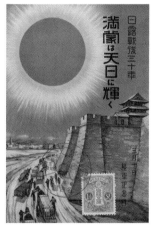

写真6-3は3月10日陸軍記念日を祝した絵葉書である。日露戦争奉天会戦後、奉天城に入城した日であり、これ以降、日本は満州の権益をより多く得て動くことになる。

こうして現地では数々の摩擦が生じ、戦後の悲劇も起こったのである。

写真6-3　陸軍記念日絵葉書

参考文献

『人間文化 Vol.21―画像資料による日本移民への新視点』人間文化研究機構、H.25.10
『新京郵信』横山敏男、肇書房、S.17.08
『奉天三十年 上・下巻』クリスティー、岩波書店、1938.11
『平和の礎海外引揚者が語り継ぐ労苦Ⅶ』平和祈念事業特別基金、1997.03
『新京の地図 長春回想記』栗原仲道、経済往来社、S.57.11
『帝国商工信用録分冊（特輯版）昭和14年版』帝国商工会、S.14.09

『郡上の満州開拓団―未来を夢見た開拓ものがたり』郡上市、2017.06
『「満洲国」の日本人移民政策』小都晶子、汲古書院、2019.08
『満洲記憶と歴史』山本有造、京都大学学術出版会、2007.03

第7章
大連の時代

1 大連と私

　吟子が最初に満州と関わったのは「大連」である。その大連を私が知ったのは昭和45年（1970）学生時代であった。読書が好きで講義中にもかかわらず本に熱中していたものだ。その中で最も印象に残る作品があり、そのひとつが清岡卓行『アカシヤの大連』である。

　この作品は昭和45年度の芥川賞を受賞。そのことを知り、内容もわからずに早速ハードカバー装丁本を購入した。まだ、20歳になろうとする直前での出会いであった。当時まだ自立していない私にとって、彼の文章には生意気ではあるが共感を覚え、引き込まれ、あっという間に読み終えた記憶が鮮明に残っている。

　吟子と「大連」を知るには、再度『アカシヤの大連』を読み返せば、幾らかでも大連の概要や当時の様子がわかるのではないかと思い、その当時購入した本を探し出そうとしたが、どこかへ行ってしまい、見つけ出すことはできなかった。いまは便利なもので、古書をインターネットで入手でき、届いた本は古めかしい文庫本であった。正直なところ外面には期待が外れた。しかし、読み始めれば、その素晴らしさを改めて知ることになった。ただ、私が期待するほど街の雰囲気や様子はふんだんには描かれていなかった。

　吟子が日本から満州に渡り、最初に生活を開始した大連、この地を『アカシヤの大連』の中に描かれた情報や、他のいろいろな文献から「大連」を眺めることにして、肌では感じ取ることができないとしても「大連とはどのようなところか」を卓上でロケーションし、彼らの様子を当時の状況を踏まえて少しでも思い浮かべてみたい。

2　満州への旅立ち

　吟子が初めて満州に渡るきっかけとなったのは、夫ロイ・田中の大連への転勤であり、彼がパラマウント大阪支社長から大連支社長へと栄転（？）したことによるものである。このことは「京城日報」に掲載されているので、それを記載する。

「…パラマウント大阪支社長田中ロイ氏の善良な細君である事はすでに周知の事実だが、この前作『フランスお政』以来気分すぐれず山陰沿線某温泉で療養の処ナントこれが妊娠のためとわかり夫田中氏も大いに喜んでいる中、今度は田中氏がパ社大連支店長に栄転したので之を機に良妻、それから賢母になる可く、アッサリスターを廃業したもので来る八月六日には神戸出帆『うすりい丸』で夫君と共に大連へ赴くこととなった」
（「京城日報」S.08.08.02）

　この時彼女は満24歳になって間もない頃であり、妊娠4ケ月の身重であった。予定では早ければ年末に出産するはずであり、実際に女児を出産していた。

写真 7-1　「京城日報」（S.08.08.02）

　神戸から大連までの船旅は、昭和7年（1932）満州国の成立とともに新造された「うすりい丸」（写真7-2）に乗船し、瀬戸内海の風景を眺めながら、東シナ海をのんびりと快適な旅ですごしたことであろう。写真7-3は彼らが利用したと思われるうすりい丸の一等食堂である。

　こうして昭和8年（1933）8月、二人は大連に降り立った。昭和12年10月、ロイ・田中が列車からの転落事故に遭うまでの4年余りの間、この地で生活することになる。大連での時代は

吟子にとって最も平穏で落ち着いた時であり、第二子も授かることになる。二人はどのような生活をしていたか、大連での彼らの様子は詳しく探し出すことはできなかった。

（後に吟子とその家族4人が生活していたところと、夫田中亮平の勤務場所は探し出すことはできた。）

参考文献（1、2）

『アカシヤの大連』清岡卓行、
　　講談社、S.48.02
「母となり日活を退く峰吟子」
　　京城日報、S.08.08.02

写真7-2　日満連絡船　うすりい丸

写真7-3　うすりい丸一等食堂

3　大連の気候

　大連の気候は日本と同じように四季があり、春や秋は比較的過ごしやすく、夏は30℃を超えることもある。湿度が低いために春・秋と同じように過ごしやすい季節である。ただし、冬の大連は最低気温が－15℃になることもあり、さらには、大陸からの北風の影響で体感温度が下がり、厳しい気候である。

　表7-1は大連と後に住むことになる新京との気温の比較であり、大連は大陸的気候の新京よりは過ごしやすい。

　満州は快晴が多く、「雨季と言われる季節ですら、一家に一本の雨傘を用意していない家庭はざらにある」と言われる。

　当時のバスガールの案内は、「内地気象台の天気予報は外れがちだと

聞きますが、ここ大連の気象台予報はほとんと百発百中だと申します」と自慢の宣伝をしていた。言葉を換えれば、それだけ晴天が多いということである。さらに、冬の様子を描いた文章を取り上げる。

「大連の雪は長続きはしない。二日も三日も降り続けることはない。雪がしんしんと降るという風景もあまりなかった。真っ白な花びらが、ひらひらとひっきりなしに空から降ってくる。重たいという感じはない。……」

(松原一枝)

データは古いが各都市を比較した表を掲載する（表7-1、表7-2）。

表 7-1　大連と新京の気温比較（℃）

	気温（平均）		（最高気温の平均）		（最低気温の平均）	
	大連	新京	大連	新京	大連	新京
1 月	− 0.8	− 16.9	10.6	− 10.8	− 11.6	− 22.8
2 月	− 5.9	− 12.6	5.9	− 6.1	− 14.1	− 19.0
3 月	1.0	− 4.1	13.8	2.1	− 7.8	− 10.4
4 月	8.4	6.5	21.5	13.2	− 0.6	− 0.2
5 月	15.1	14.5	25.4	21.2	5.8	7.5
6 月	19.6	20.1	30.9	26.4	11.8	13.9
7 月	23.9	23.4	31.2	28.6	17.4	18.6
8 月	24.6	21.9	33.3	27.7	17.8	16.9
9 月	19.9	15.0	27.6	21.9	14.3	8.9
10 月	13.4	6.7	25.3	13.5	5.6	0.8
11 月	6.3	− 4.3	19.5	1.4	− 6.5	− 9.6
12 月	− 0.1	− 13.6	11.6	− 8.0	− 11.1	− 18.9

＊大連のデータは S.07、新京は S.12

表 7-2　天気日数の比較（S.10）

都市	大連	新京	東京	大阪
快晴日	116 日	91 日	56 日	45 日
曇天日	80	106	45	116
降雨日	79	113	148	133

＊新京は S.07. のデータ

参考文献

『産業の大連』大連市役所産業課、S.11.03
『昭和 7 年大連商工会議所統計年鑑 下編』大連商工会議所、S.08.12
『満支へ使ひして』石井伝一、北隆館、S.14.12
『新京商工公会統計年報 康徳 4 年度 上巻』新京商工公会調査科、S.14.05

『理科年表 第14冊』東京天文台、東京帝国大学、S.12.12
『幻の大連』松原一枝、新潮社、2008.03

4 大連案内

　当時の大連や新京に触れるには、そこに住んだことのある人々が描いた書物を読む以外、方法はないであろう。大連は新京に比べ、体験談などの出版物が多く出されているために参考になる。体験談は、戦後の引揚者と昭和10年代半ばまでに帰国した人々では大いに違うが、共通するところは、大連が"アカシア"の咲き乱れる町であったこと。
「桜の次はアカシアの五月。厳冬の冬に耐え、溜めていた自然の精が一挙に燃える。アカシアの花の匂いが街中に馥郁と漂う。白い花房のゆれるアカシアのトンネルを鈴を鳴らして馬車が行く。…」　　　　（松原一枝）
「五月の半ばを過ぎたころ、南山麓の歩道のあちこちに沢山植えられている並木のアカシヤは、一斉に花を開いた。すると町全体に、あの悩ましく甘美な匂い、あの純潔のうちに疼く欲望のような、あるいは逸楽のうちに回想される清らかな夢のような、どこかしら寂しげな匂いが、いっぱいに溢れたのであった」　　　　　　　　　　（清岡卓行）
　また、清岡は本の中でアカシヤを解説している。「大連のアカシヤは俗称で呼ばれているので、正確にはにせアカシヤ、いぬアカシヤ、あるいはハリエンジュと呼ばなければいけない……」　　　　　　（清岡卓行）
　大連は満州にあっては比較的過ごしやすく、多くの日本人が住む美しい街であり、満州への玄関口であった。

埠頭船客待合所

　大連港で下船し、満州各地に北上する人々は、大連港埠頭船客待合所（写真7-5）の一階から満鉄の客車に乗ることができ、大連に所用のある人には、半円形の玄関から路面電車やタクシーが利用できた。大連を離れる乗船客は、二階に5千人収容の待合室が設けられ、待合所からブ

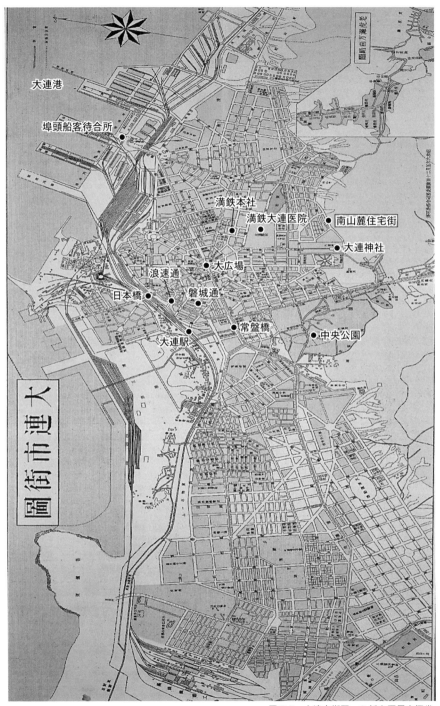

大連港

埠頭船客待合所

満鉄本社

満鉄大連医院

南山麓住宅街

大連神社

浪速通

大広場

日本橋

磐城通

常盤橋

大連駅

中央公園

大連市街圖

図 7-1　大連市街図　© 紙久図屋京極堂

写真 7-4　大連中央公園アカシヤ並木

写真 7-5　埠頭船客待合所（玄関外観）

（玄関内から広場）

（広場からの外観）

（二階待合室　Ⅰ）

（二階待合室　Ⅱ）

（待合所の外部と満鉄埠頭事務所）

（日満連絡船の出航）

（大連港荷役の苦力）

写真 7-6　満鉄本社（右）

写真 7-7　満鉄大連医院

リッジを歩いて渡ればタラップの昇降は不要となる。ここでは、乗船客を見送る人も迎える人も同じ目線で送迎ができた。

南満州鉄道大連本社（満鉄本社）

　満鉄本社は明治41年（1908）、旧ダルニー市役所から写真7-6に移転した。本社は大連にあり、組織改革など満州国成立以降、昭和6年（1931）の満州事変を経てからは、関東軍の関与が大きくなっていった。

満鉄大連医院

　明治40年（1907）、陸軍病院を継承して山城町に開院。大正14年（1925）ロックフェラー財団も参加して、当時東洋一の規模を誇る病院（写真7-7）が完成した。昭和4年（1929）4月満鉄から分離して財団法人組織に変

更する。診療科目は精神科を除くすべての診療科目があり、沙河口・金州・同壽（大連市小崗子）の3ヶ所に分院を有し、本院は620床有している（S.11年末現在）。

大連駅

薄茶色の外観を持つ大連駅（写真7-8）は、昭和12年（1937）6月竣工。東京上野駅に酷似し、ここを起点として新京まで当時世界一の超特急"あじあ号"が走り出したのは昭和9年11月1日であった。ここから多くの日本人が、満州各地に散っていった。

大広場（現中山広場）

この広場は、大連市街の中心的広場であり、日露戦争後の日本統治時代を象徴する建築物が集積していたところであった。写真7-9は中央に横浜正金銀行、左は関東遞信局、中央手前は初代関東都監大島義昌大将の銅像。

写真7-8　大連駅

写真7-9　大連大広場

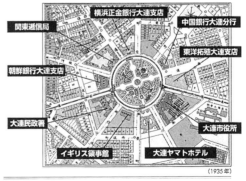

図7-2　大広場の建物（『図説・大連都市物語』から転記載）

写真 7-10　大連浪速通

写真 7-11　夜の磐城通より忠霊塔の遠望

写真 7-12　日本橋全景

大広場の周りにあった建物は図7-2のとおりである。

浪速通・磐城通

　浪速通は大連一の繁華街であり、夜になれば装飾灯のもと露店で賑わった（写真7-10）。

　磐城通には映画館（日活館）があった。磐城通から延長線上に南方向を眺めると、中央公園内にあった忠霊塔が見える（写真7-11）。

日本橋

　大連の中心街と通称「露西亜町(ろしあまち)」を繋ぐ跨線橋で、橋の下は大連港と大連駅をつなぐ線路。日露戦争後にロシア橋から日本橋（写真7-12）に改名され、明治40年（1907）RC造に造り替えられた。写真7-13は日本橋から大連港方向の眺め。中央奥の煙突は1902年に完成した中央発電所（火力発電所）

常盤橋

　南山から発し、大連湾に注ぐダルニー川に架かり、大連市街の東部と西部を繋ぐ橋。常盤橋交差点の北には常盤橋市場（昭和13年信濃町市場から改名）、さらにその北には連鎖街があった。連鎖街は大連駅の移転新築（昭和12年6月）によって、駅の南西にあり、駅前商店街としての役割を有するようになる。1930年代には浪速町に次ぐ繁華街となった。写真7-14は常盤橋から電気遊園（昭和15年小村公園に改名）方面の眺め。

写真7-13　日本橋からの眺め（大連港方向）

写真7-14　常盤橋から西の眺め

大連神社

　明治40年（1907）8月出雲大社教狩神殿が完成し、産土神社を望む声を受けて10月1日に創建。以降大連の人々に崇敬され、旅順に関東神社が鎮座するまで関東一の神社であった。敗戦によって昭和22

写真7-15　大連神社（戦前）

年、神体と宝刀は福岡市筥崎宮に仮安置され、その後、下関市の赤間神宮に小祠を建てる。昭和48年第60回伊勢神宮式年遷宮に際して、古社殿を譲り受け、景色の良い関門の地に改めて鎮座した（写真7-15）。

星ヶ浦公園

写真 7-16　大連星ヶ浦海水浴場

　図 7-1 の大連市街図には外れて表れていない。星ヶ浦公園は大連市街の南（大連富士の南麓）に位置し、美しい海岸がひろがっている。

　「星ヶ浦、南満には稀な優に懐かしい地名。言う迄もなく経営者の心づかいで、明治 42 年（1909）来邦人の呼びならわした名である。大連の南西二里余にあり、北に大連富士の緩やかな傾斜を負い、南に海を抱いて境域優に十余萬坪、大小別荘、ホテル、ゴルフ場、海水浴場、すべての設備は遺憾なく整い至、楽清興、四時憧憬の客を集めて居る。ヤマトホテルは満鉄の経営で、明治 43 年 8 月新築したもの、客室十、応接室、広場、食堂等あり。9 月に営業を開始した。…」

（『最新満州写真帖』）

南山麓住宅街

　南山は大連市街の南側に沿った丘陵地で標高は 170 m。その北側の麓「南山麓」は、住宅地に不向きな要素を持ちながらも、中心街に隣接する地区であるため、日本統治期以降、市街地を見下ろす高台の高級住宅地として開発されていった。1920 年代には大連一の住宅街となった。吟子は昭和 8 年 8 月から 4 年余りの大連生活で、南山麓住宅に居住した可能性は十分にある。しかし、確たる証拠はない（後日西公園町に住んでいたことがわかる）。

寺児溝

　大連港東南方向のすぐ近くに寺児溝という地区がある。埠頭の荷役や大豆油絞りに従事する苦力の多くは山東出身で、寺児溝の奥、転山（砲

台山）の中腹などには、泥壁の貧弱な"巣"ともいうべき棟割長屋が雑然と集まっている村落がある（写真7-17）。

「寝室と炊事場だけの小さな空間—炊事の火が温突（オンドル）を通って、わずかに厳冬の寒さを凌ぐ料だったし、二室を仕切る内壁もまた泥だった。部落の裏側は黄土の断崖になっていた。私はたった一度、これらの部落を見学したことがある。黄土の傾斜地に、累々と棺桶が横たわっている凄まじい光景は今でも忘れない。蓋が開いているいくつかの棺の中の亡骸は、もはや骨だけになって、ぼろぼろの布切れの残りがそれに絡みつき、冥土の旅の路銀であろう葬礼用の色褪せた模造紙幣が、時折風に煽られて、その棺から吹き散らされていた。……」

（北小路建）

写真7-17　バラック街寺児溝部落の蠢める風丰

当時、小学生であった清岡卓行もこの場所を一度だけ見たことがあり、「大連寺児溝の細民部落」と呼んで同様なことを書いている。

これもまた美しいはずの大連の一面である。おそらく当時の人々はこの様子をよく知っていたのであろう。中心街からさほど離れておらず、吟子もその存在を聞いて知っていたに違いない。

「大連とはどのようなところか」。私は地理的な感覚を養い、土地勘を得ようと、既刊の書物に頼ろうとした。しかし、なかなか理解できるものではない。戦前、大連に住んだ人は熟知していることから、付随した部分を除いてポイントを描く。しかし、詳細な付随した部分を知らなければ全体像は掴めない。

結局、大連に対する私の理解程度は"おぼろげながら"に留まる。

＊昭和 6 年頃作成の地図（図 7-1）利用のため、項目内容と対比すると若干の相違、違和感
　が出ているので注意

参考文献

「大連市街図」南満州鉄道株式会社（旅順要塞司令部許可済）、S.06.05
『幻の大連』松原一枝、新潮社、2008.03
『アカシヤの大連』清岡卓行、講談社、S.48.02
『図説 大連都市物語』西澤泰彦、河出書房新社、1999.08
『写真集 さらば大連・旅順』北小路建、国書刊行会、H.07.01
『大連・旅順 歴史ガイドマップ』木ノ内誠他、大修館書店、2019.04
『清岡卓行 大連小説全集 下』清岡卓行、日本文芸社、1992.12
『最新 満州写真帖』大阪屋号書店、S.09.04
『大連医院概要』S.03 頃
『衛生概観 昭和十二年度』関東局警務部衛生課、S.12.11
『図説 満鉄「満洲」の巨人』西澤泰彦、河出書房新社、2015.04

5　ロイ・田中の事故

　満州では「株式会社満州映画協会法（S.12.08.14）」「満州国映画法
（S.12.10.07）」が公布された。この法律によって、「映画の輸出、輸入及
び配給」は、国務大臣が指定した者以外は参入できず、すなわち、満州
映画協会（満映）関係以外の者は、非常に難しいことになった。

　ロイ・田中（田中亮平）がパラマウント大連支社長へ転任するのが昭
和 8 年（1933）7 月、その後会社を辞任するのは昭和 13 年（1938）春で
ある。この 5 年余の間、彼は映画の配給業務に携わっていたが、満州
事変（1931）、支那事変（1937）と続き、仕事もだんだんとやり辛く
なってきたのではないか。満州国の国策会社である「満州映画協会（満
映）」が、映画の輸出入・配給などを昭和 12 年 11 月から全面的に統制
するようになったのでパラマウントなどの外国系列は特に厳しくなって
きたのだろう…と私は思っていた。しかし、実際はだいぶ違っていたよ
うである。

　新聞によれば「パラマウントを辞めてレコード会社の販売を行うなど、
転々と職を変え…」と書かれており、戦争の影響が大きくかかわって

いったようだ。

こうした中、ロイは丹那トンネル内で列車からの転落事故に遭う。東京への出張帰りということで大連に戻る途中での出来事。無論パラマウントの社用だと思っていたが、どのような職業についていたのかは不明である。

写真7-18は東海道本線を丹那トンネル東口付近（来宮駅電留線付近）から西（下り）方面に向かって今まさに入ろうとしている「特急つばめ」である

写真 7-18　特急つばめ　丹那トンネル（熱海口）

写真 7-19　丹那隧道より熱海口を望む

（事故現場は写真の場所からほんの少し先と思われる）。

　このトンネル内の事故を当時の地元新聞で調べようと試みるが、見つけ出すことはできなかった。新聞にとっては小さな出来事であったのだろう。しかし、吟子の4人家族にとっては最悪な出来事であった。

　列車からの転落事故は、宮城道雄（1894〜1956）の例がある。正月ともなれば、琴と尺八の合奏曲が必ず奏でられている。それは彼が作曲した「春の海」である。7歳の頃に失明し、大きな身体的障害を持った宮城の場合は、トイレのドアと乗降口と間違えたことによるものと推測されている。

　ロイ・田中の場合はどうだったのだろう。宮城のように乗降口からとも考えられず、山賢が述べているように展望車からの転落とみるのが妥

当であろう。昭和9年（1934）12月1日、丹那トンネル開通と同時に電化され、SLの煤煙も無関係となり、おそらく列車走行中に展望デッキに出て後方を見ていたのだろう。進行方向に背を向けて、去り行く光景を眺める行為は、私の体験からもかなり危険を伴うことになる。

　手すりの高さはデッキの床からどれくらいあるのか、調べることができなかったが、建築基準法での1.1mの数値（船舶の手摺高さは1.0m以上）と比較しても展望車の写真を見る限り、それ以上に高いようには見えない。ちょっとした拍子（突然の不規則な揺れ）で転落する可能性は十分にあり、非常に危険である。走行（運航）中の線路（海中）転落は死に直結する。本当に不運な出来事であった。

　転落したロイは重傷を負い、熱海の病院へ運ばれて病床に呻吟することになる。子息によれば、この間は吟子の父、松太郎が二児とともに面倒を見たようだ。それからしばらくして亡くなるが、それは吟子28歳の春のことである。ロイが運ばれた先は田方郡熱海町の山形医院である。当時そこは熱海町ではただ一つの外科を標榜した医院で、50歳の院長と30代半ばの医師二人体制で診療しており、鉄道省の嘱託医でもあった。今の医療施設からは程遠いが、当時としては一般的な医療施設であると言える。今回、山形医院を探し出そうと試みるものの、見つけ出すことはできなかった。廃業していたのである。

　この事故がしばらくして吟子を新京へ渡らせることになった。

　大連でのロイ・田中の活動状況は、新聞に三通りの書き方がされている。パラマウント大連支社長として活躍しているものと思っていたのだが…。

「…吟子さんの夫君日本グランド・ナショナル映画会社支配人田中亮平氏、昨年十月進行中の列車から転落、両肢に大負傷を蒙る奇禍に遭い、爾来熱海の山形病院に療養中であるが、大阪塚口の家に取り残された吟子さんには憂鬱な日が続いていた。…」　　　（「京城日報」S.13.02.13）

「…今春田中亮平氏がパラマウント社を退き、そのうえ不慮の災厄にあって、病院のベッドに呻吟するに至り…」　　　（「読売新聞」S.13.04.12）

「…パラマウント社を辞めレコード会社の販売を行うなど、転々と職を
かえ、その後はあまり恵まれなかったところへ、この春不慮の災厄に
…」
（「日米新聞」S.13.05.01）

「読売新聞」ではパラマウント社を辞めてから間もなく事故に遭ったと
解釈できる。「日米新聞」ではパラマウント社を辞めてから事故に遭う
までの間に苦労を重ね、不幸に追いかけられたと解釈できる。また、
「京城日報」は映画会社現役の支配人であったことが記されている。一
体どの記事が正解なのか、いずれにしても事故が起きたのは間違いのな
いことである。

　当初、大連の生活は吟子にとって平穏で、これまでの人生の中で最も
落ち着いたものだと信じ込んでいた。しかし、後半は波乱万丈だったよ
うにも思える。新聞記事を読んでも本当のことはわからない。

　新聞記事を読んで「おゃ！」と思うことがある。事故発生時期のこと
である。「京城新聞」ではS.12.10、「日米新聞」と「読売新聞」はS.13
の春に事故に遭ったとしている。当時の新聞のいい加減さがここにも表
れている。ただし私は昭和12年10月ではないかと思っている。……

　満州国建国後の映画を廻る情勢は大変厳しいものがあり、次のような
流れを辿っていった。満州国建国によって新たな市場拡大を見込んでロ
イは大連に赴任（S.08.07）したものの、苦労の連続であったようだ。

S.07.03.01（大同元年）満州国建国

S.08.07　　（大同2年）ロイ・田中パラマウント大連支社長赴任

S.09.07.01（康徳元年）映画管理規則及び実施細則公布

S.12.08.02（康徳4年）株式会社満州映画協会設立（株式満州国・満鉄
　　　　　　　　　　　折半）

S.12.08.14　　　　　　株式会社満州映画協会法公布

　　08.21　　　　　　株式会社満州映画協会　新京特別市に設立。

　　10.　　　　　　　ロイ・田中列車事故

　　10.07　　　　　　満州国映画法、満州国映画法施行令を公布

11.01	上記施行
11.09	パラマウント東京支社長　トム・D・コクレン没
S.14.11.01（康徳6年）	甘粕正彦満映第二代理事長に着任
S.15.08.13（康徳7年）	パラマウント・ニュース等、外国ニュース映画は本月8月限りで上映禁止

「映画管理規則及び実施細則」が公布されることによって、外国映画に対する検閲が強化され、有害と認められた映画は上映禁止となる。さらには「株式会社満州映画法」「満州国映画法」などによって完全なる統制が敷かれていき、映画配給は満映がすべて取り仕切ることになった。次の抜粋した条文を見れば一目瞭然である。

株式会社満州映画協会法

　第一条　政府は映画の製作、輸出入及び配給の指導統制を為し、映画事業の健全なる発達を遂げしむる為、株式会社満州映画協会を設立せしむ

満州国映画法

　第二条　映画の製作を業とせんとする者は国務総理大臣の許可を受くへし

　第四条　映画の輸出、輸入及び配給は国務総理大臣の指定したる者の外、之を為すことを得ず

「満州におけるパラマウントなど外国映画の輸入経路は、（1）上海から大連を経て哈爾浜に輸入されるもの、（2）日本から大連へ輸入されるもの、の二系統があるが、上海支社絡みの配給活動は、日満両国の特殊関係から漸減するとの考えから、パラマウントは昭和9年3月から哈爾浜を日本支社の支配下に置き、また、日本から満州へ再輸出される外国映画は、哈爾浜を除いて全満に配給し、大連に出先を設けて、販路の開

322　第7章　大連の時代

拓に力を注いでいる」「外国映画の封切はほとんど大連で行われ、パラマウントが大半である」 　　　　　　　　　　　　　　（『国際映画年鑑 昭和九年版』）

　大連に出先を設けたパラマウントにあって、販路の開拓に力を注いだのは、大連支社長ロイ・田中たちであった。

　パラマウントはアメリカ映画配給会社である。満州国（関東州を含む）の国策によって彼らは翻弄され、最終的には入り込む余地がなくなっていき、生活の糧を失っていった。映画はもはや文化や芸術を醸し出す道具ではなくなってしまった。私はロイ・田中は「単なる事故に遭ったのではない可能性がある」と心の片隅では思っている。一言で言えば「時代は彼らの味方をしてくれなかった」ということである。

「大連での生活は、専業主婦として二児の出産や成長を楽しみにして、平穏に暮らしていたのだろう」とか「便りのないのは無事な証拠」の言葉通りとは全く真逆になってしまった。昭和8年8月から昭和12年10月の4年2ヶ月の大連生活を吟子はどのような思いを抱いたのか、彼女の心の内は私にはわからない。

　ロイ・田中を失うということは、彼女にとって大きな悲しみを背負ったことになる。長い年月が過ぎ去れば、過去のこととして徐々に冷静に眺めることができるであろうが、吟子自身は亡くなるまで長く引きずっていったことは容易に想像できる。

参考文献

『キネマ週報』92、キネマ週報社、S.07.01
『日本医籍録 昭和11年版』医事時論社、S.11.07
『満映国策映画の諸相』胡昶／古泉、現代書館、1999.09
「峰吟子再びダンサーに」京城日報、S.13.02.13
「大陸に咲く峰吟子」読売新聞、S.13.04.12
「姐御の峰吟子がカフェーのマダムに…」日米新聞（フーヴァー研究所）、1938.05.01
『国際映画年鑑 昭和九年版』国際映画通信社、S.09.04

追補　大連の吟子

　本章を終えるにあたり、「4　大連案内」の中で吟子の大連生活は明らかでないとしたが、彼らの消息の一部がわかった。一家が居住していたのは「大連市西公園町189」。西公園は大正15年（1926）に関東庁から大連市へ運営移管の際、中央公園と改名されたが、地名はそのまま西公園町となっており、満鉄野球場や春日小学校が近くにある。大連市内から景勝地老虎灘への電車路線があり、途中の西公園聚楽門駅に隣接した場所で環境の良い所である。写真7-20の中で彼らは右側住宅街の一画で生活していた。

　田中亮平もパラマウント大連支店長の立場にあり、大連市山縣通53山縣第一ビルに事務所を構えていた。

写真7-20　大連西公園町

参考文献

『映画年鑑昭和篇Ⅰ　昭和9年版』国際映画通信社、日本図書センター、1994.04
『映画年鑑昭和篇Ⅰ　昭和11年版』国際映画通信社、日本図書センター、1994.09

第8章
新京の時代

1　満州国の首都　新京

　新京で目をみはるものといえば「都市計画」であろう。私は土木工学科に入学して何とか卒業したのだが、講義の一つに都市計画があった。都市計画には大いに興味があり、講義で使用する教科書以外で初めて購入した書籍は、加藤邦男『フランスの都市計画』であった。

　東海地方に生まれ育った者にとって、都市計画といえば「名古屋市戦後の復興計画」、「春日井市高蔵寺のニュータウン計画」の二つしか思い浮かばない。これらと比べても、後藤新平指揮のもと、計画・実行された「新京の都市計画」はいろいろな負を伴った部分もあるだろう。しかし、スケールが大きく、大胆さがある（写真8-1 新京の都市計画）。

　街路は広く、歩車道分離し、街路樹が植えられ、新市街全域における下水道は100％便所の水洗化が達成されるに至った。戦前の日本内地でこうした所はあったであろうか。北緯43度55分、北海道旭川と同じところに位置している場所の都市計画である。しかし、残念なことではあるが自分の視野が狭かったのか、タブー視されていたのか、一般的な書物で、当時の「新京の都市計画」に触れているものに出会う機会がなかった。

　私が新京に対して興味を持つのは、後藤新平が情熱をもって推し進めた「新京の都市計画」以降である。当初、土地買収を強権的に行ったとの思い込みがあったが、強権的でなかった故の困難さが見られる。そのこと以上に、当時、新京に住んでいた人々は"ブツ、ブツ"と不満をもらしていたに違いない（後藤新平都市計画法制の制定は「都市計画の父」と言われる後藤新平周辺の専門家によって行われる。そこには彼の見識と政治力がものを言った）。

十五ケ年三期計画の第一期間に出来上った新京の家・家・家

王道政治は先づ国道の建設から

曠野の上に描かれた国都新京の心臓部

写真 8-1　新京の都市計画
上　十五ケ年三期計画の第一期間に出来上がった新京の家・
　　家・家
中　王道政治は先ず国道の建設から
下　曠野の上に描かれた国都新京の心臓部

それは、「新京には鉄道がない」ことに対してである。吟子や私が生まれ育った北方町には鉄道（名鉄揖斐線）が走っていた。平成17年（2005）4月、私が54歳になろうとする年に廃線となってしまった。鉄道の便利さは、輸送容量の大きさや少しばかり悪い気象条件があっても、ある程度安定していることである。

「新京の都市計画において…近代都市の建設プログラムから路面電車は除外されるのが普通だそうだが…恐らく電車の代替をなすのがバスなんだろうが、そのバスが極めて緩慢にしかやって来ず、たまにやって来ても満員で素通りしてしまうことが多い。…バスに乗って駅に見送りに行こうと思ってバスを待っても待っても来ないのでとうとう見送り時間に遅れてしまったという話はよく聞くし、冬の寒さのひどい頃バスを待つ間に凍えそうになったと

いう事もよく聞く」　　　　　　　　　　　　　　　　　　　　（横山敏男）

　ガソリン供給不足からバスの運行に支障が出てきたため、昭和16年（1941）頃から、地下鉄計画を断念して路面電車を敷設することに決定した。

「上手の手からも水が漏るという。そうした近代的大建築の陰に陰惨な苦力が点在し、古い長春が昔ながらに残っているのに対応して、道路の近代的堅固性を誇っても、一歩、裏通りに入った時に、人々は何と感ずるだろうか。もし雨降りの時や雨降りの後など、短靴などズブズブ潜ってしまうようなひどい泥濘になる」　　　　　　　　　　　（横山敏男）

「興安大路の広々とした歩道に所々舗装されていない個所に出くわす。…舗装材料が足りなくなって残したのだという」　　　　　　（横山敏男）

　新京の都市計画が100％成功かと言えば、専門書には書かれていない「目こぼれ」があるものだ。

参考文献

『フランスの都市計画』加藤邦男、鹿島出版会、1965.01
『満州国の首都計画』越沢明、日本経済評論社、1988.12
『新京郵信』横山敏男、肇書房、S.17.08

2　新京の気候

　新京の気候を語るのは、そこに住んだことのない者には全く資格はない。実際に住んだ経験のある人々の肌で感じた感覚、これを今、生の声を聴こうとしても、高齢化またはもう亡くなっていて無理なのかもしれない。ここでは、『理科年表』を利用して数値で体感を味わいたい。この際、東京と比較すれば、ぼんやりした感覚が、特に気温から掴み取れるのではないか。

表 8-1　新京・東京の気温

	気温（平均）		（最高気温の平均）		（最低気温の平均）	
	新京	東京	新京	東京	新京	東京
1 月	− 16.8℃	3.1℃	− 12.2℃	8.3℃	− 24.2℃	− 1.4℃
2 月	− 12.6	3.8	− 5.9	8.8	− 20.6	− 0.5
3 月	− 4.2	6.9	7.1	11.9	− 6.2	2.1
4 月	6.5	12.7	15.2	17.6	0.0	7.9
5 月	14.5	16.8	19.1	21.4	7.1	12.3
6 月	20.1	20.5	25.8	24.5	19.3	16.9
7 月	23.5	24.5	27.9	28.5	19.3	21.2
8 月	21.9	29.5	27.3	30.1	17.3	22.5
9 月	15.0	22.0	8.6	25.9	8.6	18.7
10 月	6.7	16.1	2.3	20.5	2.3	12.4
11 月	− 4.2	10.7	1.4	15.8	− 10.2	6.4
12 月	− 13.7	5.4	− 11.0	10.7	− 22.4	0.9
平均	4.7℃	14.0℃	8.8℃	18.7℃	0.8℃	10.0℃

＊吟子が新京で生活していた昭和 13 年頃のデータを利用する。

表 8-2　新京・東京の湿度、降水、日照

	湿度		降雨量		日照	
	新京	東京	新京	東京	新京	東京
1 月	71%	63%	6mm	51mm	182.6 時	185.3 時
2 月	68	63	6	85	219.1	166.9
3 月	59	65	16	111	284.5	186.4
4 月	51	71	22	133	245.8	183.9
5 月	54	75	55	148	201.0	200.6
6 月	65	80	122	163	274.1	156.2
7 月	75	82	178	124	200.9	187.4
8 月	77	80	138	165	213.1	208.0
9 月	72	82	57	266	196.9	139.8
10 月	65	79	39	213	235.0	140.4
11 月	65	73	17	93	211.1	156.9
12 月	69	67	7	55	179.4	175.4
合計（平均）	(66%)	(73%)	661mm	1608mm	2643.5 時	2087.2 時

昭和 13 年以前の気温極数値は、新京　（　39.5℃—　1922.06.22）

（− 36.0℃—　1915.02.04）

東京　（　36.6℃—　明治 19.07.14）

（− 8.6℃—　昭和 02.01.24）

これらの数値は、体験したことがない者にとって感覚的に表現するこ

とはできない。そこで、書物などに書き表されている季節を表現した一文を引用し、先人たちの経験したことに思いを巡らし、日本内地（例えば東京）との違い、厳しさ、さらには移り変わりの速さなどを感じ取ろうと試みたい。

　新京の季節の移り変わりの中で、夏にかかわる記述は少ない。「夏から秋」、この時期は冬への移行期である。ただし、あまりに移り変わりが早いため、秋の季節感覚が忘れさられたかのように目前に迫る冬への移行期として捉えられてしまう。

「一年の半分以上を太陽の光に恵まれない寒国に住むロシア人は、春から夏にかけて、実によく太陽の光を吸収することに努め、飯さえも家の中で食べないで、外で食べるとはかねがね聞いていたが、それに劣らない位、満人は外気に触れ自然を愉しんでいる」　　　　　（和田傳）

「満洲の秋は、うっかりしていると知らずに過ぎてしまう。ないようなものだ。ところどころわずかに眼に入るシオジ、ナラ、ヤマナラシ、ドロなどの木立が、一夜涼風がたつと真黄色に打って変わった色になる。黄色くなったなと思っていると、少しうっかりしている間にぼさりぼさりと葉は落ちてしまい、あんなに細かに枝があったのかなと首をかしげるほどの丸裸になってしまっている。するともう冬なのだ」　　（和田傳）

「新京は北緯43度53分であり、丁度それは北海道の旭川に相当する。その上、大陸的気候が激しいので十月初旬には氷結した。その頃になると、どの学校でもグランドのトラックの周りを土で囲い、中に水を入れてスケート場を作った。スケートは新京の子供たちにとって、唯一の戸外での遊びであった。そのため、どの子も実にじょうずに滑った。小さな防寒帽をかぶり、肩にスケート靴を吊るし、両手には親指しかない防寒手袋をつけた子供たちの姿を今でも思い浮かべるのである。だが、こうしたスケート遊びも精々十二月一杯で、一月に入ると誰も滑らなくなった。あまり寒さが酷しくなると、氷の表面に亀裂が生じて、氷室も硬くなり、表面が凸凹になり滑れなくなるからである。そうなるとリンクは白い雪を冠り、学校もグランドも冬休みに入るのであった。…」

（栗原仲道）

「昭和 14 年 3 月の終わりに近い日であった。大分気温が和らいだとはいえ、まだ零下 10 度はあった。プラットホームに降りた途端、寒気は針のように頬を指した。そして駅舎を出ると、馬糞を混じえた砂塵が遠慮会釈もなく目や鼻に飛び込んできた。"ウウ、これはたまらん" 思わず顔を風下に向けたが、次から次へと飛んでくる砂粒手は防ぎようとてなかった。これが遠来の客を迎える満洲という国の挨拶であった」

（栗原仲道）

「冬将軍は十月に訪れて雪が降り、厚い氷が張り、結氷はそのまま翌年の四月初旬まで続いた。春は四月末の黄塵とともにやってきて、五月には杏やライラックが咲き、六月の雨期は短く、やがて熱砂の真夏の太陽が照りつけた。それでも木陰は冷々えとして涼しく、夏の終わりには木陰で満人が甜瓜やスイカを担いできては売っていた。そして九月半ばともなると、北風が冷たく吹き、草木は慌ただしく色づき枯れて冬支度へと入っていった」

（栗原仲道）

　上記は戦前に書かれたものと、戦後になって過ぎ去った記憶をもとに書かれたものであり、実際に新京で過ごした経験者でなければ、しっかりした情景はわからない。

　新京の生活は、比較的穏やかな自然環境になれている日本人にとって、やはり厳しかったであろう。

参考文献

『理科年表 第 15 冊』東京天文台、東京帝国大学、S.13.11
『殉難新撰名作叢書 第 1 巻』和田傳、金星堂、S.14.10
『新京の地図』栗原仲道、経済往来社、S.57.11

3　新京の様子

『新京郵信』の著者横山敏男は、康徳 6 年（昭和 14 年）初め頃から新

京で生活を開始して、満州生活の真実を伝え、日本内地との差異を発信することを目的としていた。康徳6年（1939）は吟子が満州を去ったばかりの時期であり、吟子が過ごした満州生活を伺うことができる。

　当時の満州は大変な住宅難であり、物価も高く、安易に生活のできる場所ではなかった。

「当時の新京の挨拶は、大阪人の"もうかりまっか"のように"うちが見つかったか"である。康徳元年（昭和9年）以降おびただしい人口増加で、住宅建設が追い付かず、概算でも毎月約千人もの人々を受け入れることは難しく、"カフェーなどでも女給を寝かせる部屋がなく、ボックス席に寝かさせたり、床の上に寝かさせたりしているところもあるとか"と新聞も報じている」　　　　　　　　　　　　　　（横山敏男）

「満州の物価の高さは相当なもので、内地の収入の倍稼げると言う事でわざわざ渡満したにもかかわらず、絶対的な価値はあまり変わらない。ビールを飲もうとすれば銀座の一流カフェー並みの料金が取られ、散髪しても、映画を見ようとしてもすべてが高い」　　　　　（横山敏男）

「昭和15年ころから、官吏の特殊会社（会社員）に転向するものが多く出ているが、その理由は物価高による生活不安に原因があったようだ」　　　　　　　　　　　　　　　　　　　　　　　　（横山敏男）

「銀座裏か新宿裏通りを連想させる吉野町カフェー街は、日本人の不名誉にこそなれ決して名誉でも名物でもない。満人から見たら、あの気狂いじみた光景はどんな気がするだろうか」　　　　　　（横山敏男）

「日本式カフェーの中で日本趣味を満喫し醜態をさらけ出すことが、そのまま異民族の前で醜態をさらけ出していることになるのだ」
　　　　　　　　　　　　　　　　　　　　　　　　　　（横山敏男）

「吉野町、ダイヤ街は昭和17年ごろまでは自称大陸浪人たちが闊歩したのである」　　　　　　　　　　　　　　　　　　　（栗原仲道）

　このような土地で、吟子はどのように過ごしていたのだろうか。同様な時期に、吟子とは別の目的で満州に旅立った男がいた。

牧野省三の次男マキノ光雄（光次郎）は昭和13年6月満州へと旅立ち、そこで映画製作者として満映で活躍することになる。その地は日本とは異なり過酷な条件下にあった。彼の体験とは、……

「この北の地の冬というものは、日本人には想像もできないほど厳しい。天も地も凍るというが、冬の地面は深く凍ってしまって、地面は鶴嘴（つるはし）もたたない硬さである。川も池もみな凍って、池の氷面に立つと透き通った深い底にじっと動かない鯉や鮒が見える。魚も豚肉も野菜も芯まで凍っている。こういう厳しい寒気は映画をつくるのにも大きな障害になった。カメラの発条（バネ）は凍って動かなくなる。戸外の撮影は大変なものである。新しくできた撮影所には六つのステージがあったが、これの暖房設備が十分考えられていない。だからセットを組むのにも絵具が凍って思うように塗れない。ステージの中も暖かくないから作業も演技もうまくいかない。これでは能率の上げようもない。満映に入った日本人の技術者たちは、どちらかと言えばマキノ系で育った手っ取り早い仕事に慣れた人たちなのだが、その連中にも手がつかない。自然条件の強い障害と悪い設備が仕事の進捗を阻んだ」

参考文献

『新京郵信』横山敏男、肇書房、S.17.08
『新京の地図　長春回想記』栗原仲道、経済往来社、S.57.11
『マキノ光雄』北川鉄夫、京都汐文社、S.33.05

4　新京案内

　満州国の首都新京、当時の様子を地図や絵葉書から眺めてみる。図8-1は康徳6年（1939）2月現在の新京市街地図である。

新京駅

　長春以南の権益をロシアから得ると、満鉄を設立し、現在の位置に長

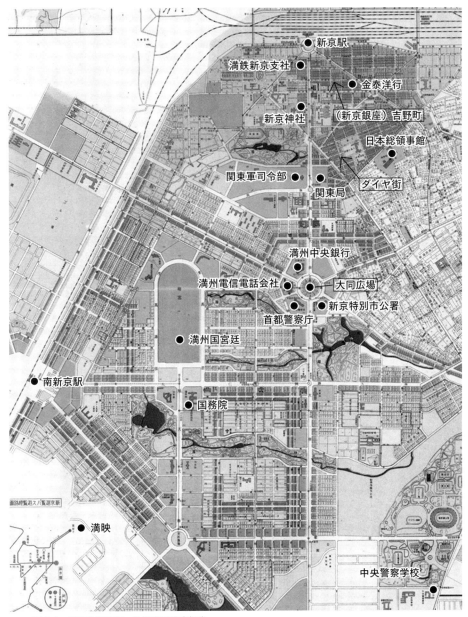

新京駅
満鉄新京支社
金泰洋行
（新京銀座）吉野町
新京神社
日本総領事館
関東軍司令部
関東局
ダイヤ街
満州中央銀行
満州電信電話会社
大同広場
新京特別市公署
首都警察庁
満州国宮廷
南新京駅
国務院
満映
中央警察学校

図 8-1　新京市街地図　© 紙久図屋京極堂

写真8-2　新京駅の外観

写真8-3　新京駅前の景観

春駅を建設し、明治40年（1907）11月貨物営業、12月から一般旅客扱い開始。大正3年（1914）二階建ての駅舎竣工。大同元年（1932　S.07）長春市から新京市に改称したことに伴って新京駅と改称する。

国都の玄関新京駅（写真8-2）は赤煉瓦造りで街の北隅に位置している。駅前には大きなロータリー広場があり、周囲には満鉄新京支社や満鉄ヤマトホテルがあった。新京駅は市田菊次郎の設計で、ペディメント（西洋古典建築で切妻屋根の三角形の妻壁部分）が印象的である。

写真8-3は新京駅から広場を見た景観であり、客引きなどで混みあっている。右前方は満州旅館福順楼。

また、新京駅は満州国国有鉄道（国線）京浜線（新京〜哈爾浜）、京図線（新京〜図們）、京白（新京〜白城子）線及び南満州鉄道（満鉄）連京線（大連〜新京）4線の集合駅として交通中心の役割を果たしていた。写真8-4は新京駅プラットホームである。

南新京駅

新京の交通中心として既存の新京駅に代わり、将来の国都表玄関中央駅として予定され、康徳5年（1938　S.13）11月から急行「はと」が止まるようになった。形ばかりの小さな仮駅舎のままで終戦を迎える。将

来は地下鉄導入の予定であったが、戦争による資材不足で計画は断念した。

満州電信電話会社

　昭和8年（1933）8月、日満合弁の特殊会社として設立され、電信・電話・放送の三大事業を営む国策会社（写真8-5）であった。放送事業は10のラジオ放送局を運営し、その中の新京中央放送局（呼び出し符号MTCY）には、昭和14年NHKに採用されて間もなく満州に渡った森繁久彌がいた。森繁が渡満した時、す

写真8-4　新京駅プラットホーム

写真8-5　満州電信電話株式会社本社

でに吟子は内地に帰り、大阪で出産していた。

満州中央銀行

　満州国の金融中枢機関（写真8-6）として国内通貨流通の調整・安定・統行を行う。昭和10年（1935）紊乱の極みに達していた通貨（旧幣）を回収し、昭和12年満州全土の通貨の国幣統一が完成した（旧幣は15種、券種は136にも及んでいた）。日本銀行と同じような満州国の通貨の番人であった。

新京神社

　明治44年（1911）7月神社設立認可を経て順調に進捗中のところ、明治45年天皇崩御により一時中止。大正4年（1915）10月15日地鎮祭及

写真 8-6　満州中央銀行

写真 8-7　新京神社

び起工式、大正 5 年 11 月 3 日に鎮座祭が執り行われた。

昭和天皇即位の大礼を記念して改築の機運があり、昭和 4 年（1929）5 月造営成る。昭和 7 年 12 月長春から新京へと改称されるに伴って、長春神社から新京神社（写真 8-7）に改められた。祭神は天照大神、明治天皇、大国主命の三柱である。

関東軍司令部

日露戦争後、関東州租借地と満鉄付属地の警備のため明治 39 年（1906）に新設された関東都督府陸軍部が起源。その後、大正 8 年（1919）関東軍となる。昭和 9 年（1934）司令部は旅順から新京に移動する。

満州における日本機関の最高統制は、関東軍司令部及び駐満日本大使館の二つであり、関東軍司令官はそれらの長を兼任し、強固な権限を持っていた。写真 8-8 は昭和 9 年に新司令部ができるまでの仮庁舎（1932.11 ～ 1934）。写真 8-9 は終戦に至るまでの関東軍司令部であり、建物に日本風の屋根を載せた様式（帝冠様式）は愛知県庁や名古屋市役所にも見られる。

日本総領事館

国家同士の外交を行う大使館と異なり、主に日本国民の保護や利益のために活動する機関（写真 8-10）。ダイヤ街に比較的近い東方向、朝日通

に面した（南側）付属地の
最も外側にあった。

国務院

　満州国皇帝の旨を奉じて
諸般の行政を掌る、満州国
政府の中枢行政機関。写真
8-11 は宮廷予定地の南に
位置する。また、写真 8-12
は移転前の国務院。

満州国宮廷

　宮廷造営地は南北約
1,200m、東西約 45 m、そ
の面積は 512,000㎡で、8 ケ
年連続事業として康徳 5 年
（1938 S.13）9 月宮廷造営興
工式が行われた。

　造営計画が開始される時
には、宮内府は新京駅東方
の城内東五馬路に続く興雲
路の奥にあって、新宮廷の
竣工を待ち望んでいたが、
完成には至らなかった。写
真 8-13 は宮内府正面、及
び写真 8-14 は宮内府興雲
門。写真 8-15 は仮皇居正面である。

写真 8-8　関東軍司令部仮庁舎

写真 8-9　関東軍司令部

写真 8-10　日本総領事館

写真 8-11　新しき国務院

写真 8-12　初代国務院

写真 8-13　宮内府正門

国都建設局

　昭和7年（1932）新京都市建設のため、満州国は国都建設局を作り、翌年（1933）に国都建設計画法を制定し、国都建設の第一期五ヶ年計画が始まる。

　昭和12年11月満鉄付属地行政権が満州国に渡されると、昭和12年12月に廃止され、第二期国都建設事業（1938.01.01.から3ヶ年）は新京特別市の外局臨時国都建設局に移管された。大同広場は都市計画以前、馬賊の処刑場や墓地となっていた。昭和8年（1933）6月この広場に最初に建てられた庁舎である（写真8-16）。

新京特別市公署

　新京市のみが特別市制を敷かれ、市公署の組織は官房・行政・衛生・財務・工務の五つの部署と市立医院及び外局の臨時国都建設局があった。新京特別市の行政範囲は南から城内、商埠地、満鉄長春付属地（昭和12年治外法権撤廃・付属地行政権の移譲による）、寛城子の四つに区分されていた。

　新京特別公署と国都建設局は同じ場所にある。「新京市街地図三重洋行

写真 8-14　宮内府興運門

写真 8-15　仮皇居正面

発行」の表記は［康徳
02.（S.10）04 発行］＝国都建
設局・文教部。［康徳 04.07 発
行］＝国都建設局・鉱業監督
所。［康徳 07.01 発行］＝新京
特別市公署となっている。バ
ス停留所名称も康徳 7 年版の
地図には国都建設局前から市
公署前に変更されている。

写真 8-16　国都建設局及び文教部

関東局

　関東州及び満鉄付属地の民政実施機関。満鉄や満州電電の業務監督も
行う。満州国成立や満鉄付属地の行政管理移管などを経て、権限などは
漸減していった。起源は関東総督府からであり、その流れは次のとおり
である。

　［関東総督府］…明治 38 年（1905）9 月、日露戦争終結後から明治 39 年
8 月までの 1 年間、遼陽に置かれた関東州・満鉄付属地の行政機関。軍
事機関であり、天皇直属の機関であった。

　［関東都督府］…軍政が撤廃され、民政が施行されるに当たって遼東半
島の先端部旅順に場所を移し、明治 39 年（1906）9 月から動き出す。関
東州を管轄すると同時に満鉄線の保護、取締りを行う。また、後の関東

軍司令官のような職務権限も持ち合わせ、旅順に場所を移した。

［関東庁］………大正8年（1919）4月関東都督府を引き継ぐ。新たに関東軍司令部が新設され、陸軍武官が関東庁長官に任命されたときは兼任することになる。この時から関東庁と関東軍は一体化となる。

［関東局］………昭和9年（1934）12月関東庁官制は廃止。関東局の長官は在満駐箚特命全権大使であり、関東局は大使館に置かれる。このことは当然新京に所在することになる。関東州には関東州庁を置き、関東州長官は大使の指揮監督下に入る。

関東軍司令部の竣工は昭和9年（1934）8月であり、竣工後は関東局、在満日本大使館の長は関東軍司令官が兼務するため、二つの機関は関東軍司令部内に置かれた。『関東局要覧』にはS.10版は関東軍司令部及び写真8-17が関東局として写真掲載され、S.16版には関東局分館として写真が掲載されている。なお、この写真は関東軍憲兵隊司令部として紹介されているものもあり、関東局及び憲兵隊司令部の合同庁舎として使用された。

写真8-17　関東局

写真8-18　南満州鉄道新京支社

南満州鉄道新京支社

満鉄は明治40年（1907）4月当初から営業を開始する。10月各地に満鉄事務所を置き、その一つが長春出張所であり、付属地の行政を掌る。さらに、大正4年（1915）11月長春地方事務所、昭和11年（1936）10月新京事務局を設置。この時、

奉天に鉄道総局が設置され、大連本社鉄道部はここに吸収されて社線・国線・北鮮線の一元運営管理体制が成立し、鉄道部門の中心は奉天に移った。

　この時、関東軍は鉄道総局と満鉄本社の新京移転を要求しているが、満鉄は「鉄道の中心機関の諸条件を基に、奉天に置くことが最良」と靡かなかった。しかし、本社は1920年代末には手狭となり、南満州鉄道新京支社（写真8-18）に名称変更を行った。

＊満州に関する記述で、当時の絵葉書を利用して視覚に訴えようとしたが、3、4行で足りることでも、幾冊かの資料や文献を読んで照合しなければならない。それでも間違いが出る可能性は十分にある。また、満州の絵葉書によって過去を振り返ろうとするならば、『偽"満洲国"明信片研究』が多くの資料を掲載し一般的である。しかし、写真画像が優れず、多くは実物の絵葉書を利用した。
＊「関東」の地名は何処からきているのか。軍、州、庁（あるいは局）の頭に付いた呼称は無意識に使っている。ここで改めて確認する。
　「関東」は河北省北東にある山海関（万里の長城の東端に位置する）の東一帯である奉天、吉林、黒竜江三省の広範囲な地域の呼称である。

参考文献
「最新地番入新京市街地図」三重洋行、K.06.04（1939）
『満州国の首都計画』越沢明、日本経済評論社、1988.12
『復刻版 新京案内』永見文太郎、新京案内社、K.06.01
『さすらいの唄 私の履歴書』森繁久彌、日本経済新聞社、1981.05
『康徳五年版 満洲国現勢』満洲国通信社、S.13.07
『偽"満洲国"明信片研究』李重、吉林文史出版社、2005.07
『関東局施政三十年史』関東局、S.11.10
『関東局要覧 昭和十年』関東局官房文書課、S.10.07
『関東局要覧 昭和十六年』関東局官房文書課、S.17.03
『図説 満鉄「満洲」の巨人』西澤泰彦、河出書房新社、2015.04
『満鉄四十年史』財団法人満鉄会、吉川弘文館、2007.11
『満鉄史』蘇崇民、葦書房、1999.07

5　サロン春

　吟子が新京で"サロン春"のマダムとして登場したのは、昭和13年4月のことである。

「峰吟子再びダンサーに　往年の銀幕スター峰吟子さんが病癒えぬ夫君と長男を故国に残して去る二日、六つになる良女を伴いさみしく北満ハルピンに赴いた。…ついに女の細腕にたよらなければならない運命を担わされ、ハルピンで昔取った杵柄を取ることとなり、塚口の家もたたみ良男を築港の姉に託してこのほどハルピンに赴いたが、ダンサーからスターへ、そして人妻、人の親、更にダンサーと数奇な運命をたどる」

（「京城日報」S.13.02.13）

「大陸に咲く峰吟子　イット女優として往年銀幕界で鳴らした元日活スター峰吟子こと田中信子（三〇）さんが七日満州国新京にカフェーのマダムとして登場した…病院のベッドに呻吟するに至り“カフェー春”を引き受けたものだと【新京発】」　　　　（「読売新聞」S.13.04.12）

　ここ新京で、彼女には将来を決定づけた大きな出会いがある。滞在期間は短く、昭和13年末までに日本へ帰国している。太平洋戦争開戦（昭和16年12月）以前に帰国することができたことは、非常に幸運であった。

　吟子がマダムとして登場し、働いていた「サロン春」はどこにあったのか。山賢は“新京駅に近い吉野町”としているが、そこではなく“ダイヤ街永楽町”である。『復刻版新京案内』に掲載されている。この二つの地区は新京でも華やかな場所であり、それぞれの差異を感じてほしい。

吉野町

　新京の商店街といえば先ず吉野町を指す（写真8-19）。新京銀座とも言われ、新京第一の繁華街である。中央通から一丁目、二丁目に至る約400ｍの間で祝町・東一条通と共に大商店が軒を並べ、さらにはその裏通り銀座新道（写真8-20）はおでん・小料理・バー・カフェーが隙間なく並ぶ味覚・歓楽街であり、新京駅にも近い。

　新京の二大繁華街新京銀座吉野町やダイヤ街の屋外看板と当時の資料などを照合することにより、過去を振り返ることができる（写真8-21～23）。

写真 8-19　吉野町（新京銀座）

写真 8-20　銀座新道

写真 8-21　吉野町（Ⅰ）

写真 8-22　吉野町（Ⅱ）

ダイヤ街

　ダイヤ街は老松町、永楽町、梅ヶ枝町の一丁目、二丁目で構成される街区の別名。建国前は一帯の耕地に過ぎなかったが、建国後、新京の飛躍に伴い商店街となり、料理・飲食・カフェーなどの接客業者が軒を並

写真 8-23　ダイヤ街

サロン春

写真 8-24　ダイヤ街（「サロン春」付近）

べ、商店街というよりも歓楽街である。

「サロン春」は吟子の働いていた店の名前である。他にもいくつかの名前に出会うことができる。『帝国商工信用録』や「読売新聞」では「カフェー春」、絵葉書（写真 8-24）から微かに見える看板の文字は「サロン・ハル」であり、一番多く使われている店名はやはり「サロン春」である。この店の営業形態は（カフェー）及び（和洋料理）であり、酒を飲むことだけでなく料理も提供していた。

梅ケ枝町

ダイヤ街

金龍洋行　永楽町
サロン春
（写真 8-24 の撮影方向）　大島洋行

老松町

図 8-2　ダイヤ街

「サロン春」があったところは、新京ダイヤ街永楽町1-6（図8-2）。創業は昭和8年となっている。当時の営業者は宮田ミツノ、昭和16年には野田壽美子、野田は新京特殊飲食店組合の理事を務めている。ここでの吟子の立ち位置はどのように考えればよいのか、宮田と野田の間にもう一人経営していた者がいて、それが吟子か、あるいは「雇われマダム」のような存在であったのか、どちらにせよ「カフェーのマダムとして登場」（「読売新聞」S.13.04.12）である。

参考文献
「峰吟子再びダンサーに」京城日報、S.13.02.13
「大陸に咲く峰吟子」読売新聞、S.13.04.12
『月刊ぎふ―飛騨美濃人物往来』NO.231、山田賢二、北白川書房、H.16.03
『復刻版新京案内 康徳6年版』永見文太郎、アートランド、S.61.08
『新京の概況』新京商工公会、K.09.08

6　吟子と満映

　女優を引退した吟子であったが、新京に来てから満映と関わりを持ったのであろうか、ふと疑問が湧く。満映と言えば、満州国警察最高幹部であった二代目理事長甘粕正彦と、そして昭和13年（1938）「蜜月快車」で初出演、しかも主演で登場し、その後、満映のスターとなる李香蘭（山口淑子）の二人は満映自体をあまり知らなくても知っている人は多いはずである。

　私が目にしたものの中に気になる記述があった。吟子は甘粕や満映関係者と接触があり、「吟子を満映の看板女優として利用しようと復活の声がかかった」とあったことだ。

　満映の設立は文化芸術の推進発展を目的としたものではなく、関東軍及び満州国警察部門が先導して進めたもので、満映設立以前にも満鉄が弘報部弘報係映画班を設けて映画製作をしていたが、あくまで政治に根差した眼目で国策を遂行したものになっている。当初から映画統制を目

的とし、国策であっても満映の本来の目的は、満州国の人々に興味を持たせる娯楽（娯民）映画を製作することであった。このため、満映発足（S.12.08）後すぐに俳優の募集が行われたが、観客が主に中国人であるため、日本人は含まれず、すべてが中国人であった。満映作品最初の『壮志燭天』（S.13）では製作スタッフは日本人であっても、出演者は中国名ばかりで、全員満州側（日本人以外）の人々であった。その後も東宝との提携作品以外では、李香蘭（山口淑子）を除いて日本名は見つけることができなかった。

　当時、戦時映画の使命として次のような文章が出てくる。「映画は思想の武器である。従って、フィルムも弾丸同様の使命を負っている。…」

　この文章を見てどのように感じるか、余りに肩肘を張った文章である。当局に対する優等生的な文章でもある。映画の本質である人の心の感情（喜びや悲しみ）を素直に表現できずにいる環境下では吟子は全くお呼びではなく、吟子と「満映」の関係は女優として関わることはまず考えられない。内田吐夢のように直接内地で一緒に仕事をした人々も渡満時期が違ったりしていて、一部の映画製作技術者が「サロン春」に来店するぐらいであろう。

　吟子に「エロやヴァンプ」などの形容詞が付きまとっても、彼女の活躍した昭和5年（1930）から昭和8年あたりの時代は、検閲制度があったにせよ、通常の生活感を超えた“ばかばかしさ”はゆとりに繋がり、まだ良き時代であったのかもしれない。逆に考えれば吟子は日本での良き映画の時代を過ごしたのではないか。

　私は当初吟子が新京に来て「サロン春」のマダムになった時期と、満映の活動を繋ぎ合わせて、出会った可能性のある人物などを想定しようと企て、満映に関する資料を漁るうちに大きなものを拾った。『満映とわたし』は、岸富美子が半生を描いた自伝である。岸は映画編集者であり、その仕事は裏方で、一般には表に出ない。日活のデータベースにも監督・キャスト以外では撮影や美術などが記載されているだけである。映画編集は下支えの分野であり、本の内容には改めて目を見開かされた。

監督経験者や映画会社経営者の著作は幾多あるが、映画製作を下支えした人達からみた製作の様子や当時の様相が別の視点から伺うことができる。私にとって貴重な資料であり、部分的に『満映とわたし』から内容を引き出すことにする。

「田中亮平（吟子最初の夫）と福島家（岸の旧姓）の関わり」

田中亮平はアメリカのロスアンゼルスにいるとき、岸の父が経営する書店（文林堂）の番頭として働いていた（『キネマ週報』では洋紙問屋となっているが書店の後の就職先？）。福島一家は経済的に窮状し、母は田中に救いを求め手紙を出す。このことがキッカケとなり、岸も含めた兄たちも映画界に入る。

「甘粕正彦満映理事長」

甘粕はしたたかな人間なのであろうか。彼は関東大震災時、大杉栄事件の主犯であり、冷血無慈悲な男としてのイメージを人々に植え付けている。しかし、満映に関わる数々の書籍の中では、多くの者が親近感を抱いたり、恩義を感じていたりしていて、大杉栄事件主犯の印象とはかけ離れた見方をしている。意外であった。

「終戦から国共内戦を経験」

戦後、自らの意思とは言いながら本心ではなく満州に残り、国共内戦のため満映映画技術者たちと機材を持って移動を重ねるうち、生活の糧を奪う"精簡"に遭う。こうした状況下で冬を乗り越えることの困難さなどは、語っても語り尽くせない岸の体験の凄まじさを表している（"精簡"の意味は「精兵簡政」の略語であり、人員を削減し、行政を簡素化する意味であり、精簡は辞書を引いても簡素化するとあるのみだ）。また、この"精簡"には仲間であるはずの日本人が関わったことを戦後知ることになる。文化大革命での"下放"、連合赤軍の"総括"などと共に、岸らにとっては"精簡"も大きな意味を持つ言葉であった。

精簡が解かれてからは、中国人スタッフの指導を兼ねて仕事をこなしていったのであるが。……

「帰国後の満映社員たちの処遇」

日活、松竹、東映、東宝…など、戦後生まれの私は映画会社であることを当然よく知っている。満映なる会社は、頭の隅にあるのみで、書籍で探さねば詳しいことはわからず、知らないのと同じであった。これには満映出身者が、戦後、日本であまり活躍の場が与えられなかったのも一つの原因ではないか。中国に戦後しばらく残留し、思想教育を受けたことが大きく影響し、"満映出身者"を標榜することは「私はアカです」と言わんばかりで、それを受け入れてくれる世の中ではなかった。さらには、満映社員の間で、大きく分ければ、早期帰国組（S.21帰国）と残留組、さらに、残留組の中でも"精簡"されたか否か、の３つの集団のジメジメとした人間関係は戦後しばらく続き、足の引っ張り合いがあった。「アカ」という色分けで人々を評価してしまった（実際にはアカよりも人間の汚さ、狡さが大きく関わっているのであるが…）。それでも、内田吐夢や木村荘十二などは映画界に復帰を遂げるものの、あまり大きな花を咲かせることはできなかった。

ここまでで吟子の映画に関わることは終わりにする。最後に内田吐夢が渡満（S.20.05）の際、満州に移住する農民に対する刹那的感情を戦後振りかえり、文章を載せているので紹介したい。

「一九四五年——終戦の年の五月、私は細雨で煙る九州博多の湾頭に立っていた。岸壁に横付けにされた連絡船の煙突から、ドス黒い煙が、モクモクと這うように、やがて灰色の空に薄れ広がった。全国各地から集められた、満蒙開拓の移民団が二百人余り、それぞれの県名の書かれた小旗を中心に、コンクリートの水溜りをよけて屯していた。戦争が末期的症状を呈している今頃になって、まだ、満蒙開拓の移民団が行く——いったいどうしたということなのであろう？」

「あとになっていくら後悔しても結果は覆らない。もう間に合わないの

だ」。これを防ぐことを念頭に置いて行動するのが政治（家）ではなかろうかと私は考える。

参考文献
『満映とわたし』岸富美子・石井妙子、文芸春秋、2015.08
『幻のキネマ満映―甘粕正彦と活動や群像』山口猛、平凡社、H.元.08
『満映 国策映画の諸相』胡昶・古泉、パンドラ、1999.09
『哀愁の満州映画―満洲国に咲いた活動屋たちの世界』 山口猛、三天書房、2000.02
『内田吐夢 映画監督五十年』内田吐夢、日本図書センター、1999.12

7　磯部鷹三

吟子はここ満州新京で磯部鷹三と出会うことになる。彼は当時、満州国の医療系官僚として活躍している。赴任したのは康徳3年（昭和11年）。満州国の組織変更の少し前であった。康徳4年までは中央警察学校、首都警察庁、両者とも民政部の所管であったが、康徳5年から中央警察学校は治安部、また、首都警察庁は独立した組織となる。民政部は廃止となり、組織内容を大きく異なったものとして民生部が発足する。

このような状況下にあった彼の経歴を戦後まで辿る。

明治36年（1903）5月8日　愛知県東加茂郡大沼村生まれ

昭和5年（1930）3月　　慶應義塾大学医学部卒業（愛知県立第四中学出身）

昭和5年4月　　　　　　慶大医学部助手（加藤元一Dr.生理学教室入局）

昭和5年9月　　　　　　海軍軍医中尉（二年の現役）、海軍砲術学校入校

昭和5年9月　　　　　　海軍軍医学校普通科入校

昭和5年12月　　　　　霞ヶ浦海軍航空隊付

昭和6年3月　　　　　　第一遣外艦隊司令部付上海陸戦隊付

昭和6年12月　　　　　空母加賀乗組

昭和7年1月　　　　　　第一航空戦隊連合陸戦隊長付

昭和7年7月20日　　　横須賀鎮守府付

昭和7年8月　　　　　　海軍軍医大尉（9月予備役）、愛知県御津町磯部療

病院院長就任

昭和 7 年 12 月	慶大医学部生理学教室復帰
昭和 8 年 5 月	第四艦隊司令部付（海軍特別大演習特別召集）
昭和 8 年 8 月	慶大医学部復帰
昭和 9 年 6 月	警視庁衛生部衛生課衛生技師
昭和 10 年 12 月	博士号受領（慶應義塾大学）
昭和 11 年 3 月	警視庁衛生技師（依願免官）
	中央大学法学部夜間部中退（満州国転出まで在籍）
昭和 11 年 4 月	満州国浜江省公署技正、首都警察庁衛生技佐、中央警察学校教授（兼務）、（内務省推薦により満州国転出）
昭和 14 年（1939）	応召
昭和 16 年	大阪府警察部衛生課衛生技師
昭和 20 年	海軍軍医少佐（豊川海軍共済病院医務部勤務）
昭和 21 年	財団法人浜名園理事長
昭和 22 年 12 月	社会保険中京病院創設副院長（厚生省の委託を受け）
昭和 24 年 6 月	磯部医院開業
昭和 34 年 7 月	豊川保健所長就任

　鷹三は愛知県立第四中学校（現在の時習館高校）を卒業したのち、しばらく理系の学校で学んでいたらしい。当時の一般家庭から旧制中学校を卒業することは、豊橋という地方中核都市（愛知県で二番目の市制都市）で育ったとしても、家庭環境の条件がある程度良くなければ無理というものである。さらに慶應義塾大学医学部を卒業するとは夢のような話である。そこには一人の男の存在があった。

　磯部四郎太（M.06.06.20 生）は豊橋市飽海の出身で、明治 35 年宝飯郡御津駅前で医院を開業している。鷹三は彼の援助を受けている。磯部病院は大正 9 年（1920）当時の御津村の隔離病舎の業務も委託されるなど、ある程度の規模を持った医療施設であった。また、鷹三は海軍の現役を退いて予備役に回ったとき、昭和 7 年、短い期間ではあったが磯

部療病院院長に就任している。現在は残念なことに、磯部病院は浜松へ出た本家、御津の分家、共に医業を廃業している。

写真 2-25　海軍砲術学校

鷹三の海軍軍人としての出発は、大学を卒業した昭和 5 年（1930）から始まり、任官と同時に軍医中尉に補せられている。吟子もこの年日活から登場している。しかし、学校教育で軍事教練のみを受けただけであり、軍人としての教育は何も受けておらず、海軍砲術学校（写真 2-25）において基礎的な教練やしつけを受けることになる。経歴の中で砲術学校入校とは、少し違和感が生ずる。砲術学校では最前線に立つ軍人を教育するのみでなく、依託教育という形で医学、薬学、主計、造船などの後方を預かる軍人の教育をしていた。医者であると同時に海軍士官としての素養が求められ、軍医学校入校後、1 ケ月砲術学校で基礎訓練が行われた。

磯部鷹三の学歴は『東三知名録』の中に慶應義塾大学医学部卒業及び中央大学法学部夜間部中退と掲載してある。これを見た際に浮かんだのは二重学籍の問題であった。現在の二重学籍問題は文部科学省によれば「学校教育法の修業年限規定の趣旨に合わない」ということであり、複数の大学に重複して在籍する「二重学籍」は望ましくないとされている。確固たる法律があるわけではないが事実上禁止されている。

時代を遡ってみれば、北方町生まれのフォークソング歌手「高田渡」の父親「高田豊」の大学時代は旧制岐阜中学校卒業後、明治大学法学部に入学し、一年後、退学届けも出さずに法政大学文学部に再入学している。一時期ではあるが二重学籍に当てはまる時期がある。いずれにしても「学習時間確保の問題」である（現在、岐阜高等学校同窓会名簿の中に高田豊の名前はない。豊の長男・驍も同校出身ではあるが二年時に転校した

ために岐阜高校との関わりは消えている）。

　鷹三は警視庁で衛生技師として勤務しながら夜間部で学んだのであり、二重学籍にも当たらず、勉強家の一面を覗かせている。また、この経験から、彼は［医療行為者］としての思考回路と法律に基づく［法治主義者］の二面性を持ち合わせることになったのかもしれない。渡満によって満州国の官吏となる。それは日本国内務省の推薦による転出であり、内務省衛生局と同じような所掌事務に携わっている。

【寄り道】をして鷹三の働いたところを振り返りたい。

浜江省公署

　彼はどのようなところで職務を果たしていたのか、渡満当初は哈爾浜を中心とした浜江省公署に配属される。北満経済界の基幹産業である農業の不況から農村救済を急務とする状況のなかにあった。写真 8-26 は哈爾浜市にあった浜江省公署である。

首都警察庁

　首都警察庁は大同元年（S.07）3 月に建国した 3 ケ月後、6 月 11 日官制公布され民政部警務司内に発足する。さらに 6 月末に旧政権が建築した吉林第二監獄（写真 8-27）に移り、康徳 3 年（S.11）3 月から大同広場に面した場所（写真 8-28）に移る。鷹三は新たな庁舎で働いていたことになる。

写真 8-26　浜江省公署正面

中央警察学校

　この学校は日満の両学生を収容して共学を実践している。本科、別科に分かれ、本科は現職の満人警察官で 1 年、別科は日本人警察官で 3 ケ月、ただし、別

科の日本人警察官はほとんどが在満部隊の除隊兵であり、満州国警察官に採用され、実務1年以上経たものが対象であった。

「新京南嶺の丘に司法部法学校と並んでいる鉄筋赤煉瓦三階建の堂々たる校舎こそ新国家警察制度の確立を双肩に担って立っている中央警察学校である。…」

（「満洲日日新聞」S.11.06.18）

「満州国民政部では一層警察官の指揮を改良する目的で新京に警察学校を新たに設立した。…」

（「東京朝日新聞」S.08.01.08）

こうして磯部鷹三は約3年の間、満州での生活を新京や哈爾浜で送る。吟子と出会うまでは首都警察庁（大同広場に面した場所）の、おそらく官舎であろうと思われる近接した良好な新京興安胡同に住んでいた。また、妻帯者でもあった。

写真 8-27　首都警察庁（旧吉林第二監獄）

写真 8-28　首都警察庁（慶徳3年3月〜）

写真 8-29　中央警察学校

　吟子の新京の時代は、夫となる磯部鷹三と出会ったことによって、後の人生が大きく変わった。

参考文献

『東三知名録 1957 年版』不二タイムス社、S.32.02

『日本医籍録（東日本版）』医学公論社、S.35.03

『満洲国官吏録 康徳 4 年 4 日現在』国務院総務庁人事処、明文社、康徳 04.01

『満洲紳士録 第 1 版』満蒙資料協会、S.12.07

『警視庁職員録 昭和 10 年 12 月 1 日現在』警視庁、S.10.12

『大阪府職員録 昭和 16 年 10 月 1 日現在』大阪府総務部人事課、S.16.12

『豊川市医師会 第 1 巻 旧宝飯郡医事編年史』豊川市医師会、H.04.07

『日本医学博士録』東西医学社、東西医学社編輯部、S.19.09

『海軍制度沿革 巻 12』海軍大臣官房、S.15.12

『高田渡と父・豊の「生活の柄」』本間健彦、社会評論社、2009.12.25

『満洲国警察概要』民政部警務司、K.02.10

『満州国現勢 康徳 2 年版』満州国通信社、S.10.03

「満人学生は特に柔道が大好き 中央警察学校の巻」満洲日日新聞、S.11.06.18

「大規模な指紋室や解剖室も新設 首都警察庁の巻」満洲日日新聞、S.11.06.23

「警察網整備に中央警察学校 満洲国の治安進む」東京朝日新聞、S.08.01.08

第9章
日満交通路

1　海を隔てた満州

　日本と満州の往来は、海（東シナ海、日本海）によって、隔てられているため、船舶あるいは航空機を使用する以外の手段は見つからない。現在も当時（昭和10年前後頃）も利用手段はまったく変わっていない。大きく変わったのはそれぞれの利用比率である。今日では大半が航空機を利用し、船舶利用比率は大きく減少している。当時、航空機の利用は僅かであり、発展途上にあって注目されていたが、庶民にとっては高根の花であった。

　現在の大幅な時間短縮は、吟子が満州にいたころには誰もが考えつかないような、想像を絶するほどに大きくなっている。

　吟子が利用した当時の交通手段を振り返り、今日より大変であったことを思い知ろう。吟子にとって、この旅の意味するところは、前半では帰省などの旅であり、気持ちは高揚したであろう。しかし、後半は、生活の糧を稼ぐための渡満であった。この節では海路（船舶利用）及び陸路（鉄道）の旅を辿ってみる。

　吟子の渡満のキッカケは、大きく分けると「大連の時代」と「新京の時代」の二つになる。大連への旅は国鉄線を神戸で下車して、大阪商船に乗船。瀬戸内海を通って内地最後の門司に寄港。東シナ海を渡って大連に到着する。

　当時二人は大阪東淀川区国次町に住み、大阪を拠点としていた。実際田中亮平が昭和8年8月大連赴任に当たっては、神戸からうすりい丸を利用している。これ以降彼らの日本の出発点は神戸を起点とする。

1　神戸発～～～～～～～～～～（門司）～～～～～～～～～～～大連着

　　大阪商船（正午出発・翌日早朝到着）　（正午出発・翌々日早朝到着）

2　神戸発────────下関～～～～～門司～～～～～～～～～～大連着

　　山陽本線（急行約9:30）　関門連絡船（0:15）　大阪商船（正午出発・翌々日早朝到着）

　上記1、2はいずれも3泊4日の旅になる。神戸・下関間は鉄道を選択した方が、所要時間は明らかに短い。しかし、うまく接続していないために一刻を争うようでなければ海路利用が一般的であろう。田中亮平の列車転落事故の際、吟子は門司で下船して下関から列車に飛び乗ったとされる。

　表9-1は当時の大阪商船大阪—大連線の様子である。

表9-1　日満航路（大阪—大連）

年月	昭和9年3月	昭和10年10月	昭和13年12月
寄港地	神戸・門司・（広島）	神戸・門司・（広島）	阪神・門司・（広島）
就航隻数	9隻	9隻	7隻
就航船名	扶桑丸 うらる丸 香港丸 はるびん丸 志あとる丸 たこま丸 うすりい丸 亜米利加丸 ばいかる丸	扶桑丸 うらる丸 はるびん丸 志あとる丸 うすりい丸 亜米利加丸 ばいかる丸 吉林丸 熱河丸	扶桑丸 うらる丸 うすりい丸＊ 吉林丸＊ 熱河丸＊ 黒龍丸＊ 鴨緑丸＊
航海回数	約25回／月	約22回／月	約18回／月
船客数	184,209人／年度	207,710人／年度	249,386人／年度

＊昭和10年（1935）新造船吉林丸、熱河丸。昭和12年からは新造船黒龍丸、鴨緑丸の快速豪華客船が就航。昭和17年当初は＊印の5隻が就航（航海数11回／月、船客数222,816人／年度）

　就航船の一部を紹介しよう。熱河丸（写真9-2）、うらる丸（写真9-3）、黒龍丸（写真9-4）。写真9-5～8は熱河丸の船内である。

　快速豪華客船「熱河丸」は総トン数6,784t、昭和10年3月30日竣

写真 9-1　大阪商船日満連絡船定期表及び案内

写真 9-2　熱河丸

写真 9-3　うらる丸

写真 9-4　黒龍丸

写真9-5　熱河丸　一等食堂

写真9-6　熱河丸　一等ベランダ

写真9-7　熱河丸　一等広間

写真9-8　熱河丸　二等食堂

工。同時期に就航した「吉林丸」とほぼ同じ規模で、昭和18年11月23日に華中東にて雷撃遭難する。他の船の多くも同様な運命を辿っている。

写真9-9　関門連絡船

私は今までに関門海峡を渡った（通過した）ことは5回程ある。新幹線や寝台列車で通過したのみであれば、さほど思い出にもならない。しかし、私にとっての、この関門海峡は思い出深いものがある。

昭和45年（1970）秋、九州一周修学（研修）旅行で立ち寄ったときのこと。建設中の関門橋（道路橋）を遠くから眺めると、吊り橋アンカー部の大きなコンクリートの塊のみが見えていただけで、その大きさには圧倒されてしまった。この時、関門トンネルを実際に歩いて往復した。

就職して、上司と九州一周国鉄への挨拶回りは昭和50年（1975）であった。山陽新幹線全線（新大阪―博多）開通（S.50.03）直後、門司の九州総局から下関工事事務所へ移動するのに小さな渡し船を利用し、この船を「関門連絡船」と思い込んでいた。本来の関門連絡船（写真9-9）は昭和17年（1942）11月関門トンネルに旅客用列車が利用開始（完全開通供用はS.19.08）するまで活躍していた。昭和15年発行の時刻表によれば、1日に36便（往復回数は72便）、距離は15km、所要時間は15分であった。

現在（R.03現在）に至っても、小さな船舶は住民の足となって1時間に3便、所要時間5分で運航している。

さて、吟子の話に戻ろう。二度目の満州は新京への旅立ちである。吟子の新京での生活期間は、おそらく昭和13年初春からその年の初冬までであり、比較的短期間であったと推測される。また、「京城日報」によれば、「哈爾浜に赴いてダンサーになった」とされている。しかし、

写真 9-10　あじあ号

後年、吟子本人は「ダンサーで糧を稼いだことはない」と語っている。哈爾浜は、新京からさらに満州国国有鉄道（国線）京浜線に乗車し、242km 北上。急行で 4 〜 5 時間かけなければならない。

　新京では、生活の足跡もしっかりと残しており、当時の新京と内地の交通状態を辿ることにする。

　新京への経路は、大まかに「1　大連経由」、「2　朝鮮半島（釜山）経由」、「3　日本海（北鮮）経由」の三つがある。

1　神戸港発〜〜〜〜〜〜〜〜〜〜〜大連――――――――――新京着
　　大阪商船（正午出発・4 日目 8 〜 9 時到着）　満鉄連京線（特急・急行約 9 〜 11 時間）
　　3 泊 4 日の旅となるものの、新京到着は夕食時になる。

　大連から新京へ“あじあ号”（写真 9-10）を利用した可能性は充分ある。関釜連絡船を利用する朝鮮経由の方が約 3 〜 4 割の時間短縮ができるにもかかわらず、観光列車の側面を持ち、多くの乗客を運んだ。果たして吟子はどのような選択基準から、どちらの経路を利用したであろうか。

　あじあ号の運転開始は昭和 9 年（1934）11 月 1 日。大連―新京間を 8 時間 30 分で結び、その後哈爾浜まで乗り入れることになった。国内では丹那トンネル開通を機に大幅なダイヤ改正（S.09.12）を行っている。トンネル工事の予想外の遅れから、日満同時時刻改正はできなかった。

2　神戸発――――下関〜〜〜〜〜釜山――――京城――――平壌――
　　山陽本線（約 9:30）　関釜連絡船（約 8 時間）　鮮鉄京義線（特急・急行約 16 〜 17 時間）
　　安東――――――――奉天――――――――新京着
　　満鉄安奉線（特急・急行約 6 時間）　満鉄連京線（特急・急行約 5 時間）

関釜連絡船（写真9-11）を利用した旅は、神戸を午前11時頃出発すれば翌々日の昼に到着し、2泊3日の旅となる。

日本統治時代の朝鮮への出入手続きで税関検査があったという。同じ日本であるにも関わらず、関釜連

写真9-11　関釜連絡船及び桟橋

絡船内において昭和16年3月まで続けられ、その後廃止された。

3　神戸発————敦賀港〜〜〜〜〜〜〜〜〜〜〜清津——上三峰—
　　東海道・北陸線（約3時間）日本海汽船（16時出発・翌々日6時到着）鮮鉄咸鏡線・
　——南陽————図們————————————新京着
　　満鉄北鮮線（急行約5時間）国線京図線（特急・急行約13時間）

神戸を午前10頃出発すれば、3泊4日の旅となり、4日後の朝食時に到着する。敦賀港は敦賀〜ウラジオストク間の定期航路を介し、シベリア鉄道利用による欧亜連絡交通路の日本側起点でもあった。明治43年4月から相互の連絡運輸が開始されている。

写真9-12　清津より新京行国際列車出発の景

写真9-13
「日満航路満州への近道　敦賀北鮮航路案内」

表 9-2　日本海航路

年月	昭和 8 年 7 月	昭和 14 年 5 月	
航路線名	新潟－北鮮	敦賀－北鮮－（浦潮斯徳）	
寄港地	清津・羅津・雄基	清津・羅津	清津・羅津・（浦潮斯徳）
就航隻数	1 隻	3 隻	5 隻
就航船名	鮮海丸	さいべりあ丸 満州丸 月山丸	はるびん丸 さいべりあ丸 満州丸 月山丸 氣比丸＊
航海回数	約 6 回／月	約 20 回／月	約 12 回／月
運航会社	嶋谷汽船	北日本汽船	北日本汽船

＊氣比丸のみウラジオストクに寄港。昭和 13 年氣比丸は北日本汽船により建造。昭和 16
年 11 月ソ連領から流失した機雷接触して沈没。

　新京―羅津・清津間直通列車（写真 9-12）が昭和 11 年（1936）に運
行されるようになると、「日本海（北鮮）経由」があらためて満州への
旅の中で見直しされることになった。

　北鮮航路の利点について昭和 14 年 5 月の北日本汽船の案内（写真
9-13）から見てみる。「日本から鮮満へ、また満鮮から日本への経路は
種々ありますが、満州国の首府新京と日本の心臓、即京阪神、名古屋地
方及東京とを結ぶ最短最捷路は「敦賀―北鮮線」「新潟―北鮮線」及
「敦賀―北鮮線―浦潮線」の利用コースを第一に挙げられます。それは

此の三航路の利用が其
の所要時間の点より見
ても、その経費の点を
比較しても他の何れの
経路よりも最も早く且
つ低廉であるからであ
ります」と書かれてい
る。

写真 9-14　朝鮮咸北清津全景

　写真 9-15 は「新京へ

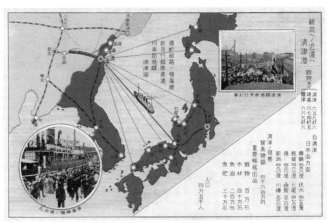

写真 9-15　新京への近道は清津港

　の近道は清津港」と書かれた絵葉書であり、三港の中で清津（写真 9-14）
の優位性を読み取ることができる。しかし、表 9-3 からは北鮮で最も旅
客扱いは多いものの、大連港の圧倒的な数字には驚かされる。

表 9-3　大連港と北鮮三港の上陸乗船人員

		大連	雄基	羅津	清津
昭和 10 年	上陸客	414,847	—	—	—
	乗船客	303,713			
昭和 11 年	上陸客	367,464	3,375	8,045	23,0667
	乗船客	313,785	—	—	—
昭和 12 年	上陸客	306,717	1,280	9,255	25,300
	乗船客	252,175	2,982	2,028	28,635
昭和 13 年	上陸客	544,487	1,227	15,680	73,391
	乗船客	343,241	2,148	10,048	37,810
昭和 14 年	上陸客	811,189	1,089	34,748	86,811
	乗船客	433,783	1,373	15,277	39,610
昭和 15 年	上陸客	902,680	786	80,695	17,433 ＊
	乗船客	692,958	487	61,932	12,903 ＊
昭和 16 年	上陸客	986,363	650	60.227	—
	乗船客	760,899	183	39,119	—

＊昭和 16 年の内、清津は 4、5、6 月の 3 ヶ月分（『満支旅行年鑑』より）

　北鮮三港の特徴は当時の報告書によれば、
羅津…港内広く、湾内に深く入り込み、冬も絶えず吹く風によって港内

が凍らない天然の良港。欠点は後背地が狭いこと。これには建物
　容積率を上げることで対処できる。
雄基…当初から補助港としての扱いであり、風が強く、防波堤を必要と
　する。
清津…古くから活動しており、南に向かって開口し、湾口と称するもの
　はない。
　湾内が急に深くなり、これ以上拡張できない。

　昔から発展していた清津に朝鮮総督府は肩入れしがちであった。羅津
の経営は満鉄であり、膨大な費用を必要とする羅津港の建設に伴う新線
建設費の負担増を避けるために、清津、雄基を拡張することで対処しよ
うとした。しかし、石原莞爾らの関東軍の主張に抗しきれず、昭和7
年（1932）新港建設を発表する。軍事的要素が多分に含まれている。
　船旅の利点は乗り換えなどがなく、海が穏やかであれば体の動きを自
由にでき、船内でくつろぐことができることだ。鉄道と比較した時の欠
点は、立寄港での荷役作業時間の損失、悪天候時の身体的負担がある。
　また、船賃はけっして安価ではなかった。人々は何かの判断基準を設
定して経路を決めているはずであり、吟子も最初の大連行き以外はどの
ような経路を辿ったかは不明である。
　ここでは昭和15年発行の時間表を使用した。満州や朝鮮には時差が
あったが、昭和12（1937）年10月1以降、満州時間は日本時間に合わ
せるようになり、1時間の時差はなくなった。

日本	12:00	12:00
満州	AM11:00（〜 S.12.09.30）	12:00（S.12.10.01 〜）
哈爾浜	AM11:26（〜 S.12.09.30）	12:00（S.12.10.01 〜）
朝鮮	AM11:30（M.41.04.01 〜）	12:00（M.45.01.01 〜）

　吟子の旅の再現を試みようとしたキッカケは、鷹三の「軍務離脱によ
り一緒に逃亡する」という記述であった。松花江、五家、大連、仁川な
どの地名が出て、大連汽船（満鉄系）も登場している。これらを整合性
のあるものにしようとした。しかし、意味がなかった。そもそも逃亡劇

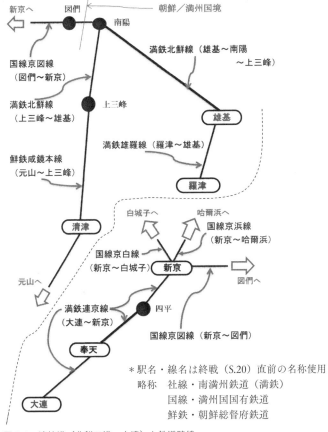

図 9-1　連絡港（北鮮三港・大連）と鉄道路線

はなかったのである。

　松花江は哈爾浜の北を流れ、アムール川（黒龍江）最大の支流。五家
は哈爾浜から国線京浜線に乗り、南へ 33km 行った駅。また、哈爾浜郊
外には旧 731 部隊があり、国線拉浜線平房駅から全長約 4km の引き込
み線があった。

参考文献

『満州朝鮮 復刻時刻表』日本鉄道旅行地図帳編集部、新潮社、2009.11
『日本鉄道旅行地図帳 歴史編成 満州樺太』新潮社、H.21.11
『日本鉄道旅行地図帳 歴史編成 朝鮮台湾』新潮社、H.21.11
『キネマ旬報』422、キネマ旬報社、S.07.01
『満鉄四十年史』 財団法人満鉄会、吉川弘文館、2007.11
『大日本帝国の海外鉄道』小牟田哲彦、東京堂出版、H.27.11
『創業百年史』大阪商船三井船舶株式会社、S.60.07
『創業百年史資料』大阪商船三井船舶株式会社、S.60.07
『大阪商船株式会社八十年史』大阪商船三井船舶株式会社、S.41.05
『北日本汽船株式会社二十五年史』北日本汽船株式会社、S.14.06
『日本国有鉄道百年史 第 5 巻』日本国有鉄道、S.47.07
「日満連絡船定期表」No.105、大阪商船株式会社、S.10.10
「満蒙へ」嶋谷汽船会社、S.08.07
「日満連絡船満洲への近路敦賀北鮮航路」北日本汽船会社、S.14.05
『満支旅行年鑑』東亜旅行社満州支部、S.16.12
『月刊ぎふ』No.236、北白川書房、2004.08
『no more 731 日本軍細菌戦部隊』15 年戦争と日本の医学医療研究会、文理閣、2015.08

＊すべての条件（時間・運賃・利便性など）から見れば、「北鮮経由」が最良とは言えず、
　各航路にそれぞれ特色がある。

2　発展を遂げる空の旅

　第一次大戦によって航空技術は著しく進歩し、航空輸送の需要は増え
始めていた。当時の日本には、弱小の民間航空会社が数社あるのみで、
自力で将来性を見込むことは出来なかった。このような中にあって、逓
信省所管「日本航空輸送」が、昭和 3 年（1928）10 月に設立された。
　第二年度（昭和 4 年）より定期航空の営業を開始する予定であった。
その計画は下記の通りである。
（運航計画路線）　　東京——大連線
　　　　　　　　　大阪——上海線
（使用機材）　中島フォッカー・スーパー・ユニバーサル陸上旅客機 29 機
　ここで少し注意を払っていただきたい。使用航空機の中島フォッカー・
スーパー・ユニバーサル陸上旅客機（写真 9-16）のことである。それは

（乗員／乗客）が（2名／6名）、フォッカーF7b-3M（写真9-17）についても（2名／8名）であり、輸送人員が極めて小さい。

写真9-16　中島フォッカー・スーパー・ユニバーサル旅客機

　昭和10年前後頃にはある程度の航空機の発展はあるものの、輸送量が小さいことは大きな欠点であって、旅客運賃がかなり高額になるのは必然である。

　吟子が満州と関わったのは、昭和8年から13年の約5年間であり、戦争の色濃い影響を受ける時点以前までの時期を過ごしていたことになる。

写真9-17　フォッカーF7b-3M旅客機（エンタイヤ S.14.12）

　ただし、吟子が果たして当時の航空機を利用したか否かは甚だ疑問に思われるが、船舶利用との比較からもう少し追うことにする。

　昭和5年10月から昭和6年8月末までの日航・東京（立川）——大連線のうちで大阪・大連間の所要時間、旅客運賃を見てみる。

大阪（木津川）——大連　（所要時間）　　　16:10（冬ダイヤ10～3月）
　　　　　　　　　　　　　　　　　　　　　12:00（夏ダイヤ6～8月）

　　　　　　　　　　（旅客運賃）　　115円・

↓

　　　　旅客運賃の内訳　　　東京——大阪間　　　30円
　　　　　　　　　　　　　　大阪——福岡間　　　35円・
　　　　　　　　　　　　　　福岡——京城間　　　40円・
　　　　　　　　　　　　　　京城——大連間　　　40円・

　旅客運賃は人々がたやすく利用できる設定にはなっていない。当時の一般の労働者として、大工の手間賃を例にとって比較すれば、大阪・大

連間は昭和6年時点では約50日働いた賃金と同じである。

　昭和7年（1932）9月、満州国政府の総合交通政策の一元的な運営を目指すため、満州国法人として満州航空株式会社（満航）を設立した。

　日航と満航は昭和7年からそれぞれの連絡時間を協定し、さらには連絡航空券の発売を開始し、日満連絡定期便の運行を始めた。これにより日航・東京―大連線は、朝鮮・満州国境の新義州で満航便に接続することとなる。新京へも同様に利便性が増し、そのことは新聞に掲載されている。

「日満の空をつなぐ新航空路！　十三時間足らずで新京大阪ひと飛び明治節をトして愈よ満州航空会社開業」　　　（「神戸又新日報」S.07.10.30）

　神戸又新日報の記事が昭和7年10月に書かれてから4年が過ぎようとしたとき、夢のようなスピード計画が着々と進められていた。

「東京―新京　空の超特急　朝食は日本で、夕食は満州で、愈よ来年から実現」　　　　　　　　　　　　　　　（「大阪時事新報」S.11.08.11）

「日・満連絡八時間　待望の航空路　東京・新京を繋ぐ　六月の実施期迫る」　　　　　　　　　　　　　　　　　　（「神戸新聞」S.12.05.05）

「東京―新京間　僅か八時間　日満定期航空　いよいよ六月一日から開始」

（コース）　　東京―福岡―京城―奉天―新京
　　　　　　　（＊大阪第二飛行場未完成のため）

（使用機種）　中島式AK式双発460馬力8人乗

（飛行距離）　2330km　　　（便数）　3往復／1週（当分の間）

　　　　　　　　　　　　　　　　　　　　（「大阪毎日新聞」S.12.05.15）

　このように昭和12年（1937）6月には、計画は現実のものとなり、昭和7年頃から約5年経過した時点で5時間短縮したことになる。

　これまでは日本本土上空を東西に飛び、さらに朝鮮半島を南北に飛ぶことによって海上上空の飛行をなるべく避け、遭難を回避するコースを採用してきた。

　ラジオビーコンの出現は画期的であった。今まで「魔の日本海上空」

と恐れられていたのが、方位がわかることによって安全に飛行できるようになった。北鮮ルートは満州へ渡る手段として時間短縮のメリットが大いにあり、さらなる発展を期待するのであった。

写真 9-18　新京飛行場（愛知大学国際中国学研究センター所蔵）

「北鮮へ僅か四時間　空の旅　明年実現　新機軸ラジオビーコンを装置」
（コース）　　大阪——米子——清津（せいしん）　　（飛行距離）　1018km
（所要時間）　大阪—米子 1 時間、米子—清津 3 時間、計 4 時間
（使用機種）　ダグラス 1700 馬力 14 人乗

（「神戸又新日報（ゆうしん）」S.11.08.19）

　このコースは昭和 12 年（1937）10 月開設、大阪を基点とし、米子飛行場を経て清津まで直航、清津から満州新京までは新京線と連絡する。写真 9-18 は新京飛行場のダグラス機である。ダグラス機（写真 9-19）とはダグラス DC-3（乗客定員 21 名）のことであり、昭和 11 年（1936）に就航。日本では昭和 12 年からライセンス生産が始まった。

「日満の帝都を結ぶ　空の超特急　愈（いよい）よ開く　日本海横断最短コース二十一日から試験飛行」
（コース）　　東京——新京（日本海横断）（飛行距離）　1560km
（所要時間）　6 時間 32 分　　　（使用機種）　ハインケル 116 型

（「大阪朝日新聞」S.13.07.14）

「S.13.08 米国より新購入したロッキード 14WG-3 型機により、東京—新京急行便の東京—福岡間においては 1 週 3 往復増便す」

（『日本航空輸送株式会社十年史』）

　北鮮ルートで新京へ航空機を利用する場合（直航便）は、従来より 1 時間半さらに短縮された。昭和 4 年頃より 10 年足らずの時間経過で、

写真 9-19　ダグラス DC-3 型旅客機

写真 9-20　ロッキード 14WG-3（乗員 2 名／乗客 10 名）

写真 9-21-1
「定期航空案内日本航空輸送」
（S.11.04 〜 08）

　これだけの驚異的な所要時間の短縮がなされたことは、いかにこの時代
の航空機の進歩が著しかったかということを示すことになる。

　昭和 15 年 8 月発行『満洲支那汽車時刻表』の中の［航空ダイヤ］の
項目では、ここまで新聞記事を掲載したが、具体的に該当する航空路線
を見出すことは出来なかった。探し出す方法が不味いのか、新聞記事ほ
どに世間の認識があまりないのか、あるいは、戦争の影響があるのか、
いずれにせよ民間定期航空路線は昭和 17 年以降急速に縮小していった。

　こうした状況から果たして吟子は航空機を利用したのだろうか。おそ
らくは「NO」であったに違いない。

参考　昭和 4 年大阪木津川飛行場（写真 9-22）は中継、出発地として供用開始。昭和 14 年
伊丹開港により閉鎖された。

東京 — 福岡 — 大連線
(年中無休)

11.30	5.00	發	東　京	着	8.10	2.40
1.20/1.30	↓	着發	名 古 屋	發着	↑	12.50/12.40
※2.20/2.40	7.10/8.00	着發	大　阪	發着	6.00/5.50	11.50/11.30
※5.40	11.00/11.10	着發	福　岡	發着	2.50/2.40	8.30
	12.50/1.00	着發	蔚　山	發着	1.00/12.40	
	2.50/3.00	着發	京　城	發着	10.50/10.40	
	4.10/4.20	着發	平　壤	發着	9.30/9.20	
	5.20/5.30	着發	新 義 州	發着	8.20/8.00	
(大連時間)	6.10	着	大　連	發	5.20	(大連時間)

1. ※の發着時間は日、月、水、金曜日のみ就航、火、本、土曜日は臺灣行連絡の爲め大阪發午前5.00、福岡發午前8.00に繰上げます。
2. 赤字は郵便機の發着時間。(旅客、貨物は搭載しません)
3. 太字は午後。

毎　日	毎...
11.30	5.00
1.20/1.30	↓
2.20	7.10
日・月・水・金	火・本・...
2.40	5.00
5.40	※8.00/8.10
	※11.50/12.20
(臺灣時間)	※2.10

1. ※はダグラス旅客機使用...
   下り便　福岡發午前8...
   上り便　臺北發午前8...
2. 赤字は郵便機發着時間。
3. 太字は午後。

旅客賃金・距離表

東京	20円	30円	65円	125円	175円	80円	105円	118円	130円	151円	147円	165円	186円	208円	256円	277円
296粁	名古屋	10	45	105	155	53	85	110	131	127	145	155	188	236	257	
435	159粁	大阪	35	95	145	53	75	89	100	121	117	135	156	178	225	247
935	639	500粁	福岡	50	110	18	40	63	65	86	82	100	121	143	191	212
1845	1549	1410	910粁	那覇	50	78	100	113	125	146	142	160	181	203	251	272
2545	2249	2110	1610	700粁	臺北	128	150	163	175	196	192	210	231	253	301	322
1175	879	740	240	1150	1850粁	蔚山	22	35	47	68	64	82	103	125	173	194
1435	1189	1050	550	1460	2160	310粁	京城	13	25	46	42	60	81	103	151	172
1685	1389	1250	750	1660	2360	510	200粁	平壤	12	33	29	47	68	90	138	159
1845	1549	1410	910	1820	2520	670	360	160粁	新義州	25	17	35	56	78	126	147
2118	1822	1683	1183	2093	2793	943	633	433	273粁	大連	16	34	55	77	125	146
2055	1759	1620	1120	2030	2730	880	570	370	210	855粁	奉天	18	39	61	109	130
2350	2054	1895	1395	2305	3005	1155	845	645	485	630	275粁	新京	21	43	91	112
2565	2269	2130	1630	2540	3240	1390	1080	880	720	865	510	235粁	ハルビン	22	70	91
2840	2544	2405	1905	2815	3515	1660	1355	1155	995	1140	785	510	275粁	チチハル	48	69
3240	2944	2805	2305	3215	3915	2065	1755	1555	1395	1540	1185	910	675	400粁	ハイラル	21
3415	3119	2980	2480	3390	4090	2240	1930	1730	1570	1715	1360	1085	850	575	175粁	滿洲里

写真 9-21-2　「定期航空案内日本航空輸送」時間表他 (S.11.04 ～ 08)

写真 9-22　木津川尻飛行場

参考文献

『日本航空史　昭和前期篇』（財）日本航空協会、S.50.09
『値段史年表　明治・大正・昭和』週刊朝日、朝日新聞社、S.63.06
『大日本帝国の海外鉄道』小牟田哲彦、東京堂出版、H.27.11
『日本航空輸送株式会社十年史』日本航空輸送株式会社、S.13.11
「定期航空案内昭和十一年四月→八月」逓信省、日本航空輸送他、S.11.04

＊新聞記事は神戸大学経済経営研究所「新聞記事文庫」から多くを引用

3　北方から大阪・神戸・京都さらに満州へ

　吟子が大阪へ出ることになったのは、大正15年の春、高等女学校を卒業して間もなくのことである。これによって、初めて岐阜県の北方以外の土地を知ることになり、北方から大阪・神戸・京都、さらには満州へと吟子の行動範囲は大きく拡がっていった。満州への旅は前に述べたが、吟子の生家北方から、どのような交通機関を利用して旅をしたのだろうか、ここでは当時の北方周辺交通網の様子を見てみる。

　北方から大阪へ出るには東海道本線を利用したことは間違いない。この時どこの駅で乗車したのであろうか。穂積あるいは岐阜の二駅が考えられ、二つのどちらかの経路を利用することになる。北方は大正3年（1914）3月開業の岐北軽便鉄道本社（写真9-23）の所在地になっている。

忠節―北方間6.6kmの路線（写真9-24）は、地元地域の有力者らによって設立され、本巣郡の物資集散地として運行していた。

　写真9-25は岐阜市を中心としてみた交通網の絵葉書。大正9年（1920）11月高山線岐阜―各務ヶ原間13.2km開通直前の発行で

写真9-23　岐北軽便鉄道（『岐阜のチンチン電車』より）

ある。

　岐阜市内線徹明町―千手堂―忠節橋駅間の開通は、5年後の大正14年まで待たなければならない。この時の忠節橋駅は長良川の南に位置しており、川を渡ってはいなかった。現在の忠節橋の竣工は昭和23年。これを機に電車は川を渡ることになる。私の父は橋を歩いて渡り、中学校へ通学。父の弟も歩いて税務署へ通勤していたが、結核罹患により解雇。そ

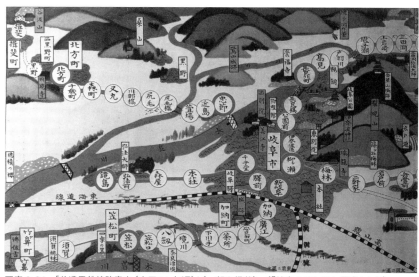

写真9-24　「美濃電鉄線路案内（大正11年頃）」（一部を掲載）（『岐阜のチンチン電車』より）

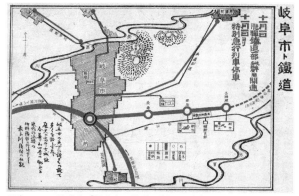

写真9-25　絵葉書「岐阜市と鉄道」（大正9年）

373

の後、忠節橋を初めて電車に乗って渡り、映画鑑賞に行ったが、その後しばらくして亡くなっている。叔父が電車で忠節橋を渡ったのは、この一度だけであったという。

　開通から昭和の時代までは活気があふれ、人の交流、物資の輸送が増加して経済発展の基盤となり、人々の目は輝いていたであろう。しかし、今では、もう鉄道がない。廃線になってしまった。鉄道の通らない街が、はたして良い街と言えるであろうか。

　話を吟子に戻そう。北方駅（後年美濃北方に改称）の一駅東北方千歳町駅から美濃電気軌道（旧岐北軌道）に乗車して忠節で下車。徒歩で忠節橋を渡り、忠節橋駅で市内線に乗って岐阜駅（写真 9-26 ～ 28）へ。ここで東海道本線に乗車することになる。

　大正末期の岐阜駅はどのようであったのだろうか。現在、高架下の岐阜駅は六代目の建物である。岐阜駅は明治 20 年（1887）1 月加納停車場として発足し、それ以降、位置や建物は何度も代わっている。写真の駅は三代目の岐阜駅で大正 2 年（1913）7 月東海道線の現在位置への移動と同時開業。昭和 20 年 7 月 9 日戦災焼失するまで利用されていた。しかし、ゴシック風のハイカラな建築だったが関西鉄道の愛知駅（名古屋市）を移築したため「県都の玄関が中古品では…」と市民の不満もあったという。

　もうひとつは、穂積駅から乗車する経路である。この場合徒歩または乗合自動車利用で辿り着くことになる。吟子の生家から穂積駅まで約 4.8km の距離であり、徒歩でも十分可能な距離である。大正 14 年生まれの父の小学校高等科修学旅行は京都・奈良であり、小学校から穂積駅までを歩いたという。昭和 14 年

写真 9-26　岐阜停車場（玄関側広場の様子）

秋のことである。気丈な吟子のことである、彼女も徒歩であった可能性は充分にある。

　大正末期から主要駅には乗合自動車が並ぶようになり、荷物などがあればそれを利用して行くのも不思議ではない。写真9-29は、岐北軽便鉄道が美濃電気軌道に吸収合併（T.10.11）されて、しばらくしてからの北方駅の様子。

　さて、吟子はどちらを選択したであろう。

参考文献

『岐阜のチンチン電車』伊藤正、
　　郷土出版社、1997.11
『土木学会論文集土木史』72巻1
　　号土木学会、2016.06
『岐阜駅物語』渡利正彦、岐阜新
　　聞社、H.13.11
『写真集　岐阜百年』中日新聞本社、
　　S.61.11

写真9-27　岐阜停車場（駅構内）

写真9-28　岐阜停車場（玄関）

写真9-29　北方駅西側に並ぶ乗合自動車（大正13年頃）
（『岐阜のチンチン電車』より）

第10章
豊橋の時代

1　豊橋とは

　豊橋は鷹三が生まれ育った愛知県三河部にある地方中核都市で、明治39年（1906）愛知県で2番目、全国では62番目に市制施行したところである。吟子は新京から帰国後、大阪に一時住むことになる。終戦が近づいた頃、鷹三の豊川への転属に伴って、豊橋に移り住むことになった。それ以後、平成5年（1993）に亡くなるまで、この地を離れていない。

　私は吟子の足取りを追って豊橋へ三度、豊川へは二度ほど足を運んでいる。東名豊川インターチェンジを降り、伊那街道（国道151号線）を南下し、姫街道（御油宿・豊川市～見付宿・磐田市）に入る。その後、豊川に架かる当古橋（江戸時代には当古の渡しがあったところ）を越え、豊橋創造大学を目指し、さらに、豊川の支流である朝倉川に架かる朝倉橋（写真10-1）を渡って豊橋市街地に入ると、そこが飽海町である。

　飽海町は豊橋空襲の被害に遭わなかった地区であり、今でも郷愁が感じ取られ、一歩入れば街路が狭く、不便さを感じさせるところもあるが、閑静な住宅街である。また、西には市役所、吉田城や美術博物館を含んだ豊橋公園があり、飽海町のすぐ西には道路を挟んで豊橋刑務支所が隣

写真 10-1　朝倉川に架かる朝倉橋

写真10-2　当初磯部医院のあった付近（道路右側中央付近）

接している。

　飽海の地名は豊川からきている。豊川の名称変遷を辿れば、古代は飽海川、その後は吉田川、明治時代に入ってからは豊川と呼ばれるようになる。豊川放水路ができる以前は洪水に弄ばれていたであろう。『豊橋市史』によれば「豊橋地域の中心となったのは渥美すなわち飽海であろう。そこを流れて海にそそぐ川（豊川）を飽海川と呼び、その渡し場を飽海の渡しと呼んだことは承和2年（835）の大政官府に見るごとくである」と記されている。

　磯部鷹三は自宅から歩いて少し離れた同じ飽海町に最初の診療所を開設する。その場所は東海道と本坂道（別称姫街道）を結ぶ吉田道（吉田宿〜嵩山宿・和田）沿いであり、さらには信州飯田に至る別所街道でもあり、脇街道として重要な場所であった。写真10-2は診療所があった付近の現在の吉田道（姫街道の一部）・別所街道である。

2　豊橋以前

「豊橋の時代」の中では、鷹三の経歴などに多く触れることになる。それは二人を組み合わせて語らなければ意味がなくなってしまうからである。吟子と同様に鷹三が多方面に活躍した人物であった。そこにも光を当てて然るべきだと思う。時代背景を知る上でも必要であり、慶応義塾大学、豊橋医師会などの事柄も含ませていく。

　ここで一つの問題に触れておきたい。『月刊ぎふ』の連載である。「軍務を忌避して離脱した軍医と有名女優の逃避行」とある。モデルは吟子と鷹三であり、離脱に至った理由は「731部隊への転属命令、さらに豊橋に戻り、ひっそりと医業を行った」というものだ。このことが事実で

あれば社会から抹殺され、戦後になっても明るい道を歩むことは出来ないであろう。しかし、誰かが一度誤った情報を発信し、それが明らかに間違っていても後から訂正する場合、言い訳に聞こえて、打ち消す作業はいい加減な発信よりも過大な労力がいる。

　この問題は、防衛研究所戦誌研究センターへの問い合わせによって念入りに確認すれば、「憲兵と警察の連携」「満州国と日本警察の連携」「兵役法第74条」から明らかに誤りであり、今後この手の情報発信は願い下げにしてもらいたい。

　話を戻そう。吟子は昭和13年（1938）末までには出産（？）のために帰国している。鷹三は昭和14年海軍に応召し、昭和16年からは大阪府警察部衛生課衛生技師として働いている。

3　豊川海軍共済病院（豊川海軍工廠）

　鷹三は豊川海軍共済病院に赴任することで郷里豊橋に戻ることになった。これ以降、豊橋からは出ていない。しかし、鷹三は豊橋市内の住所を転々としている。吟子の終の住居となる牛川乗小路を含めて私が調べただけでも、旭町に4ヶ所、飽海町に3ヶ所の計8ヶ所にも上る。ただし、後に開業したために自宅と診療所が重複していることもある。それにしても多い。

　共済病院での鷹三に関する資料はあまり見当たらない。昭和20年海軍軍医少佐に昇進、「豊川海軍共済病院保健婦第二期生教育科目表」の中に、「環境衛生　［医務部］　磯部［鷹三］軍医少佐」と書かれている。東洋一の兵器製造工場であった豊川海軍工廠は、昭和20年（1945）8月7日10：30空襲によって約2700名近く（後出の大島 Dr. は詳細な調査でこれ以上の人数を出している）の犠牲者が出た。共済病院も隣接しており、多数の犠牲者が出ているにもかかわらず鷹三は幸い難を逃れている。

　「警報発令をもう5分早くしてほしい。……」警報が発令されたかは不明である。空襲前の会議に出たこの言葉が履行されていれば、もっと犠

牲者は激減していたはずである。少し【寄り道】をしよう。

大島信雄

「豊川海軍工廠」「磯部鷹三」「峰吟子」と私を繋いだ人物がいた。

　私が『ああ豊川女子挺身隊—8.7 豊川海軍工廠の悲劇』（写真 10-3）と名付けられた本に出合ったのは、平成も終わりに近づいた 30 年 2 月 11日であった。名鉄豊川線諏訪町駅で降り、大島内科クリニック（現在廃業）の院長であった大島信雄 Dr. にお会いし、私の話を快く聞いていただいた時である。帰り際にこの本を頂戴した（鷹三は第二代八七会会長として、この本に序文を寄稿している）。

　なぜ、豊川の大島 Dr. のもとを訪れたのか。それまで吟子が後半生を過ごした豊橋での生活の手掛かりがあまりなく、「磯部鷹三が豊川の保健所長を務めた」ということだけであった。大島 Dr. が郷土史（医史）や豊川海軍工廠について詳細に調べ、発表されていることを知り、豊川というキーワードと結びついた。お邪魔したことは大正解であり、展望も開けた。加えて鷹三の資料を、まだ私が帰宅する前に早速調べてメールで送っていただいた。

　大島 Dr. の調査能力のすごさには驚く。その背景には、彼の戦時中の壮絶な体験がそうした行動を生み出したのであろう。特に豊川海軍工廠については自身と重ねているようである。『豊川医師会史第一巻』の序文に、「彼（大島）無くして刊行はあり得なかった」と書かれているように、過去の出来事を記録に残すこと

写真 10-3
『ああ豊川女子挺身隊』

写真 10-4
『東京罹災日記』

に執念を燃やされたのだろう。大島信雄 Dr. の経歴を振り返ってみる。

昭和11年3月5日　　大島辰次・芳子の三男として東京本所で誕生

昭和19年8月21日　戦争のため次男芳雄、三男信雄新潟へ学童集団
　　　　　　　　　　　疎開

昭和20年3月9日　　東京大空襲で祖母はゑ（70）、母芳子（34）

　　　　　　　　　　　次男芳雄（12）［小6／中学進学のため一時帰京中］

　　　　　　　　　　　四男広海（6）［焼死］

［自宅近くの防火用水槽の傍で一緒に避難した四人全部固くなっていた］

　　　　　　　　　　　辰次（43）［頭、背中、足にかなりの火傷を負う］

昭和20年10月28日信雄新潟から帰京、父子二人の生活開始

昭和21年2月　　　　猿投に入植、［電気水道なし。本当の苦労が始まる］

昭和35年3月　　　　挙母高校卒業後、名古屋大学医学部卒業

昭和52年1月　　　　豊川市民病院勤務後、大島内科クリニック開業

昭和61年1月14日　大島辰次死亡（84）

平成4年5月　　　　『東京罹災日記』出版（写真10-4）

略歴を見れば、多くを語らなくてもわかるであろう。

参考文献1,2

『豊橋市史　第一巻』豊橋市史編集委員会、豊橋市、S.48.03
『豊橋市史　第二巻』豊橋市史編集委員会、豊橋市、S.50.11
『仁林家傳』仁林俊郎、ぐうたら舎、2018.01
『月刊ぎふ』No.222 ～ 296、北白川書房、2003.06 ～ 2005.06
『豊橋医師会史　第四巻』豊橋医師会史編集委員会、豊橋医師会、S.58.10
『大阪府職員録昭和16年10月1日現在』大阪府総務部人事課、S.16.12

参考文献3

『豊川海軍共済病院の記録』大島信雄、S.59.06
『ああ豊川女子挺身隊—8.7 豊川海軍工廠の悲劇』辻豊次、甲陽書房、S.38.08
『東京罹災日記　東京大空襲から一年を生き延びて』大島辰次（信雄）、日本図書センター、
　1992.05

4　開業までの道程と磯部医院

　鷹三は、昭和21年豊川海軍共済病院から財団法人浜名園理事長に転出している。

　浜名園は昭和13年3月浜名湖の開発に関わった飛島組が「浜名湖ホテル」として開業。当時としてはあまりにも高級志向であったのと、戦争の気配を感じさせる時代背景などによって昭和14年10月には休業することになる。その後、海軍に売却されて海軍傷病兵の療養所として更生活用され、役目を終えた終戦後は箱根芦ノ湖畔箱根プリンスホテル和風別館「竜宮殿」として昭和32年（1957）に開業して生まれ変わっている。

　「海軍療養所になる浜名湖ホテル浜名湖ホテルは久しく空き家になっていたがこの豪華な建物、土地一切が今回海軍側に売却譲渡され、決戦化に海軍傷病兵の療養所として更生活用されることになった。…」

（「中部日本新聞」S.18.08.06）

　昭和22年12月、厚生省の委託を受けて、社会保険中京病院の創設に関わり副院長に就任している。旧三菱航空機製作所付属病院を買収して社会保険診療を模範的に実施する目的で開設されたところだ。当時は未だ55床とベッド数は少なく、鷹三の役割は、満州での医療系官僚であった経験を活かし、本省や県などの役所との調整役などにも手腕を発揮したものと思われる。

　その後、磯部医院を開業することになる。

　「磯部鷹三先生、白壁造りの磯部医院（豊橋市旭町）を開院／昭25とも、昭26ともいう……」

（『豊川海軍共済病院の記録』）

　この記事からは開業時期が曖昧であるが、開業は昭和24年である。開業当初の場所（飽海町の吉田道沿い）から旭町に移転した時期が明確ではないということだ。飽海町の古老の話では、開業から暫くはあまり流行っていなかったようだが、旭町に開業してからは順調に経営されていた。

鷹三を『豊橋市医師会史』の中で探っていると、一つの記述が目に留まった。「国民健康保険法」改正施行（S.23.07.01）にあたって、医療者側は各国保組合と協定を結ぶ必要があり、医師会が会員をまとめて協定書を取り交わしたのである。この時、豊橋市医師会会長への委任状（S.23.10.01）提出者は84名であり、辞退者は10名あった。この辞退者の中に磯部鷹三がいた。何故か、どのような考えを持っていたのだろうか。

　国民健康保険制度は昭和33年（1958）12月の旧法全面改正によって国民皆保険に進むことになる。医療者側から見て数多くの問題点を含んでいたために、当時の日本医師会は反対の立場をとっている。しかし、昭和36年（1961）に国民皆保険は実現達成されている。

　「国民皆保険」「医療保険制度」などを取り上げた本から、断片的な言葉を拾ってみれば、医療者側の考え方もわかってくる。

　「保険診療というのは、言葉は悪いが医者にとっては慈善事業であり、医療保険はほとんど機能しなかった」「医師（医療）の自由を侵されたくない。医療の国家管理（官僚統制）への反発」「国民皆保険になると自由診療に制限がなされ、そのことは収入減にもつながる」「昭和24年までは自由診療が大半であった」「23年秋ごろからようやく保険診療をする医師が増え、開業医の多くも、確実に診療費のとれる保険診療の利点を認識し始めた」　　　　　　　　　　　（有岡次郎・前田信雄）

　鷹三が開業した昭和24年当時の社会情勢は、日本は未だ貧乏であり、国民健康保険制度を着実に根付くようにするには、幾多の問題を克服する必要があった。物価高はインフレによって引き起こされているものの、診療報酬は昭和23年（1948）以降6年間据え置かれて開業医の生活は苦しく、また、保険料の滞納が多く、保険財政は赤字であり、医療財源のない国や健保組合に対して不満が噴出していた。

　この状態の解消法として昭和29年に生まれたのが「医師優遇税制（通称28％特別措置）」と言われる租税特別措置法26条である。「診療報酬単価を据え置いたままにして、開業医の税金を軽減する」ことで決着

をつけたのであった。「診療報酬の72％は必要経費、28％が課税分」となり、双方の打算の産物であり、ここにも当時日本医師会副会長であった武見の力が及んでいる。

こうした状況は昭和53年に法改正されるまで続いていた。『豊橋医師会史』の中で、磯部医院は医師優遇税制が適用された年と前年度の納税額を比較すれば、一割強増額されたと記されている。優遇によって減額した開業医が多い中、増額とはどのような解釈をすればよいのか、単純に「ますます繁盛している」と考えればよいのだろうか。

磯部医院開業当時は医療制度の大きな変革期でもあった。私がどうしても納得できないことは「"なぜ"鷹三が昭和24年の開業から10年で廃業したのか、まだ56歳であり初老に差し掛かっただけなのに」ということだ。私の知る限り、近隣の開業医では子供（跡継ぎ）がいないのか、あるいは子の能力がない以外は、ほぼ医業を継いでいる。鷹三の場合、経歴、医院の経営状況、などの問題はなく、子供に関しても医師になる能力は充分に備わっている。

ただし、昔は夜中に呼び出され、時間外に患者を診ることは頻繁にあり、今日とはまるでストレスの度合いが違っただろう。

廃業の理由は他人にはわからない。鷹三の心の中も覗くことは出来ない。私はもったいないという言葉を使うが間違っているだろうか。

少し遡って鷹三は慶應時代、何を学んでいたのか、交友関係はどうであったのか、大いに興味があり、日本医師会会長武見太郎、加藤生理学教室加藤元一、細菌学小林六造などの話を挿入し【寄り道】する。

武見太郎

武見太郎と鷹三は同学年の生まれ年であり、病弱であったことや、他の学校で学んでいて回り道したことなど、理由は違うが少し遅れて慶応に入学したのも同じ歳であった。二人の経歴は卒業後、臨床と基礎に分かれるが昭和10年代までは下記のようにほぼ同じようである。

武見太郎	磯部鷹三
明治 37 年（1904）3 月京都で誕生	明治 36 年 5 月愛知県大沼村で誕生
大正 12 年（1923）慶応義塾大学医 　　学部入学	──────→　　　〃
昭和 5 年（1930）慶應卒業西野内科 　　入局 　　（幹部候補生として軍医少尉に任官）	昭和 5 年慶應卒業加藤生理学教室 　　入局 　　（二年の現役海軍軍医中尉）
昭和 12 年（1937）理化学研究所 　　（仁科研究室勤務〜 S.26.01）	昭和 11 年内務省推薦で満州国転出
昭和 25 年（1950）3 月日本医師会 　　副会長	昭和 24 年磯部医院開業
昭和 32 年（1957）4 月日本医師会 　　会長	昭和 34 年 7 月豊川保健所長就任

　私の世代の多くは日本医師会会長として武見の名前を知っている。「けんか太郎」の名前をほしいままに突き進んだ人物としてである。ただし、彼の著作や他者が描いた彼を読むことによって違和感が消えていくことになる。

　医者の本音は当然、医療報酬 UP や所得の増加であり、これが究極の目的となる。この目的は他の業界団体でも同じことであって、別段不思議なことではない。「命を預かるものとして」と奇妙なことを言われれば、少し躊躇するところもある。しかし、それ以外は何ら一般と変わらないであろう。

　「けんか太郎」の私生活はスキャンダルが皆無である。武見はあまり人前での飲酒はせず、女性関係も醜聞は聞かれず、診療所収入や医師会報酬も明確にしており、今の政治家（屋）とはまるで人種が違っている。

　武見は自分の出身校である慶應に対してあまり悪口を言わなかったが、「医学部で見るべき業績を残したのは細菌学を中心としたもので、それは北里柴三郎に代表されるものだけだ」と言っていた。これは少し言い

過ぎであり、武見といえども、もっと基礎分野を知るべきであった。当時小林六造（後に他者がノーベル賞受賞）、加藤元一（パブロフによるノーベル賞への推薦）などを輩出し、臨床の慶應と言われながらも、基礎分野でも着実に実績を積み上げていた。

　三河の中心である豊橋は東京に比べれば明らかに田舎であり、鷹三は武見を通じて多くの情報を得ることは十分考えられる。豊橋医師会内での発言も武見の影響を大いに受けていた可能性は充分ある。

加藤元一

　鷹三は卒業と同時に加藤元一（写真10-5）生理学教室に入局する。加藤は大正7年（1918）、28歳の若さで新設されたばかりの慶應義塾大学医学部の初代生理学教授に任命されている。

　戦前の日本からノーベル賞が出ることはなかったにもかかわらず、「生理学・医学賞」の分野において、選考過程では多くの日本人の名前が挙げられている。加藤元一もその一人であり、昭和3年（1928）、昭和10年、昭和12年の三度に亘って推薦されている。特に昭和10年（1935）には、明治37年（1904）にノーベル賞受賞者となったパヴロフ（犬の条件反射で有名）の推薦があり、受賞の可能性が極めて高いと思われていた。

　加藤の「不減衰学説（1924）」はそれまでVerwornが唱えた減衰学説を覆し、神経生理学の発展に大きく寄与している。不減衰学説とは「正常な神経を興奮が伝導するときには、どこまで伝導されても少しも減衰を受けない。換言すれば伝導につれて興奮が小さくなることのないのは周知のことで、これを人体で云うならば、運動神経を伝導していく興奮は、脊髄を出たばかりの前根のあたりでも、又坐骨神経を伝導して行って足の腓腸筋の近くに達した時でも同じ大きさを保っている」であり、さらに加藤の単一神経繊維生体剔出は「1929年頃まで、神経の実験には神経繊維の束を用いて得た結果から、個々の神経繊維の性質を論じていたが、これにはかなり無理があり、個々の単一神経繊維での実験が熱

望されていた」が、昭和5
年（1930）に世界最初の成
功を収めた。この年に鷹三
は活気あふれる生理学教室
に入局し、加藤元一指導の
下昭和10年（1935）博士
号を取得している。

写真 10-5　加藤元一教授（第三回卒業記念から）

　鷹三の学位論文は［神経
に於ける刺戟電流の拡圏及
びその範囲に関する研究］。『慶應医学』5編（1934 ～ 1935）、『日新医学』
3編（1935）に掲載され、これらは国立国会図書館で入手することがで
きる。

小林六造

　小林六造（写真10-6）は鷹三に対して、大学時代に細菌学の教授とし
て講義を行い、教授と学生、ただそれだけの関係であろう。なぜ小林の
名前が出るのか。「昭和14年満州国官吏から召集を受けて731部隊に
配属されようとするが、それを嫌って“吟子”と二人で逃亡」と書かれ
た雑誌があり、731部隊と近い関係にある慶応大学小林細菌学教室を私
なりに調べてみた。

　小林六造の業績は多大である。破傷風の研究で博士号を取得。感染症
とその免疫、細菌学の基礎研究、臨床細菌学や獣疫などの分野にも拡げ、
昭和初頭からは十数年にわたり“感染症とその免疫”の研究を徹底的に
展開している。

　チフス菌（腸チフス）、ペストなどもその中に入り、生物兵器にいつ
でも転用される可能性があるものも対象としている。

　小林が負い目とするところは、731部隊からの受託研究や戦後731部
隊の実験結果を基にした研究の博士論文の審査にあたったことであろう。

　上記の指摘は重箱の隅を突くことか、あるいは科学者としての姿勢を

写真 10-6　小林六造教授
（第三回卒業記念から）

写真 10-7　『細菌学雑誌』
（岐阜大学医学部図書館所蔵）

追及するのか正直私には理解できない。しかし、当時の状況を考えれば自然な成り行きに思えてならない。

　小林の業績は華々しいもので、また、世界的な価値を持つものであり、ノーベル賞に値する発見をしながら、当時の状況からは日の目を見ることが出来ず、さらには Palmer の論文（1954）によって“胃内細菌の存在が完全に否定”されたことは残念であった。Marshall と Warren はこの学会内での定説を覆し、平成 17 年（2005）ノーベル生理学医学賞を受賞している。

　小林は大正 7 年（1918）に「犬胃ニ常存スル Spirochaeta ニ就キテ」を『細菌学雑誌』（写真 10-7）に論文投稿。翌 8 年には『The Journal of Parasitology』に投稿し世界に発信。この中ですでにサルバルサンにて胃内の除菌を行っているが、Marshall らがノーベル賞受賞して以降、消化器内科や外科の臨床系医師が著した幾冊かの本にはあまり小林の名前は出ず、かれらのピロリ菌発見の功績から始められている。“誰がピロリ菌を発見したのか”よりも“ピロリ菌の性質を探求するために、自らの胃に入れて感染させて観察したこと”に重きを置いている。ヘリコバクター・ピロリ（ピロリ菌）の名前は難しそうな感じを与えるが、helico ＝

らせん状（面）の、bacter（細菌）、pylori（胃の出口幽門部付近）であり、容易い言葉である。

"ノーベル賞"とは何か。岡本拓司のノーベル賞に対する冷静な見方が的を射ているのではないか。「ノーベル賞は高い威信を誇る賞とはいえ、所詮は賞である。個々の受賞が受賞者や受賞者の所属する機関に与えられる影響は大きい可能性があるが、科学の歴史全般に与える影響は限定されたものに過ぎない」

ノーベル賞受賞対象研究の幾つかは、後年になって誤りであったことが判明し、また、本来の意義から外れて、近年は国別対抗戦の様相を呈している。

731部隊（関東軍防疫給水部）は陸軍であり、鷹三は海軍。専攻の神経生理学は戦争兵器の基礎研究と迎合するのか。防疫に関しても関わったかは不明であり、鷹三と731部隊との関係は全く無関係であるとは言い切れないものの、可能性はかなり低いと思われる。

参考文献4

『豊川海軍共済病院の記録 私たちの戦争 追補年表記録集』大島信雄、S.59.06 ～ 09
『豊橋市医師会史 第四巻』豊橋市医師会、S.58.10
『戦後医療の五十年 医療保険制度の舞台裏』有岡二郎、日本医事新報社、1997.08
『国民皆保険への途』前田信雄、勁草書房、2016.08
『誰も書かなかった日本医師会』水野肇、草思社、2003.08
『戦前戦中戦後』武見太郎、講談社、S.57.03
『私の履歴書 文化人 17』日本経済新聞社、S.59.06
『日本医史学雑誌』36-1、日本医史学会、H.02.01
『哲学・科学史論叢』4、東京大学教養学部哲学・科学史部会、H.14.01
『慶應大学医学部 第三回卒業記念』慶應大学医学部、1925
『科学者の歩める道 不滅衰学説から単一神経繊維まで』加藤元一、南江堂、S.32.09
『生理学の常識』加藤元一、東京開成館、S.18.08
『細菌学雑誌』1918 巻 276 号、細菌学雑誌社、1918.09
『The Journal of Parasitology vol.6 no.1』The American Society of Parasitologists , 1919.09
『現代化学』no.433、東京化学同人、2007.04

5　豊川保健所長

　鷹三は、昭和34年（1959）7月開業医から豊川保健所長に転身する。このことを当時の地元紙は次のように伝えている。

　「梅干しのうたの心境／豊川保健所長磯部鷹三さん」…旭町の静かな住宅街で開業していた磯部鷹三医博が豊川保健所長になった。あれ？どうした心境の変化だろう。お役人が恋しかったのか…などと取り巻き連中はあっけにとられた形だったが、ご本人は“梅干しの心境”で表面上はともかく、心底には固い意志を秘め、これからの衛生行政に打ち込もうとしている。　ある人に是非にと懇望され、初老に達した五十六歳の磯部さんが、あえて市政の中へ飛び込んだ梅干しの心境というのは、明治から大正にかけて歌われたこの歌の中に現れている。

　［梅干しのうた］　シワは寄っても若い気で小さな君らの仲間入り、運動会に持っていく。ましてイクサのその時はなくてはならぬこのワタシ

　…官界の功績は厚生技官、従五位、勲四等を授けられ、高等官三等に累進したことでわかるように、明敏な頭脳と誰にも好かれる人間味を備えた人。戦争を体験せず、そのまま厚生技官を続けていけば、いまごろ功成り、名を遂げていることだろうが、その後、郷里でつつましい生活を送っていた氏が、再び第一線の県吏員へ舞い戻るということは実に生易しいものではなかったに違いない。氏はただ一言“梅干しのうた”に例えているが、察するに人生の後半に花を咲かすべく、広く社会と隣接し、かつ広く奉仕することに意義を見つけ出したのだろう。

（「不二タイムス」S.34.07.13）

　転身には何かのキッカケがあったことには間違いない。しかし、彼の心の内は時が経った今日では計り知ることは出来ないものになってしまっている。

　吟子は鷹三が豊川保健所長に転じて間もない時に、地元紙から取材を受けている（写真10-8）。

「磯部病院長夫人／磯部夏子／えと文柴田正二」…この前お目にかかっ
たのが、昭和二十八年だったから早いもので、もう七年ぶりになる。そ
の時のことをちゃんと覚えておられて、『先ほどお電話があった時、お
顔がすぐ浮かびましたわ。柴田さんのお顔って、一度お目にかかったら
忘れませんものね』それ程僕が、特徴ある美男型とは、我乍ら思わな
かったが、この人の顔は、見れば見る程キレイだなあ。

　豊橋に住まれて既に二十年、もうすっかり豊橋人になり切っておられ
るが、それでも昔の大女優峰吟子としての面影が、その見事な鼻筋に
残っていて、美人というものは年を取らないものだと、つくづく感心し
た。僕がまだ学生時代、"この太陽"だったか"心の日月"だったか、
そのへんは分明でないが、断髪の凄いヴァンプ役のこの人が、入江たか
子の恋人島耕二を誘惑するシーンはむせぶばかりの体臭を感じた。『あ
ら、誰やらさんも、そんなことを仰言ったわ。そうかしら』と御自分で
はさほど歓心なさらず、『だけど、入江さんも美人薄命の見本みたいで、
今はお気の毒のようね』、『その点奥さんは美人幸福の見本』と言ったら、
『さあどうかなあ、フフフフ』

　御主人照れて隣室へ退散。スケッチを了えて、煙草に火を点けたら、
『あら、ガスストーブが全開のまま、火が点けてなかったわ』ウワッ、
助けてくれえ。　　　　　　　　　　　（「不二タイムス」S.35.01.23）

　昭和35年（1960）9月には同じ地元紙から二度目の取材を受けている。
この中には子息の5歳下の妹も登場している。吟子の復帰に対する思
いや、家庭の温かさが感じ取られる記事となっている。

**「テレビ・タレントへ／元映画スター峰吟子さんに／NHKから誘いの
手／豊橋」**

　無声映画時代に"この太陽"に主演するなど百本近くの映画に出演、
第一線スターとして一世を風靡した峰吟子さん＝本名磯部夏子さん
（52）をテレビスターにして昔のファンに、その面影を偲んでもらおう
とNHK名古屋放送局藤本清番組制作部長らが働きかけている。　そこ
で豊橋市旭町に医師の御主人鷹三さんと二人だけで静かに暮らしている

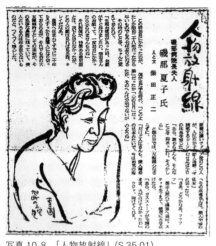

写真 10-8 「人物放射線」(S.35.01)

峰さんを訪問、当時の思い出と、今の心境を聞いてみた。

峰吟子と言えばオールドファンなら誰でも知っているトップスターだった。昭和元年に学校を出て間もなく、岡田嘉子がソ連へ越境してしまったため、その後ガマを探していた日活の目にとまり、昭和四年四月二十歳の時に映画界入りした。"この太陽"の主人公蘭子を演じ、これがデビュー作となった。この映画には村田実監督、小杉勇、島耕二（映画監督）、夏川静江、入江たか子らと共演だった。

昭和九年ごろ、無声映画からトーキーに切り替えられるころ、自由のない映画生活がイヤになり"フランスお政"を最後に、足かけ五年の映画生活にピリオドを打ち、家庭の人となってしまった。その後、何度も誘いはあったが断わり続け、戦争中、鷹三さんの郷里である豊橋に住まいを移した。

六年ほど前にも東映で小杉勇監督が"この太陽"を再映したいから、蘭子の母親の役をやってくれないかと勧められたが、長い間やっていないからと断った。それでも当時一緒に働いた田中春男や夏川静江などが、ロケの帰りなどに寄ると昔のスター時代がなつかしくなり、もう一度やってみたい気持ちになることもあるそうだ。

テレビ出演については、「まだ話は来ていないが、もし話があっても、やる気持ちはない。何しろ映画界から足を洗ってもう二十七年にもなりますからね。もう少し若かったらやってみたいと思いますが…。この年でやって昔の峰吟子と比べられて批判されてはたまらないし、夢を壊したくありません」と語っている。

なお、娘の千尋さん（15）▽東京文化学院英語科一年生▽は将来映画

スターになりたいとの希望を持って勉強しているそうだ。これについて「娘が本気でやりたいというから、やらせてみたいと思い、それには何でもやりこなすことのできる万能選手にならなければならないと云って聞かせています」と賛成しています。

　藤本NHK番組制作部長の話／豊橋に昔の映画スターがいるが、テレビにどうかという話を豊橋の支局から聞いていますし、私の方にしても、担当にその旨連絡はしています。適役でもあればと思っていますが、さて実際にはどうでしょうか。まだ話の段階ですし、ご主人は賛成のようですが……
　　　　　　　　　　　　　　　　　　　　（「不二タイムス」S.35.09.20）

　吟子が「この太陽」蘭子の母親の役をやってくれないかと言われても、原作にはそのような人物は登場しない。もしも、彼女が映画出演するとすればシナリオはどのように表現して書かれるのか見てみたいものであった。もし、出演していれば吟子の実写フィルムが残ることになり、初老の姿を見ることが出来た。初老とはいえ吟子を見る唯一の機会が失われた。無理をしてでも出演してくれていればと思うのだが大変残念である。

参考文献5

『豊川市医師会史　第二巻　旧宝飯郡医事編年史』豊川市医師会、H.09.03
「梅干しのうたの心境　豊川保健所長磯部鷹三さん」不二タイムス、S.34.07.13
「人物　放射線磯部病院長夫人　磯部夏子氏」不二タイムス、S.35.01.23
「テレビ・タレントへ　元映画スター峰吟子さんに」不二タイムス、S.35.09.20

6　別れ

　磯部鷹三の豊川保健所長就任以降（昭和38年以降）の動向を新聞から拾い挙げてみよう。
　　昭和38年11月6日　豊川保健所新庁舎竣工磯部所長本人の挨拶
　　昭和39年1月18日　豊川市医師会理事会磯部保健所所長の件話合い
　　昭和39年7月11日　永年勤続看護婦表彰式保健所長代理次長来賓

昭和40年5月8日　　豊川市医師会理事会吉本健三保健所長新任挨拶

　昭和41年4月13日　磯部鷹三氏死去（六十三歳）

　豊川保健所新庁舎竣工の挨拶をしてから間もなく交通事故に遭っている。翌年1月には医師会理事会で、その件について話し合われ、以降、所長の代理が各種の行事に参加し、昭和40年度（1965）当初から新所長に受け継がれている。その後、事故から二年余り過ぎたところで、この事故がもととなり、鷹三は家族のもとから去ることになる。

　「磯部鷹三氏死亡──前豊川保健所長、磯部鷹三氏（医学博士、豊橋市旭町）は、十三日午前五時五十五分、脳軟化症のため豊橋市民病院で死去した。六十三歳

　…開業医を経て三十四年愛知県豊川保健所長に就任、四十年三月まで勤務し、現在は愛知県嘱託となっていた。…公職のほかに豊川海軍工廠で被爆した職員や学徒など犠牲者の霊を慰める八七回を結成、三十三年間にわたって会長を務め、年次慰霊祭の運営はじめ平和像建立、犠牲者叙勲などの貢献する活動をしてきた。

　葬儀は十七日午後三時から豊橋市新吉町竜拈寺で仏式により営まれる」

（「東海日日新聞」S.41.04.14）

　ハーレーダビッドソンを乗り回した医師の最期であった。葬儀は豊橋の名士であり、医療界はもちろんのこと政財界からも多くの参列者があり、壮大な葬儀であったという。本当に残念なことであった。

　鷹三が亡くなった時、吟子は57歳であった。その後83歳で亡くなるまでの27年間の様子はあまり伝わってこない。しかし、活発な彼女はミスユニバースジャパンの選考委員や、格闘技が大好きで新日本プロレスアントニオ猪木の後援会長などを務めている。

　写真10-9〜11は昭和54年（1979）12月吟子が70歳の時、ヒルトンホテルで紀伊国屋書店田辺茂一社長が主催した会での写真である。入江たか子、市川春代や吟子といった古くからの女優や弘田三枝子などの歌手も参加していた。

　吟子の姿を映し出した写真は、これ以降入手できていない。

写真 10-9
右　峰吟子　中　田辺茂一　左　市川春代

写真 10-10
右　峰吟子
左　入江たか子

写真 10-11　峰吟子（ヒルトンホテル S.54.12.10）
（三田村圭造氏提供）

　鷹三が亡くなって旭町から郊外の牛川乗小路に移り住む。そこはやはり田舎である。吟子はプライドの高い女性であり、近所からは近寄りがたい女性として認識され敬遠されていたようだ。本来ならば、老後になっても豊橋の片田舎で生活するよりも大都会のような刺激のある場所で、生き生きと行動することが似合っていたはずである。

　磯部夫妻の経歴を見ても多くの人々が追随できるような代物ではない。果たしてどれだけの人達が彼らの懐に入っていったのか。また反対に夫妻が関わろうとした時、素直な関係がうまく出来たのであっただろうか。

　吟子は平成 5 年(1993)1 月夕刻息を引き取ることになる。83 歳であっ

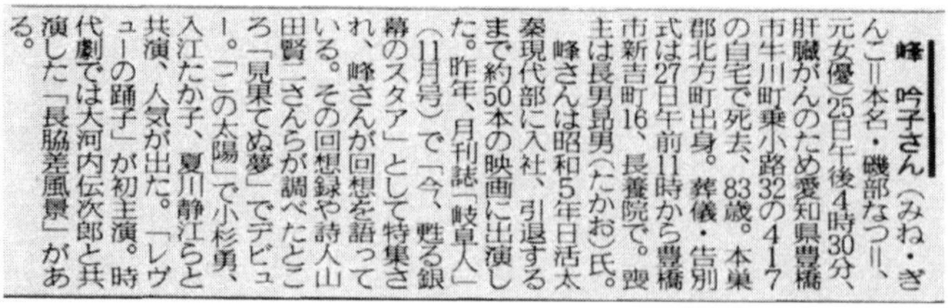

峰吟子さん(みね・ぎんこ＝本名・磯部なつ＝、元女優)25日午後4時30分、肝臓がんのため愛知県豊橋市牛川町乗小路32の417の自宅で死去、83歳。本巣郡北方町出身。葬儀・告別式は27日午前11時から豊橋市新吉町16、長養院で。喪主は長男暢一(たかいち)氏。

峰さんは昭和5年に日活太秦現代部に入社。まで約50本の映画に出演した。昨年、月刊誌『岐阜人』(11月号)で「今よ甦る銀幕のスタア」として特集され、峰さんが回想を語っていた。その回想録や詩人山田賢二さんが調べたところ「見果てぬ夢」「この太陽」で小杉勇、入江たか子、夏川静江らと共演、人気が出た。「レヴュー」では『踊子』が初主演。時代劇では大河内伝次郎と共演した『長脇差風景』がある。

写真 10-12　峰吟子死亡記事(『岐阜新聞』H.05.01.２７)

た(写真 10-12)。

　北方町は都会から見れば、今も昔も田舎である。吟子はそこから大阪・神戸への旅立ちを皮切りに、実質的には外邦地であった満州へ二度渡って生活している。当時は郷里やその周辺で一生を終える人たちが多い中、明らかにものの考え方などは違っていよう。

　吟子の血を引き継いだ子や孫も、彼女と同じように日本を越えて海外へ羽ばたいている。

　事実に基づかない物語が発信されるようになったのは吟子の死後からである。物語としては面白くなるかもしれない。しかし、残された者や関係者にとって果たしてどのように受け止められるのか。吟子の辿った人生は事実に基づいたことを丹念に拾っていくだけでも、我々の経験できないことばかりであり、ひとつひとつが興味深い。

　私も心の奥底では物語を作って、おもしろくしたい。しかし、そのような作業方法は、結果として「調べる」作業をサボることになるだけである。

　吟子が辿った人生はここで一区切りにある。できるだけ思い込みを排し、事実だけを追ったつもりである。あとは読者の判断を仰ぎ、さらなる糧としたい。

参考文献6

『映画は光と影のタイムトラベル—映画プログラムの時代』加納一郎、パピルスあい、2005.03
『映画論叢』7、樹花舎、2003.12
「磯部鷹三氏死亡」東海日日新聞、S.41.04.14

おわりに

　六十半ば過ぎてから、祖母と同じような年代の吟子を追っかけるとは夢にも思わなかった。吟子のことを生前の祖父（明治33年生）に尋ねれば、9歳年下であってもおそらく「よく知っている」と言ったであろう。お互いすぐ近所（同じ町内）に生まれ育っていれば、当然のように思えるのだが。

　今回孫の私が少しでも彼女に近づきたいために「根掘り葉掘り」調べ歩くことになり、他人の一文を発掘し、それを自分なりに検証するという方法をとった。このように文献中心の調べ方も、首を傾げたくなる部分が数多くあり、あらためて当時のいい加減さも再認識することになったが、吟子の生涯が女優の魅力のみならず、自分では経験のできないような波瀾に富んだ人生も魅力のひとつに加えることができた。

　女優を辞めて90年近くが過ぎてしまった。時代の流れは「聞き取り」も困難となり、「紙資料」も入手が困難になってきているが、この中で不十分であっても一応は書き上げた。

　吟子にはもう「この世」では絶対に巡り合うことはできない。もしも「あの世」で出会うことが可能であるとすれば、いまからその時のために発する言葉を考えておこうと思う。調べていくうちに芽生えた彼女への魅力、調べるという楽しい時間を与えてもらったことなど、話は尽きず長い時間おしゃべりに興じることになるであろう

　今回子息との出会いも、おそらく吟子が引き合わせる機会を作ってくれたような気がする。2018.08.13に電話が入り、翌日吟子の孫アレックスと共に円鏡寺で会うことができるとは想像もしておらず夢のようであった。よき助言者を得ることができた。まさに彼女のおかげである。

　調べることの楽しさの中にはそれが継続できるのか、挫折するのか、不安がいっぱい出てくる。それを吹き飛ばすかのように、多くの励ましや助言を頂戴した。

　私事ではあるが、もうしばらくすると四代続いた家業の左官は自分の

写真I　集合記念写真（M.44.03）

写真II　私の「祖父」

代で終わる。今現在は最盛期には程遠い仕事量をこなしているのみであり、この数年間は、吟子とともに歩いたと言ってよい。

　左官という職業は世間からは評価を受けることはなく、社会的地位や名誉もない。一番盛り上がっていたのは二代目の祖父京一の時代であった。あくまでも従の立ち位置にある。従ということは下請けであり、さらには職業的な偏見にもさらされてきた。今の世が戦前や、戦後間もない頃のようであったならば、我が家も左官の五代目、六代目が生まれていたかもしれない。しかし、幸い他の職業についている。

　家業を閉める役割はかなり精神的に疲れる。それを癒してくれたのが吟子であった。吟子の父馬場松太郎が円鏡寺境内で商いをしていた蓮月堂。最後の蓮月堂の住民となった山田のおばあさんが、いつも「アナタ

のおじいさんは男の級長、ワタシは女の級長」と話していたのを思い出す。今回の調べるキッカケのひとつを作ってくれた二人。彼らの写った写真がつい最近見つかった。「祖父」は見つけることはできたが、「山田のおばあさん」は残念ながらわからない。しかし、間違いなくこの中にいる。最後に「二人」の写った集合記念写真（写真Ⅰ）と我が家をここまで導いてくれた「祖父」の写真（写真Ⅱ）を載せることにする。

　最後に助言・協力をしていただいた人たちを下記に記して、感謝を表すものである（敬称略・順不同）。

豊橋	元「大島内科クリニック」院長	大島信雄（故人）
米原	風林舎「ふもと」主宰	三田村圭造
京都	おもちゃ映画ミュージアム	太田米男
東京	国立映画アーカイブ学芸課	笹沼真理子
東京	日活（株）	阿部菜々子
東京	拓殖大学図書館	渡部香子
東京	防衛研究所戦史研究センター	和田朋幸
東京		磯部昴男
東京		早川裕子
岐阜		岐阜県図書館
名古屋		名古屋大学文学図書室

　さらに多くの映画写真（スチール）やチラシなど出典明示されていないものについて、快く掲載許可されたことを（株）日活に感謝を表すものである。
　また、独りよがりな文章・構成を最後まで粘り強く助言していただいた風媒社・林桂吾氏に感謝したい。

＊参考文献は、一般的に章末あるいは巻末に挿入する。本書では、私の記憶を留めるために節末に明示した。また、発行日は参考文献の奥付表示を採用したことによって、和暦、西暦などが混在する。

巻末資料　Ⅰ　絵葉書からわかること

　本書では古い絵葉書を利用することによって当時の様子を描き出し、いろいろな事柄を推測した。絵葉書という具体的な表現力（視覚）を使うことで、見るものを納得させることができる。「円鏡寺」、「本巣高女」「大連」、「新京」など、過ぎ去った時代の風景を描き出すことはある程

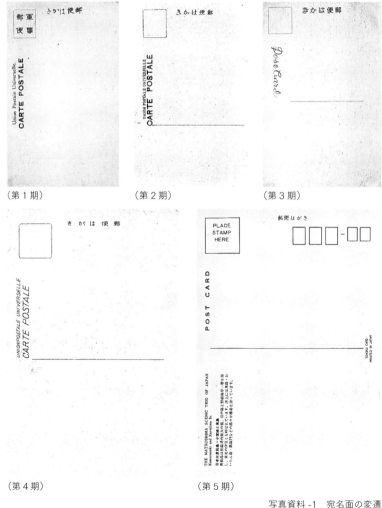

（第1期）　　　　　　（第2期）　　　　　　（第3期）

（第4期）　　　　　　（第5期）

写真資料-1　宛名面の変遷

度はできたのではないだろうか。

　日本における郵便制度は明治4年（1871）に始まり、通常「葉書」発行は同6年に、さらに「絵葉書」（当初は官製）は明治35年（1902）に認められ、それ以後時々の郵便法改正で時代をある程度推定できる。

1．宛名面（表面）の変遷からの推定　（写真資料‐1）
　　第1期　明治33年〜明治40年（1907.03.27）
　　　　　　宛名面に通信欄なし、通信文記載は不許可、このため裏面の絵、写真の中に文章が記載されたものが数多く残される。
　　第2期　明治40年〜大正7年（1918.02.28）
　　　　　　宛名面1/3以内に通信文記載許可
　　第3期　大正7年〜昭和8年（1933.02.14）
　　　　　　宛名面1/2以内に通信文記載許可（現在まで続く）
　　第4期　昭和8年2月15日〜第二次大戦集終結まで
　　　　　　宛名面上部が「きか̇は̇便郵」から「きが̇は̇便郵」に改められる。
　　第5期　第二次大戦後（1945）〜
　　　　　　宛名面上部が「きがは便郵」から「郵便はがき」に左から右へ。ただし、制度改正後も古いタイプのものも出回った。注意が必要である（実際そのような絵葉書を所有している）。
　　＊明治27年（1894）に制定された「軍事郵便はがき」も上記と同等である。
2．郵便はがきの料金（使用された切手）からの推定
3．はがきに貼ってある切手に押された消印からの推定
4．通信文の記載内容からの推定

　2.から4.までは一般には「エンタイヤ」呼ばれているもので、時代を推定するのには大変参考になる。
「軍事郵便はがき」戦地にいる兵士が家族などに送る、あるいは戦地にいる兵士に送る郵便のことを言う。

*第 1 期の絵葉書がそのまま第 2 期に転用されている例が 2、3 見受けられる。注意が必要である。

巻末資料　II　元号（日本・満州）・西暦対照表

（日本）

嘉永元年	1848.02.28 ～	文久元年	1861.02.19 ～
嘉永 7 年	～ 1854.11.26	文久 4 年	～ 1864.02.19
安政元年	1854.11.27 ～	元治元年	1864.02.20 ～
安政 7 年	～ 1860.03.17	元治 2 年	～ 1865.04.06
万延元年	1860.03.18 ～	慶応元年	1865.04.07 ～
万延 2 年	～ 1861.02.18	慶応 4 年	～ 1868.09.07

明治元年　　1868.09.08 ～

　明治 10 年　　1877

　明治 20 年　　1887

　明治 30 年　　1897

　明治 40 年　　1907

　明治 45 年　　～ 1912.07.29

大正元年　　1912.07.30～

　大正 10 年　　1921

　大正 15 年　　～ 1926.12.24

昭和元年　　1926.12.25 ～　　　　　　（満州）

　昭和 10 年　　1935　　　　大同元年　　1932.03.01 ～（昭和 7 年）

　昭和 20 年　　1945　　　　大同 3 年　　～ 1934.03.01（昭和 9 年）

　昭和 30 年　　1955　　　　康徳元年　　1934.03.01 ～（昭和 9 年）

　昭和 40 年　　1965　　　　康徳 10 年　　1943　　　（昭和 18 年）

昭和 50 年　　1975　　　　　　康徳 12 年　〜 1945.08.18（昭和 20 年）

昭和 60 年　　1985

昭和 64 年　　〜 1989.01.07

平成元年　　1989.01.08 〜

平成 10 年　　1998

平成 20 年　　2008

平成 30 年　　2018

平成 31 年　　〜 2019.04.30

令和元年　　2019.05.01 〜

令和 5 年　　2023